Bernd Ahrbeck, Margret Dörr, Johannes Gstach (Hrsg.)

Der Genderdiskurs in der Psychoanalytischen Pädagogik

Eine notwendige Kontroverse

D1721649

Jahrbuch für Psychoanalytische Pädagogik

Die Redaktion:
Johannes Gstach, Wien (Schriftleitung)
Bernd Ahrbeck, Berlin
Wilfried Datler, Wien
Margret Dörr, Mainz
Urte Finger-Trescher, Frankfurt/M.
Rolf Göppel, Heidelberg
Dieter Katzenbach, Frankfurt/M.
Michael Wininger, Wien
David Zimmermann, Hannover

Bernd Ahrbeck, Margret Dörr, Johannes Gstach (Hrsg.)

Der Genderdiskurs in der Psychoanalytischen Pädagogik

Eine notwendige Kontroverse

Jahrbuch für Psychoanalytische Pädagogik 26

Begründet von Hans-Georg Trescher und Christian Büttner

Herausgegeben von
Wilfried Datler, Urte Finger-Trescher
und Johannes Gstach

in Kooperation mit dem
Frankfurter Arbeitskreis für Psychoanalytische Pädagogik und der Wiener
Arbeitsgemeinschaft Psychoanalytische Pädagogik

Im Jahrbuch für Psychoanalytische Pädagogik
werden ausschließlich Beiträge veröffentlicht,
die ein Peer-Review-Verfahren durchlaufen haben.

Psychosozial-Verlag

Gedruckt mit Förderung der Universität Wien,
Fakultät für Philosophie und Bildungswissenschaft

Bibliografische Information der Deutschen Nationalbibliothek
Die Deutsche Nationalbibliothek verzeichnet diese Publikation
in der Deutschen Nationalbibliografie; detaillierte bibliografische Daten sind im Internet über http://dnb.d-nb.de abrufbar.

Originalausgabe
© 2018 Psychosozial-Verlag
Walltorstr. 10, D-35390 Gießen.
Fon: 06 41 - 96 99 78 - 18; Fax: 06 41 - 96 99 78 - 19
E-Mail: info@psychosozial-verlag.de
www.psychosozial-verlag.de

Umschlagabbildung: Hilma af Klint
Ausgangsbild, Nr. 1, Serie II, 1920

Umschlaggestaltung: nach Entwürfen von
Hanspeter Ludwig
Wetzlar, www.imaginary-world.de

ISSN: 0938-183X
ISBN: 978-3-8379-2837-2 (Print)
ISBN: 978-3-8379-7426-3 (E-Book)

Inhalt

Rezensionen

Editorial

Der Genderdiskurs in der Psychoanalytischen Pädagogik. Eine notwendige Kontroverse

Der Begriff Gender hat in den politischen Raum und in die Alltagssprache Eingang gefunden, medial ist er prominent vertreten und in Teilen des Wissenschaftsdiskurses spielt er eine wichtige Rolle. Auch wenn dieser Begriff gegenwärtig in aller Munde ist, so haftet ihm doch eine gewisse Unbestimmtheit an. Häufig ist nicht klar, was eigentlich gemeint ist, wenn über Gender gesprochen oder geschrieben wird. Ein einheitliches Verständnis existiert nicht, die Interpretationsspielräume sind groß.

Die Psychoanalyse hat sich bereits früh, fast seit ihrem Beginn, mit der Frage auseinandergesetzt, wie die psychische Entwicklung von Jungen und Mädchen, von Männern und Frauen verläuft. Das biologische Geschlecht, angloamerikanisch seit den 1970er Jahren als »Sex« benannt, geht dabei ebenso in die Überlegungen ein wie das soziale und kulturell geprägte Geschlecht (»Gender«), wobei ein besonderes Interesse dem Verhältnis beider Seiten gilt. Die Theorien, die dazu in den letzten 100 Jahren entworfen wurden, spiegeln – wie könnte es anders sein – die jeweiligen Zeitumstände wider. Sie sind gebunden, teilweise auch gefangen in den politischen, kulturellen und sozialen Rahmenbedingungen, die zu ihrem Entstehen mit beigetragen haben.

In ihrer Theorie und Praxis hat sich die Psychoanalyse, die nach Peter Gay (1998) weit »[m]ehr als eine Theorie der Seele« im klinischen Sinne ist, ebenfalls früh in das soziale Feld hinein geöffnet. Die ersten Beiträge zur Psycho-analytischen Pädagogik Anfang der 1920er Jahre zeugen davon ebenso wie Freuds fast euphorisches Plädoyer für die Anwendung psychoanalytischer Erkenntnisse in der allgemeinen Erziehung. Sie sei »vielleicht das Wichtigste von allem, was die Analyse betreibt« (Freud 1933, 157). Damit eröffnete er eine Perspektive, die sich jedoch als weit komplexer erwiesen hat als sie zunächst erschien. Unterschiedliche Wissenschaften müssen zueinander finden, einen Dialog eröffnen, der auf Augenhöhe stattfindet. Die Pädagogik ist dann ein gleichwertiger Gesprächspartner. Mehr noch: Sie gibt Ziele vor, benennt, in welche Richtung pädagogische Prozesse verlaufen sollen, ist aber auch unabdingbar auf psychoanalytische Erkenntnisse angewiesen, wenn sie den Blick auf das Kind vertiefen und die pädagogische Beziehung gehaltvoll gestalten will (Bittner 1996).

Die Voraussetzung dafür, dass ein solches Projekt gelingen kann, besteht darin, dass ein hinreichend geklärter Begriffsapparat existiert, der auf Höhe der Zeit ist, ohne unkritisch leicht vergänglichen Zeitgeistströmungen zu folgen. Das erfordert eine ständige Neureflektion, die sich mutig Weiterentwicklungen öffnet, aber auch an Bewährtem festhält, selbst wenn es zeitweise unpopulär sein sollte.

Das gilt auch für die in diesem Jahrbuch aufgeworfene Thematik, die viele Fragen aufwirft, dabei unterschiedliche Antworten zulässt, vor allem aber durch kontroverse Positionen gekennzeichnet ist, die hier in ihrer Gegensätzlichkeit zu Wort kommen. Während der traditionelle psychoanalytische Diskurs von einer Zweiteilung des Geschlechterverhältnisses ausgeht und Unterschiede zwischen Männern und Frauen herausstellt, wird diese binäre Kodierung der Geschlechterzugehörigkeit in den vergangenen Jahrzehnten aus unterschiedlichen theoretischen Perspektiven in Frage gestellt.

Zwar »gilt das Konzept Kerngeschlechtsidentität [bis heute] als kaum hinterfragter Standard in der Psychoanalyse« (Anm.d.V.), wie Quindeau in diesem Band anmerkt, jedoch mehren sich in der psychoanalytischen Gemeinschaft kritische Stimmen, die zu einer Auseinandersetzung mit einer Geschlechtertheorie aufrufen, die als zu dichotom erlebt wird. So eröffnete die Debatte um Freuds Vorstellung einer grundlegenden »konstitutionellen Bisexualität« (Quindeau 2008; Laplanche 1987) eine Revision bzw. Umschrift bisheriger psychoanalytischer Sexualtheorien mit dem Ziel, auch Phänomene der Homosexualität, Transsexualität und Intersexualität gehaltvoller auszuleuchten. Über Möglichkeiten und Grenzen einer solchen Perspektive wird seitdem intensiv diskutiert.

Diese Debatte kann für die pädagogische Reflexion über die Konstitution und Konstruktion von Geschlechtsidentitäten nicht folgenlos bleiben, zumal sich mit ihr zahlreiche Fragen verbinden, die von hoher Praxisrelevanz sind und auf psychoanalytisch begründete Antworten warten.

- Was bedeutet es für die Psychoanalytische Pädagogik, wenn sie weiterhin davon ausgeht, dass Divergenzen im Reproduktionsgang (etwa Zeugung, Schwangerschaft, Geburt, Stillen, Abtreibung) für die psychosexuelle Entwicklung eine ebenso hohe Relevanz haben wie jene Differenzerfahrungen des Geschlechts und des Generationenunterschieds, die in der ödipalen Krise kulminieren? Wie lassen sich die damit einhergehenden Festlegungen und Verzichte produktiv für die Subjektentwicklung nutzen? Und was hält sie davon, wenn andererseits die geschlechtsspezifische Leiblichkeit im Rahmen einer freien Selbstkonstruktion des Geschlechts so weit wie möglich an den Rand gedrückt werden soll, wie dies in dem als modellhaft gerühmten Stockholmer Kindergarten »Egalia« der Fall ist?
- Welches Gewicht kommt heute der Frage zu, ob und wenn ja, in welcher Weise die vielfach kritisierten sozialen Rollenzuschreibungen auch einen Gewinn für die Selbstkonstitution von Kindern und Jugendlichen beinhalten, auch angesichts des Umstands, dass es dabei zu einer unbedachten Reproduktion patriarchaler Strukturen kommen kann? Oder wird man feststellen müssen, dass Kinder mit der angestrebten Befreiung aus alten Strukturen nunmehr einer neuen rigiden Ordnung ausgesetzt sind und erneut normativ zugerichtet werden, nur mit anderen Inhalten? Wie lässt sich sexuelle Vielfalt lebendig erfahrbar machen, und wie können die mit dem Thema Vielfalt zu-

gleich einhergehenden Ängste, Unsicherheiten und Verwirrungen pädagogisch beantwortet werden?

- Mit welchen Konzepten über die Entwicklung kindlicher Sexualität blickt die Psychoanalytische Pädagogik auf Kinder und Jugendliche in öffentlichen Erziehungs- und Bildungseinrichtungen? Darin eingelagert sind weitere Fragen: In welcher Weise kann sie einer adultistischen Sicht auf das Kind entgehen, einem erwachsenenzentrierten Blick von Sexualität? Wie entkommt sie einer ethnozentristischen Perspektive, so dass sie in ihrer Theorie und Praxis konstruktiv auch auf andere kulturelle Formen Bezug nehmen kann?

- Welche Konsequenzen für die pädagogische Praxis haben psychoanalytische Konzepte über konstituierende Bedingungen infantiler Sexualität, die davon ausgehen, dass Ausformungen der Sexualität von den Erwachsenen *unbewusst* an die Kinder weitergegeben werden?

- In welche Paradoxien verstricken sich Psychoanalytische Pädagogen und Pädagoginnen, wenn sie auf der einen Seite diskurstheoretischen und (de)konstruktivistischen Überlegungen folgen, die eine Dethematisierung von »männlich« und »weiblich« anstreben und einer Diskriminierung unterschiedlicher sexueller Orientierungen entgegenwirken wollen, andererseits aber im Versuch, Benachteiligungen zu verhindern, eine Benennung geradezu erzwingen?

- Unter welchen Voraussetzungen ist es für eine Psychoanalytische Pädagogik möglich, nicht der Tendenz eines entsexualisierten Geschlechterdiskurses anheimzufallen, sondern dem psychoanalytischen Zentralbegriff der Sexualität (bei Lorenzer 1974, als Einheit von Leiblichkeit und Sozialität) zu seinem gesellschaftskritischen Recht zu verhelfen? Und möglicherweise geht es darüber hinaus auch um die Frage, ob und wenn ja wie man der Leiblichkeit eine gewisse Eigen- und Widerständigkeit gegen die Totalität der gesellschaft-lichen Vereinnahmung einräumen kann?

Zu den einzelnen Beiträgen:

Ilka Quindeau schlägt in ihrem Beitrag »*Von normativen Identitätsvorstellungen zur Ambiguitätstoleranz*« eine Reformulierung des freudschen Geschlechterkonzepts vor. Als Grundlage dient Freuds Vorstellung einer grundlegenden »konstitutionellen Bisexualität« des Menschen. Die Autorin strebt mit ihren elaborierten Überlegungen sexualtheoretisch-psychoanalytische Antworten an, die sich auf die Infragestellungen einer dichotomen Zweiteilung des Geschlechts und daran geknüpfter normativer Identitätsvorstellung durch die poststrukturalistische Geschlechterforschung beziehen.

»*Geschlecht als Konfliktkategorie und als soziale Konstruktion. Überlegungen zu einer grundlegenden Spannung*«, das ist der Fokus des Aufsatzes von *Mechthild Bereswill*. Auf der Basis der von ihr entfalteten Annahme einer erkenntniskritischen und methodologischen Wahlverwandtschaft zwischen Geschlechterforschung und Psychoanalyse lotet die Autorin die Möglichkeiten eines produktiven Dialogs aus, der sich auf die Aufdeckung, Dekonstruktion und Bewusstwerdung geschlechterbezogener Ordnungsdynamiken bezieht.

»Psychoanalyse, Geschlecht und Pädagogik« sind die Schlüsselbegriffe im Beitrag von *Barbara Rendtorff*. Eindrücklich aufgezeigt werden Widersprüche und Missverständnisse, die zwischen Psychoanalyse und geschlechtertheoretischen Perspektiven im Hinblick auf Geschlecht und Sexualität existieren. *Barbara Rendtorff* wirft einen struktur- und zeichentheoretischen Blick auf praxisrelevantes »latentes Geschlechterwissen« und jene darin enthaltenen Vereinfachungen, Verkürzungen und Vereindeutigungen, die auch im Kontext pädagogischer Praxis wirksam sind.

Der Aufsatz von *Marc Thielen »Let's talk about sex«* enthält *»Kritische Anmerkungen zur Thematisierung von Sexualität in pädagogischen Aufklärungsdiskursen über unbegleitete minderjährige Geflüchtete«*. Aus der Perspektive einer kritischen Migrationsforschung zeigt er auf, wie in diesen sogenannten sexuellen Aufklärungsdiskursen defizitäre Bilder als vermeintliches Wissen über junge Geflüchtete wirksam werden können, weil sie hinsichtlich zugrundeliegender »Rassismen« kaum befragt werden.

Günther Bittner warnt in seinem Beitrag *»Körper ohne Gewicht? Über Gender, Gender Roles und Gender Identity«* vor konkretistischen Missverständnissen, die im aktuellen Genderdiskurs aufgrund eines unreflektierten Rollenbegriffs (Geschlechts-»Rolle«) bestehen. Es sei eine Illusion, das eigene Leben, sozial-konstruktivistischen Denkmustern folgend, durch »Dekonstruktion« selbstbestimmt »als Kunstwerk« gestalten zu können. Nach Freud hingegen ist das Ich »vor allem ein körperliches«, dem könne es sich auch heute nicht entziehen, selbst wenn »fortschrittliche« PsychoanalytikerInnen dies glauben.

In seiner Schrift *»Das Geschlechtsspezifische in pädagogischen Beziehungen – Die Aberkennung von Geschlecht und die Grenzen des Konstruktivismus«* geht *Josef Christian Aigner* den Bedeutungshorizonten der aktuellen Nivellierung von Geschlecht nach. Zudem beschäftigt er sich mit gesellschaftspolitisch für bedenklich gehaltenen Gegenbewegungen, die unter dem Stichwort der »Re-Biologisierung« gefasst werden. Mit der Skizzierung eigener Forschungsergebnisse werden beispielhaft einige Konsequenzen für die pädagogische Praxis erläutert.

Frank Dammasch »Entwicklungsprozesse des männlichen Kindes und Jugendlichen. Gespräch mit einer psychoanalytisch gebildeten Studentin«. In diesem Gespräch werden grundlegende Überlegungen zu den Prägungsfaktoren geschlechtlicher Identität dargelegt und die psychosoziale Entwicklung des Jungen im Spannungsfeld von Sex und Gender, Natur und Kultur vor allem triebtheoretisch nachgezeichnet. Fehlentwicklungen werden anschaulich erläutert, die sich im Spannungsfeld von primärer weiblicher und sekundärer männlicher Identifikation einstellen können.

Hans-Geert Metzger »Neue Familienformen und Reproduktionsmedizin – Ein psychoanalytischer Zugang«. Der Autor wirft einen kritischen Blick auf die Reproduktionsmedizin, durch die Phantasien einer fast unbegrenzten Verfügbarkeit über das Leben genährt werden. Aus psychoanalytischer Sicht darf aber die ubiquitäre Vorstellung der Zeugung, die auf der heterosexuellen Urszene beruht, nicht aufgegeben werden. Die Reproduktionsmedizin müsse das unbewusste Phantasieleben der Kinder zur

Kenntnis nehmen und damit auch die mühselige Aufgabe, bei künstlichen Befruchtungen ein schlüssiges Narrativ in den familiären Kontext zu integrieren.

Der Band schließt mit einer Literatur*rück*schau: *»Sprachverwirrung zwischen Sex und Gender«* von *Marian Kratz*, die sich der Frage nach einer psychoanalytisch-pädagogischen Genderdebatte annimmt. Ergänzend kommt ein Rezensionsteil hinzu.

Bernd Ahrbeck, Margret Dörr & Johannes Gstach

Literatur

Bittner, G. (1996): Kinder in die Welt, die Welt in die Kinder setzen. Eine Einführung in die pädagogische Aufgabe. Kohlhammer: Stuttgart

Freud, S. (1933): Neue Folge der Vorlesungen zur Einführung in die Psychoanalyse. In: Gesammelte Werke (G.W.), Bd. XV. Fischer: Frankfurt/M.

Gay, P. (1998): Spiegel des 20. Jahrhunderts: Mehr als eine Theorie der Seele. In: Der SPIEGEL vom 28.12.1998

Laplanche, J. (1987): Neue Grundlagen für die Psychoanalyse. Psychosozial-Verlag: Gießen

Lorenzer, A. (1974): Die Wahrheit der psychoanalytischen Erkenntnis. Ein historisch-materialistischer Entwurf. Suhrkamp: Frankfurt/M.

Quindeau, I. (2008): Verführung und Begehren. Die psychoanalytische Sexualtheorie nach Freud. Klett-Cotta: Stuttgart

Themenschwerpunkt:
Der Genderdiskurs in der Pychoanalytischen Pädagogik. Eine notwendige Kontroverse

Ilka Quindeau

Von normativen Identitätsvorstellungen zur Ambiguitätstoleranz

Summary
From normative notions of identity to tolerance of ambiguity
In a three-step process, a reformulation of the Freudian gender concept is proposed. Based on his idea of »constitutional bisexuality« there will be shown clues for an open, fluid and biologically (in the body) anchored gender concept. The resulting opportunities for children to multiple sexual identifications make it plausible, in contrast to the everyday understanding, that the body gender is not a monolithic unity, but is itself already something constructed, consisting of many individual, female and male, sometimes contradictory and incompatible aspects. Finally the concept of ambiguity tolerance in the context of a modification of the traditional Oedipus complex will be discussed, and shown, how it could take the place of demarcated identities.

Keywords: constitutional bisexuality, seduction theory, body gender, ambiguity tolerance, Oedipus complex

Zusammenfassung
In einem Dreischritt wird eine Reformulierung des freudschen Geschlechterkonzepts vorgeschlagen. Ausgehend von seiner Vorstellung einer »konstitutionellen Bisexualität«, werden Anhaltspunkte für ein offenes, fluides und biologisch (im Körper) verankertes Geschlechterkonzept aufgezeigt. Die sich daraus ergebenden Möglichkeiten für Kinder zu multiplen geschlechtlichen Identifizierungen lassen es im Unterschied zum Alltagsverständnis plausibel erscheinen, dass das Körpergeschlecht keine monolithische Einheit darstellt, sondern selbst bereits etwas Konstruiertes ist, das sich aus vielen einzelnen, weiblichen und männlichen, teilweise auch widersprüchlichen und unvereinbaren Aspekten zusammensetzt. Daran anschließend wird das Konzept einer Ambiguitätstoleranz im Kontext einer Modifikation des traditionellen Ödipuskonflikts diskutiert, und gezeigt, wie dieses die Stelle abgegrenzter Identitäten treten könnte.

Schlüsselwörter: konstitutionelle Bisexualität, Verführungstheorie, Körpergeschlecht, Ambiguitätstoleranz, Ödipuskonflikt

»Gender« und »sexuelle Vielfalt« sind bisweilen zum Kampfbegriff geworden; manche sehen durch Informationen über queere Lebensformen in Kitas und Schulen das Kindeswohl gefährdet, andere halten dies für unerlässlich, um Jugendliche zu schützen und Diskriminierungen entgegenzutreten. Die Kontroverse macht auch vor dem psychoanalytischen Diskurs nicht Halt, in dem die dichotome Zweigeschlechtlichkeit von den einen dekonstruiert und von den anderen verteidigt wird. Den einen erscheint sie als »natürlich«, als biologisch gegeben und den anderen als Ausdruck von Heteronormativität. Doch die Infragestellung der Heteronormativität ist nicht allein dem Zeitgeist geschuldet, der wachsenden Aufmerksamkeit für Transgender- und Intersex-Personen. Vielmehr steckt sie bereits in den Anfängen der Psychoanalyse: Mit seiner bahnbrechenden Sexualtheorie dekonstruierte Freud bereits die Normalitätsvorstellungen seiner Zeit und entwickelte Konzepte wie die »konstitutionelle Bisexualität« oder die »polymorph-perverse infantile Sexualität«. Dies brachte den Sexualforscher Martin Dannecker (2008) dazu, Freud als einen der ersten Vertreter der »queer studies« zu bezeichnen.

Was ist eigentlich »queer«? Im Amerika des 20. Jahrhunderts galt dieser Begriff als das populärste Schimpfwort gegenüber Homosexuellen und wurde später in den »Gay-and-Lesbian-Studies« zur Selbstbezeichnung aufgegriffen. Als kritischer Begriff, der Normabweichungen in den verschiedensten Bereichen thematisierte, wurde er seit den 1990er Jahren in der poststrukturalistischen Geschlechterforschung verwendet. Er richtet sich gegen Heterosexualität als unhinterfragte Norm, die sogenannte Heteronormativität, und gegen die Aufteilung in normale und nicht-normale Lebens- und Begehrensformen. Die Problematik des Begriffs ist sein schillernder Bedeutungshorizont, der sich präzisen Definitionen definitionsgemäß entzieht. Hilfreich erscheint dieser Begriff indes zur Infragestellung von normativen Identitätsvorstellungen, wie sie auch in der psychoanalytischen Theorie und Praxis aufzufinden sind, die sich vom kritischen Impetus des freudschen Erbes entfernt hat. Bei dieser Infragestellung der Heteronormativität geht es nicht um eine Rehabilitierung von Homosexualität, sondern vielmehr um die kritische Betrachtung der meist impliziten Vorstellungen von »Normalität« in psychoanalytischen Theorien. Was ist an »Normalität« problematisch? Mit dem Anspruch von Normalität geht unvermeidlich die Konstruktion von Abweichung einher. Normative Theorien fördern daher die Ausgrenzung des Nicht-Normalen und bilden damit die Basis für Stigmatisierung, Diskriminierung und Pathologisierung.

Die Vorstellung, dass die Zweiteilung des Geschlechts gesellschaftlich konstruiert sei, ruft manchmal den Einwand hervor, dass eine solche Konstruktion beliebig sei, der subjektiven Willkür unterworfen. Von einer freien Selbstkonstruktion des Geschlechts kann allerdings aus psychoanalytischer Perspektive nicht die Rede sein. Kein Kind und keine Erwachsene kann frei wählen, »männlich« oder »weiblich« zu sein. Ähnliches gilt für die sexuelle Orientierung, die ebenfalls nicht einer bewussten Wahl unterliegt. Unbenommen davon ist das konkrete Sexualverhalten, das beliebig und einer bewussten Auswahl zugänglich erscheint. Geschlechtszugehörigkeit und sexuelle Orientierung sind dagegen das Ergebnis psychischer Arbeit, die grundsätzlich unbewusst ist. Nach dieser Sicht erscheint die gegenwärtig verbreitete Redeweise, jemand identifiere sich als »männlich«, »homosexuell« etc., als wenig sinnvoll. Bereits Laplanche (2011b) wies darauf hin, dass nicht das Subjekt sich identifiziere, sondern dass es (vom Anderen) identifiziert werde (»identification by«, nicht »with«) und sich im Entwicklungsprozess mit diesen »rätselhaften Botschaften« auseinandersetzen müsse. Dieser Primat des Anderen macht deutlich, warum es nicht um eine willkürliche Selbstkonstruktion gehen kann.

Als Kernkomplex für die Formierung von Sexualität und Geschlecht konzipierte Freud den Ödipuskonflikt. Er kann als Paradigma für die Strukturierung der Persönlichkeit und des Begehrens gelten. In seinem Ausgang steht nach Freud nicht nur eine eindeutige Geschlechtsidentität und sexuelle Orientierung, sondern ebenso die Anerkennung von Differenz. Zwar wird diese Differenz im Mainstream der Psychoanalyse mit der Anerkennung von Zweigeschlechtlichkeit und Heterosexualität gleichgesetzt, doch erscheint dies keineswegs zwingend, wie ich zu zeigen suche. So zielt der Ödipuskomplex nicht notwendig darauf, eine eindeutige Identität zu erwerben, die in Abgrenzung zum Anderen entsteht. Weiterführender könnte man das Ziel beschreiben als Entwicklung von Ambiguitätstoleranz. Dies meint die Fähigkeit, Differenzen und Mehrdeutigkeiten nebeneinander stehen lassen zu können. Die Identitätsbildungen müssen nicht notwendig binär und heteronormativ erfolgen, sondern können auch so offen und fluid entwickelt werden, dass sie das Nicht-Identische mitenthalten, und Männliches und Weibliches, Homo- und Heterosexuelles nebeneinander bestehen kann.

Meine Reformulierung des Ödipuskonflikts (vgl. Quindeau 2008a; Quindeau 2008b) erfolgt auf der Basis der allgemeinen Verführungstheorie von Jean Laplanche (2011a), mit der er der Psychoanalyse neue Grundlagen geschaffen hat. Die Entstehung des Unbewussten und des Sexuellen siedelte er in einer sozialen Situation, der Beziehung zwischen dem Kind und dem Erwachsenen, an. Auf die »rätselhalten Botschaften« des Erwachsenen antwortet das Kind mit der Entwicklung seines Unbewussten, seiner Sexualität und seines Geschlechts. Dieser Prozess kulminiert im Ödipuskonflikt, in dem sich das Kind sein Begehren und Geschlecht psychisch aneignet. Das Geschlechterkonzept geht zurück auf Freuds Vorstellung einer »konstitutionellen Bisexualität«. In den folgenden drei Punkten soll dies näher ausgeführt werden:

Zunächst wird das Konzept der »konstitutionellen Bisexualität« erläutert. Es bietet interessante Anhaltspunkte für ein offenes, fluides und biologisch (im Körper) verankertes Geschlechterkonzept. Letztes ist mir besonders wichtig, weil die offenen Konzepte häufig dahingehend kritisiert werden, dass sie auf der sozialen oder psychischen Ebene angesiedelt seien, aber keine körperliche Grundlage hätten. Es wird dargestellt, dass auch das Körpergeschlecht (»sex«) konstruiert, das heißt aus verschiedenen einzelnen Faktoren zusammengesetzt ist. Statt eines Kerns erscheint die Metapher einer Hülle oder eines Behälters angemessener zur Beschreibung der Geschlechtsidentität.

Aus der körperlichen Bisexualität ergibt sich die Möglichkeit zu multiplen geschlechtlichen Identifizierungen. Infrage gestellt werden damit psychoanalytische Theorien zur Entwicklung der Geschlechtsidentität, die zwar von frühen Identifizierungen des Kindes mit Vater und Mutter ausgehen, es jedoch für die psychische Gesundheit für unumgänglich halten, dass diese verschiedenen Identifizierungen ersetzt werden durch eine eindeutige, monogeschlechtliche Identität.

Daran anschließend wird das Konzept einer Ambiguitätstoleranz diskutiert, das an die Stelle abgegrenzter Identitäten treten könnte. Der Ödipuskonflikt gilt als Kernkomplex in der Entwicklung des Kindes, in dem sich Geschlechtsidentität und sexuelle Orientierung formieren. Nun ist er weder auf die frühe Kindheit noch die Adoleszenz zu beschränken, sondern kann in jedem Lebensalter aktualisiert werden und zu neuen Lösungen führen, etwa zu einer anderen Geschlechtsidentität oder einer anderen sexuellen Orientierung.

1. Die »konstitutionelle Bisexualität« und multiple geschlechtliche Identifizierungen

Die Infragestellung einer dichotomen Zweiteilung des Geschlechts ist nicht neu in der Psychoanalyse. Bereits Freud (1933a, 120) betont in seiner Vorlesung über die Weiblichkeit:»Männlich oder weiblich ist die erste Unterscheidung, die Sie machen, wenn Sie mit einem anderen menschlichen Wesen zusammentreffen, und Sie sind gewöhnt, diese Unterscheidung mit unbedenklicher Sicherheit zu machen.«

Und er führt fort, dass die anatomische Wissenschaft diese Sicherheit nur begrenzt teile, denn es finden sich Teile des männlichen Geschlechts auch am Körper der Frau und umgekehrt:»als ob das Individuum nicht Mann oder Weib wäre, sondern jedesmal beides, nur von dem einen so viel mehr als von dem anderen« (ebd.).

Wenngleich Freuds Ausführungen zur Männlichkeit und Weiblichkeit wohl zu den umstrittensten Passagen seines Werkes gehören und der phallische Monismus – die paradigmatische Ausrichtung der Geschlechtsentwicklung auf das männliche Geschlecht – zu Recht zurückgewiesen wird, lässt sich seine Konzeption einer »konstitutionellen Bisexualität« als Meilenstein der psychoanalytischen Theoriegeschichte bezeichnen.

Körperliche Männlichkeit und Weiblichkeit wird auf einem Kontinuum angesiedelt und nicht scharf voneinander abgegrenzt. Von zentraler Bedeutung erscheint mir, dass Freud die bisexuelle Anlage unmittelbar im Körperlichen verankert.

Von dieser biologischen Bisexualität ist die psychische Bisexualität zu unterscheiden, die sich aus dem Vorhandensein von männlichen und weiblichen Zügen durch Identifizierungsprozesse mit Mutter und Vater ergibt. Wenngleich Freud immer an der Bedeutung der Bisexualität festhielt, führte er dieses Konzept nie systematisch aus und viele seiner NachfolgerInnen rückten bereits davon ab. Ersetzt wurde es zugunsten einer eindeutigen, zumeist als angeboren konzipierten Geschlechtsidentität. Man kann darüber spekulieren, ob dieser Schritt zur Vereindeutigung mit der zunehmenden Bedeutsamkeit des Geschlechts als Ordnungskategorie in modernen Gesellschaften zusammenhängt.

Im Zuge der Dekonstruktion des Geschlechts in den Sozialwissenschaften und insbesondere den Gender Studies lässt sich das Konzept der konstitutionellen Bisexualität nun wieder aufgreifen zur Überwindung eines dichotomen, binär kodierten

Geschlechterkonzeptes. Dazu möchte ich kurz die gegenwärtige psychoanalytische Mainstream-Theorie zur Entwicklung der Geschlechtsidentität vorstellen. Sie stammt von Robert Stoller aus den 1960er Jahren, einem Analytiker aus den USA, der viel mit Transgender Personen gearbeitet hat und wichtige Veröffentlichungen über sogenannte Perversionen vorgelegt hat (vgl. Stoller 1968; Stoller 1975; Stoller 1976). Seine Theorie lässt sich an folgendem Schaubild veranschaulichen:

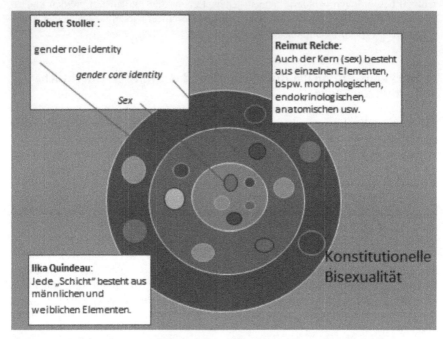

Schaubild: Konstitutionelle Bisexualität nach Stoller, Reiche und Quindeau

Während der Begriff der Bisexualität in der Geschlechterdichotomie verhaftet ist – und vermutlich auch daher kaum Eingang in die Genderforschung erhält, könnte man ihn durch konstitutionelle Geschlechtervielfalt ersetzen. Der Zusatz »konstitutionell« ist dabei besonders wichtig, da er sich auf die somatische Ebene (»sex«) bezieht und nicht nur die psychische oder die psychosoziale Dimension (»gender«) meint.

Die Vielfalt beginnt dabei bereits auf der Ebene des Körpergeschlechts (»sex«). Denn auch das Körpergeschlecht ist etwas Zusammengesetztes und keineswegs ein »Kern«, wie dies von Robert Stoller mit seinem Konzept der »core gender identity« entwickelt wurde. Bis heute gilt das Konzept Kerngeschlechtsidentität allerdings als kaum hinterfragter Standard in der Psychoanalyse. Worum geht es in diesem Konzept?

Um einen Kern herum lagern sich zwei konzentrische Kreise oder Schichten an. Den inneren Kern bildet das Körpergeschlecht (»sex«), Um diesen Kern legt sich entweder körpergestaltentsprechend (isomorph) oder -widersprechend (anisomorph) eine Schicht, die ihrerseits selbst zum Kern wird: die Kerngeschlechtsidentität. Umhüllt wird dieser Kern schließlich von der Geschlechtsrollenidentität, die die vielgestaltigen geschlechtsbezogenen Selbst- und Objektrepräsentanzen sowie die gesellschaftlichen Konventionen und Normvorstellungen zusammenfasst.

Schon Reimut Reiche (1997) dekonstruierte diesen Kern als etwas Zusammengesetztes und wies darauf hin, dass Stoller mit seinem Begriff der Kernidentität keine empirische Tatsache beschreibt, als die sie nicht selten verwendet wird, sondern ein wissenschaftliches Konzept. Er kritisierte insbesondere, dass die freudsche Bisexualität keine Aufnahme fand und die Entwicklung dieses Kerns als »konfliktfrei« konzipiert wurde. Aus der Perspektive der allgemeinen Verführungstheorie sowie der vielfältigen geschlechtsbezogenen Botschaften der Bezugspersonen eines Kindes und den verschiedensten gesellschaftlichen Zuschreibungen ist dem nur zuzustimmen. Die Vorstellung einer körpergestaltentsprechenden oder -widersprechenden Identitätsbildung erscheint demgegenüber deutlich unterkomplex und reduktionistisch.

Im Unterschied zum Alltagsverständnis stellt das Körpergeschlecht keine monolithische Einheit dar, sondern ist selbst bereits etwas Konstruiertes, aus verschiedenen Teilen Zusammengesetztes. Denn das Körpergeschlecht bezieht sich nicht nur auf die Genitalien, sondern umfasst weitere Faktoren und setzt sich u.a. aus verschiedenen anatomischen, chromosomalen, morphologischen, endokrinologischen Faktoren zusammen. Diese Konstruiertheit scheint mir ein zentraler Gedanke. Es ist somit eine gesellschaftliche – in diesem Falle eine wissenschaftliche, medizinische – Übereinkunft, welche Dimensionen als konstitutiv für das Geschlecht betrachtet werden. Diese Übereinkunft ist keineswegs über alle Zeiten und Kulturen hinweg stabil, sondern abhängig beispielsweise von diagnostischen und technologischen Möglichkeiten. In diesem Sinne meint die Formulierung, dass das Geschlecht konstruiert ist, nicht nur die psychologische oder soziale Ebene, sondern ebenso die körperliche. Eindrückliche Beispiele dafür finden sich etwa bei intersexuellen Personen, die phänomenologisch ein anderes Geschlecht aufweisen als etwa chromosomal, was sich allerdings erst seit relativ kurzer Zeit durch den Fortschritt der Gentechnologie nachweisen lässt.

Versucht man dies nun in einem Modell zu fassen, muss die Metapher der drei Schichten gründlich überarbeitet und erweitert werden. Denn die Schichten in dem Modell von Stoller erwecken die Vorstellung, dass die einzelnen Ebenen des Körper-, des psychischen und des sozialen Geschlechts nebeneinander und unabhängig voneinander bestehen. Wechselbeziehungen zwischen den Ebenen lassen sich in diesem Modell schwerlich abbilden. So wird nicht erkennbar, wie etwa die geschlechtsbezogenen Beziehungserfahrungen in den Körper eingeschrieben werden oder wie sich umgekehrt geschlechtliche Körpererfahrungen in den Beziehungserfahrungen niederschlagen. Um solche Interaktionsbeziehungen zwischen den einzelnen Ebenen angemessen abbilden zu können, möchte ich im Anschluss an Freuds Konzept der konstitutionellen Bisexualität vorschlagen, nicht nur zwischen den Schichten, sondern auch innerhalb jeder der drei Ebenen verschiedene Mischungsverhältnisse aus »männlichen« und »weiblichen« Anteilen zu konzipieren. So setzt sich etwa die Ebene des Körpergeschlechts aus verschiedenen anatomischen, morphologischen oder endokrinologischen Merkmalen zusammen, die keineswegs immer gleichsinnig »männlich« oder »weiblich« sind, sondern sowohl Männliches als auch Weibliches enthalten. Die geschlechtliche Vielfalt zeigt sich bei jedem Menschen nicht nur auf der Ebene von nebeneinander bestehenden »männlichen« bzw. »weiblichen« Verhaltensmerkmalen, sondern ebenso etwa in spezifischen Hormonverhältnissen oder Besonderheiten im Körperbau, die in reduktionistischer Weise jeweils einem Geschlecht zugeschrieben werden. So gelten etwa ein hoher Testosteronspiegel als »männlich« und runde Körperformen als »weiblich« Insoweit erscheint es mir wenig sinnvoll, in Bezug auf das Geschlecht Eindeutigkeit herstellen zu wollen. Überzeugender wäre es hingegen, vielgestaltige Mischungsverhältnisse zu denken, die sich auf und zwischen den Ebenen ergeben. Auf solch eine Weise könnte der Begriff der Geschlechtervielfalt Gestalt gewinnen, und zwar nicht als »idealistische« Kategorie, wie ihr oft unterstellt wird, sondern auf eine konkrete, materiale Weise, die den Körper einbezieht.

Statt des Dreischichtenmodells der Geschlechtsidentität scheint mir für ein psychoanalytisches Verständnis der Geschlechtsidentität die Metapher einer Hülle oder eines Behältnisses angemessener, in dem die verschiedensten bewussten und unbewussten Aspekte von Männlichkeit und Weiblichkeit auf den unterschiedlichen somatischen, psychischen und sozialen Dimensionen in je individuellen Mischungsverhältnissen aufbewahrt sind. So gibt es in unserer Kultur, welche die Geschlechter binär kodiert, zwar nur zwei verschiedene Behälter oder Hüllen, diese können aber durchaus Gleiches oder zumindest Ähnliches enthalten. Die Metapher der Hülle oder des Behältnisses macht zudem deutlich, dass es sich bei der Geschlechtsidentität nicht um etwas Einheitliches, Monolithisches handelt, sondern dass diese Identität sich aus vielen einzelnen, weiblichen und männlichen, teilweise auch widersprüchlichen und unvereinbaren Aspekten zusammensetzt. Mit der Metapher einer Hülle oder eines Behältnisses möchte ich eine andere Sicht auf die Geschlechtsidentität anbieten als Robert Stoller, dessen Vorstellung der Geschlechtsidentität als »Kern« dem psychoanalytischen Diskurs seit etwa 40 Jahren mehr oder weniger explizit zugrunde liegt. Dabei drehe ich Stollers Perspektive um, der von einem Kern als einer inneren Struktur ausgeht und die Schichten um diesen Kern fokussiert, und richte den Blick von der sichtbaren Oberfläche aus auf die vielfältigen, dahinterliegenden Aspekte. Während die Hülle eine zentrale gesellschaftliche Ordnungsfunktion erfüllt und sich ihre binäre Kodierung für moderne Gesellschaften (vgl. Laplanche 2011b) als unverzichtbar darstellt, scheint mir aus psychoanalytischer Perspektive der Inhalt des Behältnisses und dessen Vielfalt weit interessanter. Daher möchte ich dafür plädieren, dass im Anschluss an die genannte freudsche Differenzierung an die Stelle der kulturellen Dichotomie im psychoanalytischen Denken die Diversifizierung der Geschlechter tritt.

2. Multiple geschlechtliche Identifizierungen

Die rund 50 Geschlechterkategorien bei Facebook und anderen sozialen Medien legen den Eindruck nahe, dass es sich bei den Geschlechtsidentifizierungen um willkürliche

Vorgänge handelt, die ins Belieben der Einzelnen gestellt sind. Im Sinne der allgemeinen Verführungstheorie wäre eine solche Selbstkonstruktion allerdings kaum denkbar; Laplanche (2004) betonte, dass das Kind sich nicht aktiv identifiziert, sondern von den Erwachsenen – und der bislang zweigeschlechtlich strukturierten, dem Subjekt vorgängigen Gesellschaft – identifiziert wird (identification »by«). Die sprachliche Passivform, die Zuschreibung, ist für Laplanche zentral. Das Geschlecht ist damit – wie das Begehren – nicht etwas, das in die autonome Verfügbarkeit eines Einzelnen gestellt wäre. Es ist aber auch nicht vollständig von außen – durch Zuschreibung – strukturiert, sondern entsteht in einem komplexen Zusammenspiel zwischen dem Ich und dem, der, den Anderen als psychische Verarbeitung der vielfältigen Zuschreibungen. Diese psychische Verarbeitung erfolgt – wie psychische Arbeit generell – unbewusst und lässt sich selbstverständlich nicht intentional beeinflussen. Darüber hinaus ist es auch nicht zu erwarten, dass die Zuschreibungen im Hinblick auf die Geschlechtsidentität gleichsinnig erfolgen. Zum einen sind es immer mehrere Personen, die das Kind als männlich oder weiblich identifizieren. Und zum anderen erfolgen diese Zuschreibungen sowohl bewusst als auch unbewusst. Es gibt also in jeder Person ein ganzes Bündel an Zuschreibungen, die sowohl Männliches als auch Weibliches umfassen.

Reimut Reiche (1997) hat diese Geschlechterzuschreibungen als »rätselhafte Botschaften« bezeichnet. Das ist ebenfalls ein Konzept von Laplanche (2004); die unbewussten Botschaften gehen vom Erwachsenen aus und richten sich auf das Kind, das sie entschlüsseln, übersetzen und psychisch verarbeiten muss. Das scheint mir sehr zutreffend diesen komplexen, vielschichtigen Vorgang zu beschreiben. Das Kind ist nicht völlig passiv den Zuschreibungen ausgesetzt, sondern muss sie verarbeiten. Und diese Verarbeitung geschieht nicht ein für allemal in der frühen Kindheit, sondern ist im Prinzip ein lebenslanger Vorgang.

Ein kurzes Beispiel mag dies veranschaulichen:

Wenn eine Mutter zu ihrem Kind sagt: »Du bist Peter, ein Junge«, dann verbinden sich in diesem Satz eine ganze Reihe geschlechtsbezogener Vorstellungen und Erwartungen: Zum einen das, was zu einem bestimmten Zeitpunkt in einer bestimmten Gesellschaft oder Kultur unter einem Jungen verstanden wird. Zum anderen schwingen aber auch all die persönlichen, subjektiven Vorstellungen und Erfahrungen mit, die diese Mutter in ihrem Leben mit Männern bzw. Männlichkeit gemacht hat. Also sämtliche Erfahrungen vom Vater und den Brüdern angefangen über Jungen und Männer in den verschiedensten Lebensphasen bis hin zum Vater des Kindes. Je nachdem, ob dies eher positive oder eher negative, konflikthafte Erfahrungen sind, wird es die Männlichkeit des Sohnes mitbeeinflussen. Das gilt nun nicht nur für die Mutter, ebenso für den Vater oder andere wichtige Bezugspersonen des Kindes. Alle haben unterschiedliche Erfahrungen mit Jungen und Männern sowie Männlichkeit gemacht und bringen diese bewusst und unbewusst als »rätselhafte Botschaften« in die Interaktionen mit dem Kind ein. Laplanche (1992) bezeichnet diesen Vorgang auch als »Intromission«, um den drängenden und unausweichlichen Charakter deutlich zu machen.

Es wird etwas in das Kind »hineingeschickt«, das es entziffern und übersetzen muss. Im Zuge dieser psychischen Verarbeitung entsteht die Geschlechtszugehörigkeit des Kindes anhand der gesellschaftlich vorgegebenen binären Kodierung. Institutionen wie Kindergarten und Schule haben daran wesentlichen Anteil und strukturieren und regulieren diese Identitätsbildungsprozesse (vgl. Jäckle et al. 2016). Die Intromissionen und ihre psychische Verarbeitung bilden den Geschlechtskörper des Kindes. Das Körpergeschlecht (»sex«) besteht also nicht unabhängig von diesen Ein-schreibungen, noch ist es diesen vorgängig.

In meiner Praxis habe ich gerade einen frischgebackenen Vater, der schon drei Söhne hat und sich sehr eine Tochter wünschte, aber es kam noch ein vierter Sohn. Selbstverständlich wird dieser Säugling bewusst als Junge erzogen, unbewusst werden jedoch auch die mit einem Mädchen verbundenen Wünsche an ihn herangetragen. Dies muss keineswegs in manifeste psychische Konflikte oder gar manifeste Störungen münden. Vielmehr sind diese vielfältigen geschlechtlichen Zuschreibungen in jeder Person vorhanden.

Psychologische Theorien gehen gegenwärtig mehrheitlich davon aus, dass es für die psychische Gesundheit unumgänglich sei, eine eindeutige, monogeschlechtliche Identität zu entwickeln. Irene Fast (1991) entwickelte eine Geschlechtertheorie, die bis heute im psychoanalytischen Mainstream vertreten wird. Sie folgt dabei dem Paradigma der Differenzierung und geht von einem undifferenzierten Zustand im Hinblick auf das Geschlecht aus, so seien die frühesten Erfahrungen von Kindern noch nicht geschlechtsspezifisch unterschieden. Vielmehr erlebten sich die Kinder in dieser frühen Zeit als »geschlechtsübergreifend« (»overinclusive«). Erst im Alter von etwa zwei Jahren würden sich die Kinder des Geschlechtsunterschiedes bewusst. Fast (1991) konzeptualisiert dies als ubiquitäre kränkende Erfahrung, die eine intensive Auseinandersetzung mit der Begrenztheit des eigenen Geschlechts erfordere. Der Neid auf das jeweils andere Geschlecht werde zum konstitutiven Moment der Entwicklung der Geschlechtsidentität. Die egozentrische Position, die Illusion, dass alle Menschen so beschaffen sein müssten wie man selbst, müsse überwunden werden.

Nach dem Bewusstwerden des Geschlechtsunterschieds würden die Erfahrungen unter dem geschlechtlichen Aspekt entsprechend rekategorisiert. Die Vorstellungen von Männlichkeit und Weiblichkeit differenzierten sich allmählich aus; sie würden zunächst in Bezug auf Vater und Mutter formuliert und weiterentwickelt. Schließlich entstehe ein abgegrenztes, komplexer gegliedertes Selbstgefühl. Bezogen auf die Entwicklung des Mädchens sei dies »ein abgegrenztes Gefühl für sich selbst als spezifisch weibliches Wesen, das sich mit anderen Frauen identifiziert, sich in der Beziehung zu ihnen als spezifisch weiblich erfährt und eine produktive Beziehung zu Männern entwickelt, die es nun in ihrer Männlichkeit begreift und als unabhängig von sich selbst wahrnimmt« (Fast 1991, 25). Allerdings werden diese weitreichenden Thesen lediglich postuliert und nicht näher begründet.

Ebenfalls ohne nähere Begründung vertritt Fast (ebd.) die Ansicht, dass Kinder in dem Moment, in dem sie sich des Geschlechtsunterschieds bewusstwürden, frühere geschlechtsübergreifende Repräsentationen und Identifikationen verleugnen und als nicht mehr vereinbar mit dem eigenen Geschlecht ansehen würden. Donna Bassin

(1995) kritisiert daran, dass die reichhaltigen, geschlechtsübergreifenden Repräsentationen durch schlichte Akzeptanz der Begrenzungen der äußeren Realität ersetzt würden. Ausgeblendet werde dabei in Fasts – an Piaget orientiertem – epigenetischem Entwicklungsmodell, dass die verleugneten, verworfenen Repräsentanzen im Unbewussten weiterhin wirksam blieben. Problematisch erscheint auch Fasts Konzeptualisierung von »geschlechtsinadäquaten Einstellungen«, die zugunsten einer realitätsgerechten Geschlechtsidentität aufgegeben werden müssten (ebd., 78ff.). Auch diese Beschreibungen erwecken den Eindruck, als ob immer eindeutig sei, was als geschlechtsadäquat bzw. -inadäquat gilt, der stetige kulturelle Wandel findet keinerlei Berücksichtigung. Die Konflikthaftigkeit, die unausweichlich mit diesen Bestimmungsversuchen sowohl kulturell als auch individuell in jeder subjektiven Entwicklungsgeschichte verbunden ist und die sich in jeder Psychoanalyse findet, wird konsequent ausgeblendet. So folgt dieser Ansatz letztlich – trotz aller gegenlautenden Absichten – einem biologischen oder essentialistischen Verständnis von Geschlecht.

Demgegenüber scheint es nun aber wichtig deutlich zu machen, dass die Bedeutsamkeit der Geschlechtsidentität eine kulturelle Setzung ist und keine anthropologische Konstante. Die dichotome Ausschließlichkeit ist ebenfalls kein Entwicklungserfordernis; es lässt sich ebenso eine Form von Geschlechts-zugehörigkeit konzipieren, die männliche und weibliche Aspekte nebeneinander stehen lässt.

Judith Butler (2001) hat die Entwicklung der Geschlechtsidentität als melancholischen Modus beschrieben. Die Vielfalt geschlechtlicher Identifizierungen muss unter der Bedingung einer binären Kodierung einer monogeschlechtlichen Identität weichen. Die Melancholie zeichnet sich im Unterschied zur Trauer dadurch aus, dass sie keinen Verlust kennt, der Verlust wird unbewusst gemacht. Genau dies vollzieht sich in unserer Kultur mit der Geschlechtsidentität: Es gibt keine Trauer um den Verlust der vielfältigen geschlechtlichen Identifizierungen eines Kindes, im Gegenteil: der Erwerb einer eindeutigen Geschlechtsidentität wird als Entwicklungsfortschritt betrachtet.

An dieser Stelle fände ich es interessant darüber nachzudenken, wie man Kinder in diesem Entwicklungsprozess begleiten könnte, ohne den Verlust ins Unbewusste abzudrängen. Es brauchte vielleicht Rituale der Trauer.

3. Ambiguitätstoleranz

Mit dem Begriff der Ambiguitätstoleranz möchte ich die normative Entwicklungslinie hin zu einer Vereindeutigung von Geschlecht und Sexualität – die identitäre Logik – infrage stellen.

Den prominenten Ort für die Entwicklung von Sexualität und Geschlecht in der Psychoanalyse stellt der Ödipuskonflikt dar, hier etablieren sich Geschlechtsidentität und sexuelle Orientierung bzw. Identität. Das Konzept des Ödipuskonflikts gilt häufig als veraltet, als nicht mehr brauchbar angesichts von Intersexualität und gleichgeschlechtlicher Elternschaft. Die These, dass die Menschen vielleicht in 100 Jahren keinen Ödipuskonflikt mehr haben werden, teile ich jedoch nicht, da dieser Konflikt nicht notwendig an die kleinfamiliale Ordnung von Vater – Mutter – Kind gebunden ist. So werde ich zeigen, dass sich die Heteronormativität dieses Konzepts weitgehend vermeiden lässt und vorschlagen, den Ödipuskonflikt als Knotenpunkt zu verstehen für die psychische Aneignung von Differenz und Ambiguität. In Anlehnung an Freud und Laplanche verstehe ich den Ödipuskonflikt dabei als Strukturmodell. Die geschlechtsspezifischen Ausformungen, wie sie beispielsweise die differenzfeministische Kritik vorgelegt hat, halte ich für problematisch: Indem sie einen eigenständigen »weiblichen Ödipuskomplex« eingeführt hat, der vom »männlichen« abgegrenzt wurde, unterstützte sie unvermeidlich die Wirkmächtigkeit der kulturell dominanten, binären Kodierung des Geschlechts und damit die Heteronormativität. Wenn der Ödipuskonflikt auch in der neueren psychoanalytischen Theoriebildung von Bedeutung sein soll, kann dies nur in Form eines allgemeinen Strukturmodells sein, das den Raum lässt für geschlechtliche und sexuelle Vielfalt.

In aller Kürze möchte ich die freudsche Konzeptualisierung des Ödipus-konflikts skizzieren:

Freud (1924) unterschied eine sogenannte »positive« und eine »negative« Form des Ödipuskomplexes, die zusammen den »vollständigen« Ödipuskomplex bilden. Die positive Form lehnt sich an den Ödipusmythos an und beschreibt die Liebe zum gegengeschlechtlichen Elternteil bei gleichzeitiger Rivalität und Todeswünschen gegenüber dem gleichgeschlechtlichen Elternteil. In der negativen Form gilt die Liebe dem Elternteil gleichen Geschlechts, während sich die Rivalität gegenüber dem anderen Geschlecht findet. Die Gleichzeitigkeit einer homo- und einer heterosexuellen Objektwahl, der Liebe sowohl zum Vater als auch zur Mutter, im Zuge des Ödipuskonflikts wird durch die »konstitutionelle Bisexualität« des Menschen ermöglicht. Die Bisexualität bezieht sich dabei nicht nur auf die Objektwahl, sondern auch auf das Geschlecht.

Wir sehen hier ein heteronormatives Modell, das von einer dichotomen Geschlechterordnung und einem Elternpaar von Vater und Mutter ausgeht. Dies trifft zweifellos nicht die Realität der gegenwärtigen Familienformen, seien es alleinerziehende Mütter und Väter oder gleichgeschlechtliche Elternpaare. Wichtig an dem Modell erscheint mir jedoch die triadische Struktur. Laplanche (2011a; 2011b) beschrieb 1987 den Ödipuskonflikt als kopernikanische Wende in der Entwicklung eines Kindes. Bis dahin herrscht eine dyadische Beziehungsstruktur vor; das präödipale Kind hat jeweils dyadische Beziehungen zu einzelnen Personen. Es erlebt sich selbst als Mittelpunkt der Welt – analog der Erde in der ptolemäischen Weltsicht. Im Zuge des Ödipuskonflikts wandeln sich die Beziehungen von der Dyade zur Triade: Psychisch relevant werden für das Kind die Beziehungen, die etwa die Eltern zueinander oder zu Geschwistern, Freunden, Verwandten etc. haben. Dies ist ein Quantensprung in der menschlichen Entwicklung, freilich kein notwendiger, es gibt auch Erwachsene, die sich immer noch für den Mittelpunkt der Welt halten.

Die triadische Beziehungsstruktur kann nun mit anderen Personen als der üblichen Kleinfamilie gefüllt werden. Für die Strukturbildung ist lediglich eine dritte Person – unabhängig vom Verwandtschaftsgrad und Geschlecht – erforderlich.

Und eine weitere Modifikation des traditionellen Ödipuskonflikts ist notwendig: Die Verbindung von sexuellem Begehren und geschlechtlicher Identifizierung, die heteronormativ als Ersetzungsverhältnis angelegt ist. Die Liebe zum gleichgeschlechtlichen Elternteil wird ersetzt durch die Identifizierung mit ihm. Diesen Modus hat Judith Butler (2001) in ihrem Aufsatz über das melancholische Geschlecht kritisch herausgearbeitet. So wird die heteronormative Geschlechter- und Liebesordnung stabilisiert. Wichtig ist jedoch in diesem Zusammenhang zu bedenken, dass sich die Geschlechtszugehörigkeit nicht erst mit dem Ödipuskonflikt entwickelt, sondern bereits deutlich vorher. Eine Amalgamierung von Begehren und Geschlecht erscheint hingegen nicht notwendig für die Bildung der psychischen Struktur. Das postulierte Ersetzungsverhältnis von Liebe und Geschlechtsidentität erübrigt sich damit.

Den Ausgang des Ödipuskomplexes sieht Freud in der Festlegung der sexuellen Orientierung. Nach klinischer Erfahrung und sexualwissenschaftlicher Forschung gibt es jedoch nicht selten auch Veränderungen der Objektwahl im Verlauf der Lebensgeschichte. Damit man dies nicht darauf zurückführen muss, dass die betreffende Person ihre »eigentliche Neigung« nur unterdrückt habe, scheint es mir sinnvoller anzunehmen, dass die sexuelle Orientierung nicht ein für allemal im Rahmen des Ödipuskomplexes in der frühen Kindheit bzw. in der Adoleszenz festgelegt wird, sondern – ebenso wie jegliche Begehrensstruktur – das Ergebnis fortwährender Umschriften darstellt. Der Ödipuskonflikt kann zu verschiedenen Zeiten des Lebens eine Wiederaufnahme mit jeweils unterschiedlichen Lösungen finden.

Fazit

Einen vielversprechenden theoretischen Anknüpfungspunkt für die Konzeptualisierung nicht binärer Geschlechtsidentitäten bietet Freuds weithin unterschätztes Modell einer »konstitutionellen Bisexualität«. Daran lässt sich zeigen, dass auch das Körpergeschlecht (»sex«) eine Konstruktion darstellt, wie es inzwischen in Bezug auf gender weithin akzeptiert wird. Das biologische Geschlecht stellt also keinen Kern dar, um den sich das psychische und soziale Geschlecht legen, sondern ist selbst zusammengesetzt aus verschiedenen Faktoren. Dazu gehören nach gegenwärtigem Verständnis Chromosomen ebenso wie beispielsweise Hormone, Genitalien, Muskelmasse oder Körperfettverteilung. Diese Faktoren besitzen jeweils eine Ausprägung, die als »männlich« oder »weiblich« angesehen wird. In ihrer Vielfalt sind sie jedoch nicht ausschließlich »männlich« oder »weiblich«, sondern weisen unterschiedlichste Mischungsverhältnisse auf. Das Körpergeschlecht ist daher genau betrachtet nicht als entweder »männlich« oder »weiblich« zu betrachten, sondern als sowohl »männlich« als auch »weiblich«. Eine binäre Abgrenzung erscheint demgegenüber als problematische Reduktion. Auch eine identitäre Festlegung folgt eher gesellschaftlichen Erwartungen als psychologischen Erfordernissen.

Der Ödipuskomplex kann jenseits seiner traditionellen, heteronormativen Lesart im Rahmen der Kleinfamilie als allgemeines Strukturmodell reformuliert werden, um die psychische Dimension der Formierung von Sexualität und Geschlecht zu erklären.

Dabei werden an die Stelle von Vater und Mutter verschiedene Bezugspersonen unabhängig von biologischen Verwandtschaftsbeziehungen und Geschlecht eingesetzt. Bedeutsam ist auch die Feststellung, dass der Ödipuskonflikt weder im Vorschulalter ein für allemal gelöst noch überwunden werden kann. Vielmehr zeichnen sich die ödipalen Lösungen im Hinblick auf Geschlechtserleben und sexuelle Orientierung durch eine lebenslange Dynamik und prinzipielle Wandelbarkeit aus. Die daraus entstehenden fluiden, dynamischen Identitäten sind nicht auf Abgrenzung vom Anderen gegründet, sondern lassen Raum für das Nicht-Identische und Nicht-Binäre.

Literatur

Bassin, D. (1995): Jenseits von ER und SIE: Unterwegs zu einer Versöhnung von Männlichkeit und Weiblichkeit in der postödipalen weiblichen Psyche. In Benjamin, J. (Hrsg.): Unbestimmte Grenzen. Beiträge zur Psychoanalyse der Geschlechter. Fischer: Frankfurt/M., 93-125

Butler, J. (2001): Melancholisches Geschlecht/Verweigerte Identifizierung. In: Butler, J.: Psyche der Macht. Das Subjekt der Unterwerfung. Suhrkamp: Frankfurt/M., 125-142, 1956

Dannecker, M. (2008): Freuds Dekonstruktion der sexuellen Normalität. In: Queer Lectures 1, 79-104

Fast, I. (1991): Von der Einheit zur Differenz. Psychoanalyse der Geschlechtsidentität. Springer: Heidelberg, 1984

Freud, S. (1924d): Der Untergang des Ödipuskomplexes. In: Gesammelte Werke (G.W.), Bd. XIII. Fischer: Frankfurt/M., 393-401

Freud, S. (1933a). Neue Folge der Vorlesungen zur Einführung in die Psychoanalyse. In: Gesammelte Werke (G.W.), Bd XV. Fischer: Frankfurt/M., 170-197

Jäckle, M., Eck, S., Schnell, M., Schneider, K. (2016). Doing Gender Discourse: Subjektivation von Mädchen und Jungen in der Schule. Springer: Wiesbaden

Laplanche, J. (1992): Implantation, Intromission. In: Laplanche, J. (Hrsg.): Die unvollendete kopernikanische Revolution in der Psychoanalyse. Fischer: Frankfurt/M., 109-113

Laplanche, J. (2004): Die rätselhaften Botschaften des Anderen und ihre Konsequenzen für den Begriff des »Unbewussten« im Rahmen der Allgemeinen Verführungstheorie. In: Psyche 58 (Heft 9/10), 898-913

Laplanche, J. (2011a): Neue Grundlagen für die Psychoanalyse. Psychosozial-Verlag: Gießen, 1987

Laplanche, J. (2011b): Freud and the Sexual. International Psychoanalytic Books: New York

Quindeau, I. (2008a): Verführung und Begehren. Die psychoanalytische Sexualtheorie nach Freud. Klett-Cotta: Stuttgart

Quindeau, I. (2008b): Psychoanalyse. Fink: Paderborn

Reiche, R. (1997): Gender ohne Sex. Geschichte, Funktion und Funktionswandel des Begriffs »Gender«. Psyche 51 (Heft 9), 926-957

Stoller, R. (1968): Sex and gender. On the development of masculinity and feminity, Bd. 1. Science House: New York

Stoller, R. (1975): Perversion. Die erotische Form von Haß. Rowohlt: Reinbek/H.

Stoller, R. (1976): Sex and gender. The transsexual experiment, Bd. 2. Aronson: New York

Prof. habil. Dr. Ilka Quindeau
Frankfurt University of Applied Sciences
Nibelungenplatz 1, D-60318 Frankfurt am Main
Telefon: 0049 69 1533-0
Fax: 0049 69 1533-2400
quindeau@fb4.fra-uas.de

Mechthild Bereswill

Geschlecht als Konfliktkategorie und als soziale Konstruktion. Überlegungen zu einer grundlegenden Spannung

Summary
Gender as conflict theory and social construction. Thoughts about a fundamental tension
The connections between psychoanalytic methodology and the gender studies presuppose the discovery and deconstruction of unconscious, implicit and rejected phenomena in society and in the subject. In order to further explore the possibilities and limitations of a productive dialogue, fundamental theoretical perspectives of gender research are discussed in relation to psychoanalytic approaches about gender. The example of the debates on the current situation of boys illustrates that psychoanalytic approaches contribute both to a reification and to the overcoming of ontologizing perceptions of gender differences. On the other hand, the dialogue for gender research requires a critical reflection on concepts of a body-related conflictual subjectivity that does not arise in discourses and social constructions.

Keywords: Theoretical Concepts of Gender, Gender Identity as a Conflict Dynamic, Feminist Psychoanalysis Approaches

Zusammenfassung
Verknüpfungen von psychoanalytischen mit Denktraditionen der sozialwissenschaftlichen Geschlechterforschung setzen als Gemeinsamkeit die Aufdeckung und Entschlüsselung von unbewussten, impliziten und abgewehrten Phänomenen in der Gesellschaft und im Subjekt voraus. Um die Möglichkeiten und Grenzen eines produktiven Dialogs weiter auszuloten werden grundlegende theoretische Blickwinkel der Geschlechterforschung skizziert zu psychoanalytischen Ansätzen über Geschlecht in Beziehung gesetzt. Das Beispiel der Debatten über die aktuelle Situation von Jungen verdeutlicht, dass psychoanalytische Ansätze sowohl zu einer Reifizierung als auch zur Überwindung ontologisierender Auffassungen von Geschlechterdifferenz beitragen. Andererseits erfordert der Dialog für die sozialwissenschaftliche Geschlechterforschung eine kritische Reflexion auf Konzeptionen einer körperbezogenen konflikthaften Subjektivität, die nicht in Diskursen und sozialen Konstruktionen aufgeht.

Schlüsselwörter: Geschlechtertheorie, Geschlecht als Konfliktkategorie, Ansätze feministischer Psychoanalyse

In einer an Alfred Lorenzers (1988) tiefenhermeneutischer Kulturanalyse orientierten qualitativen Untersuchung, die wir Mitte der 1990er Jahre zu den Weiblichkeits- und Fremdheitserfahrungen allein reisender Frauen durchführten, schrieben Gudrun Ehlert und ich unter Bezug auf Arbeiten der Ethnopsychoanalyse: »In Übereinstimmung mit Maya Nadig (1985, 105) meinen wir, daß feministische Wissenschaft und psychoanalytisches Erkenntnisinteresse korrespondieren, da beiden Traditionen ein besonderes Interesse für das Unbeachtete, Unterdrückte zu eigen ist. Sichtbar werden sollen gesellschaftliche und subjektive Phänomene, die in der herrschenden Kultur keinen Raum haben« (Bereswill, Ehlert 1996, 83). Dieses vor gut zwanzig Jahren formulierte Postulat behauptet eine voraussetzungsvolle Verwandtschaft zwischen Theorie- und Forschungsansätzen der Geschlechterforschung und der Psychoanalyse. Wissenschaft wird als ein gesellschaftskritisches Projekt begriffen und Forschung in den Dienst einer kritischen Rekonstruktion und Aufdeckung herrschaftsförmiger Prozesse in der Gesellschaft gestellt. Solche Verortungen gelten weder für die Geschlechterforschung, noch für die Denk- und Theorietraditionen der Psychoanalyse generell, und die grundsätzlich umstrittene Frage, wie kritisch Wissenschaft sich zu gesellschaftlichen Verhältnissen stellen sollte, wird in diesem Beitrag nicht weiter verfolgt werden. Entscheidend für die folgenden Überlegungen ist vielmehr das Argument einer erkenntniskritischen und methodologischen Wahlverwandtschaft zwischen Geschlechterforschung und Psychoanalyse: beide zielen auf implizite, latente und unbewusst gehaltene Muster und Strukturelemente in der Gesellschaft und im Subjekt, die sich zu einer sozialen und einer symbolischen Ordnung (nicht nur) der Geschlechter zusammenfügen.

Können psychoanalytisches Denken und geschlechtertheoretische Prämissen bei der Aufdeckung, Dekonstruktion und Bewusstwerdung solcher Ordnungsdynamiken zusammenwirken? Oder sind die Diskrepanzen zwischen den erkenntnistheoretischen Ausgangspositionen der gegenwärtigen Geschlechterforschung und Psychoanalyse so groß, dass ein produktiver Dialog nur begrenzt möglich ist, weil beide Seiten beispielsweise unvereinbare Grundannahmen zur Bedeutung differenter sexuierter Körper für die subjektive Aneignung von Geschlechteridentitäten vertreten? Diese Fragen sollen nicht den Eindruck vermitteln, es gäbe *die* Psychoanalyse oder *eine* einheitliche Geschlechterforschung. In beiden Fällen handelt es sich um heterogene Denktraditionen, die kontroverse Sichtweisen und Konzepte hervorgebracht haben. Das zeigen ältere und neuere Debatten über die Relevanz und Bedeutung der Kategorie Geschlecht (Rendtorff 2008; Knapp 2001), über geschlechtertheoretische Fundierungen der Psychoanalyse (Rohde-Dachser 1989; 1992; Liebsch 1994; Quindeau 2008; 2012; Quindeau, Dammasch 2014) sowie über das Verhältnis von »Genitalität und Geschlecht« (Pohl 2009, 187).

Über alle Kontroversen und verschiedenen Schulen hinweg stellt sich aber die grundsätzliche Frage nach der Anschlussfähigkeit von zentralen Konzepten und Erkenntnissen der sozialwissenschaftlichen Geschlechterforschung auf der einen und Grundannahmen psychoanalytischer Theorien auf der anderen Seite. Damit steht zur Debatte, ob und wie eine Dekonstruktion von Geschlecht und Geschlechtsidentität und die damit verbundene radikale Zurückweisung jeder Ontologisierung von Geschlechterdifferenz, wie sie sich im Anschluss an die ethnomethodologische Arbeit von Suzanne J. Kessler und Wendy McKenna (1978) sowie an die performativitätstheoretische Perspektive von Judith Butler (1991; 1997) durchgesetzt hat, mit Vorstellungen einer organismisch fundierten Trieb-dynamik des Subjekts und dessen gleich- und gegengeschlechtlichen Bindungs- und Abgrenzungsimpulsen zusammen gedacht werden kann. Anders gesagt wird nach der möglichen Vermittlung von Konzepten gefragt, die Geschlecht als das Resultat wissensbasierter intersubjektiver Konstruktionsleistungen oder als die Verkörperung diskursiver Effekte analysieren mit solchen, die von einer körpergebundenen psychosexuellen, auch intrapsychischen Dimension des Subjekts ausgehen.

Die Auslotung dieser Vermittlung verlangt einen fortlaufenden wechselseitigen Dialog über die jeweiligen Grenzen und Potentiale verschiedener Ansätze. Dieser Dialog wird im vorliegenden Beitrag aus der Perspektive der sozialwissenschaftlichen Geschlechterforschung angeregt. Wie eingangs schon angedeutet, gehe ich mit Lorenzer davon aus, dass eine dialektische Wechselbeziehung zwischen der intersubjektiven Hervorbringung von Sinn (und Gegensinn) und der eigensinnigen Intrasubjektivität von Menschen existiert (Bereswill 2014). Sozialer und subjektiver Sinn und die damit verbundenen Symbolisierungsfähigkeiten des Subjekts sind in die symbolische Ordnung der Geschlechter in der modernen Gesellschaft eingebettet. Zugleich wird diese Ordnung durch subjektive Deutungs- und Handlungsmuster mit hervorgebracht, »die vielleicht weniger unser Denken als das sozusagen ›gefühlte Wissen‹ über weiblich und männlich betreffen, und unter deren Einfluss die Beziehungen zwischen Männern und Frauen, Besitzverhältnissen und Ehrvorstellungen, Abhängigkeiten und Stellung des Kindes zu Vater und Mutter usw. geformt werden« (Rendtorff 2008, 72).

Die Aneignung von Geschlechteridentitäten ist kein reibungsloser Prozess, in dessen Verlauf Selbst- und Fremddeutungen der Geschlechterdifferenz korrespondieren. Es handelt sich vielmehr um eine konflikthafte Dynamik und im Anschluss an Muriel Dimen (1995, 247) ist davon auszugehen, »dass Selbst und Geschlecht sich nicht gegenseitig erklären, sondern vielmehr wechselseitig verschlüsseln« (Bereswill 2014, 194). Die Bedeutung von Geschlecht muss demnach entschlüsselt werden, wobei das Deutungspotential psychoanalytischer Zugänge dekonstruktiv verwendet werden kann (Hofstadler 2013, 156). Damit ist erneut die Bedeutung von unbewussten, verdrängten und abgewehrten Wünschen, Ängsten und Phantasien angesprochen, denn die symbolische Ordnung der Geschlechter ist zugleich Teil eines kulturellen Unbewussten, das abgewehrt, umgedeutet und in Übertragungs- und Gegenübertragungsbeziehungen spürbar wird. Geschlecht bedeutet die fortlaufende Auseinandersetzung mit den kognitiven und affektiven Bedeutungsdimensionen von Differenz (Rendtorff 2008). Entsprechend stellt sich die Frage, wann und warum einseitige Vorstellungen von Geschlechterdifferenz rigide verteidigt oder aber hinterfragt und überwunden werden können.

Eine psychoanalytische Perspektive kann die Abwehr von unliebsamen, verpönten oder schmerzhaften Aspekten der Auseinandersetzung mit Differenz und Differenzierung sowohl aufdecken als auch verstärken, indem die grundlegende Kritik an der binären Logik der Zweigeschlechtlichkeit entweder zum Ausgangspunkt für inter- und intrasubjektive Differenzierungen aufgegriffen oder als kontraproduktiv für die Entwicklung des Subjekts zurückgewiesen werden kann. Darauf wird später wieder zurückzukommen sein.

Im folgenden Abschnitt wird zuvor verdeutlicht, dass Geschlecht eine komplexe Kategorie ist, deren tiefgreifende Bedeutung und Wirkmacht nicht nur auf der Ebene der subjektiven Geschlechteridentität erfasst werden kann (1). Anschließend werden diese abstrakten theoretischen Überlegungen am Beispiel der aktuellen und sehr kontroversen Debatte über die gesellschaftliche Situation von Jungen weiter konkretisiert, über die seit geraumer Zeit populären wie wissenschaftlichen Krisendiskurse geführt werden, die auch durch psychoanalytische Denkfiguren mitstrukturiert werden (2). Abschließend komme ich auf die Frage nach dem produktiven Dialog zwischen Geschlechterforschung und Psychoanalyse zurück und schlage wechselseitige Kurskorrekturen vor, auch im Hinblick auf eine pädagogische Praxis, die die Stärken des psychoanalytischen Erkenntnismodells mit denen der Geschlechterforschung zu verknüpfen sucht, ohne deren Unterschiede zu nivellieren (3).

1. Die Komplexität von Geschlecht

Aus einer gesellschaftstheoretischen Perspektive sind *Geschlechterverhältnisse* Ungleichheitsverhältnisse. Das bedeutet, Frauen und Männer werden als soziale Gruppen in ihrer Relation zueinander in den Blick gerückt, und wir sehen ihre ungleichen Positionen, beispielsweise auf dem Arbeitsmarkt und im Hinblick auf die Verrichtung von unbezahlten Sorgetätigkeiten (Becker-Schmidt 1993). Geschlecht wird aus dieser Perspektive als Teil eines unübersichtlichen Strukturzusammenhangs reflektiert. *Als Frau* oder *als Mann* im sozialen Gefüge der Gesellschaft platziert zu werden, ist damit verbunden, über bestimmte Chancen zu verfügen oder nicht, Zugang zu bestimmten Räumen zu erlangen oder nicht und einer sozioökonomischen Verteilungs- und Bewertungsstruktur zu unterliegen, die nur aufgrund subjektiven Begehrens oder Widerstandes nicht ausgehebelt werden kann – und die zudem durch die Intersektion von Geschlecht beispielsweise mit Klasse strukturiert ist (vgl. Klinger, Knapp 2008). Geschlecht als eine Strukturkategorie durchzieht aus dieser Perspektive alle gesellschaftlichen Bereiche und wirkt entsprechend hierarchisierend, wobei Weiblichkeit Männlichkeit nachgeordnet ist – als Ausdruck einer soziohistorisch und kulturell gewachsenen Ungleichheitsordnung der modernen Gesellschaft. Aus dieser Konstellation resultieren zwar konkrete Verhaltenszumutungen an Menschen, indem sie sich in Geschlechterhierarchien einfügen sollen, was aber nicht mit bruchlosen Geschlechteridentitäten einhergeht. Gleichzeitig wirken sich teilweise subtile, teilweise unverhohlene Auf- und Abwertungen im Geschlechterverhältnis in Form von handfesten sozialen Ungleichheiten, mangelnder Anerkennung und Gewalt auf die sozialen Beziehungen in der Gesellschaft aus. Ob Frauen auch gegenwärtig als soziale Gruppe gegenüber der Gruppe der Männer durchgehend benachteiligt sind, ist eine umstrittene Frage. Dies zeigen nicht zuletzt Standpunkte, die davon ausgehen, dass Jungen im Bildungssystem gegenüber Mädchen benachteiligt sind und wir es mit einem grundlegenden Umbruch von Ungleichheitsverhältnissen zu tun haben (Quenzel, Hurrelmann 2010, 61). In diesem Zusammenhang wird auch davon ausgegangen, dass es für Jungen sehr viel schwieriger sei, eine reife Geschlechtsidentität zu entwickeln, da ihnen insbesondere in den Institutionen der öffentlichen Erziehung und Bildung kaum männliche Bezugspersonen zur Verfügung stünden.

Im Gegensatz zur Behauptung, es gäbe eindeutige und unveränderbare Geschlechteridentitäten, die bis zu einem bestimmten Zeitpunkt der Entwicklung eines Menschen gereift sein sollten, wird Geschlecht aus einer interaktionstheoretischen Perspektive als eine soziale Konstruktion verstanden, die Zug um Zug intersubjektiv ausgehandelt und mit Bedeutung versehen wird. *Geschlechterordnungen* basieren demnach auf expliziten wie impliziten tradierten Wissensformationen, die eine Differenz, die als natürlich vorhanden behauptet wird, immer neu hervorbringen und dadurch Hierarchien stützten (Gildemeister, Wetterer 1992). Entscheidend für diese Perspektive ist der Zusammenhang zwischen Wissen, Interaktion und der Institutionalisierung, also Verfestigung von Ordnungen. Besonders markant zeigt sich dies im Wechselspiel von Arbeit und Geschlecht, wenn bestimmte Tätigkeiten weiblich und andere männlich codiert und mit differenten Bewertungen und Eigenschaftszuschreibungen verbunden sind. Der Begriff der Codierung verweist darauf, dass diese Eigenschaften nicht existieren, sondern im wechselseitigen Austausch von Sinn intersubjektiv hervorgebracht werden. Wie stark das Beharrungsvermögen solcher Zuschreibungen ist, zeigen die Bemühungen, mehr Jungen und Männer für sozialpflegerische Berufe und mehr Mädchen und Frauen für technisch-naturwissenschaftliche Berufe zu gewinnen. Auch wenn das gesellschaftliche Gleichheitspostulat vermuten ließe, dass die geschlechtliche Konnotation von Arbeitsfeldern und den dort angesiedelten Tätigkeiten an Bedeutung verloren hat, setzt sich die Zählebigkeit von Differenzkonstruktionen immer wieder durch. Für das Verhältnis von Arbeit und Geschlecht gilt deshalb auch gegenwärtig noch, dass Frauen und Männer durchaus das Gleiche tun dürfen, es muss aber unterschiedlich interpretiert und bewertet werden können (Bereswill 2016, 31). Ob und wie ein solches »Gleichheitstabu« (Rubin 2006, 87) in die lebensgeschichtlichen Selbstentwürfe von Menschen eingebettet ist, welche unbewussten Konflikte an dessen Aufrechterhaltung oder Überschreitung mitwirken und welches »gefühlte Wissen« (Rendtorff 2008, 72) hierbei zur Wirkung gelangt, sind Fragen, die es sich auch aus psychoanalytischer Perspektive weiter zu verfolgen lohnt. Für einen wechselseitigen Dialog zwischen Geschlechterforschung und Psychoanalyse bedeutet dies, dass das Verhältnis von Wissen und Affekten weiter auszuloten und Geschlechterdifferenz – im Sinne der bereits zitierten Überlegungen von Dimen (1995, 247) – nicht als feste Größe vorauszusetzen, gleichwohl aber davon auszugehen ist, dass die Erfahrungen und Selbstdeutungen von Menschen grundlegend vergeschlechtlicht sind. Dies erfordert eine kontinuierliche doppelte Denkbewegung, mit deren Hilfe Geschlecht einerseits als soziale Konstruktion hinterfragt und die tief greifenden Ausprägungen und Wirkungen solcher Konstruktionen zugleich wahrgenommen und in ihrer Bedeutung für die Selbstentwürfe von Menschen thematisiert werden.

So *hat* auch Gewalt beispielsweise kein Geschlecht, auf der Erscheinungsebene tritt Gewalt aber immer wieder in Verknüpfung mit Männlichkeitskonstruktionen hervor (Bereswill 2011). Auch Hormone *sind* nicht weiblich oder männlich, ihre unterschiedlichen Funktionen und Quantitäten dienen aber der Erklärung und Legitimierung einer binär codierten Geschlechterdifferenz (Ebeling 2006).

Die sozialkonstruktivistische Entlarvung von lieb gewonnenen Zuschreibungen trifft immer wieder auf Empörung und Abwehr, auch weil die Vorstellung, Geschlechterdifferenz sei etwas, das sozial hergestellt wird, mit der irreführenden Annahme verbunden wird, die Bedeutung von Geschlecht könne beliebig ausgehandelt und verschoben werden. Genau dies ist aber nicht der Fall, weil Geschlecht Teil einer sozialen Ordnung ist, deren Beharrungsvermögen durch etablierte Deutungsmuster der Differenz gestärkt wird. Bestes Beispiel hierfür ist der boomende Markt für geschlechterdifferenzierte Spiel- und Lehrmaterialien, die zwar in deutlichem Widerspruch zu gesellschaftlichen Gleichheitspostulaten stehen, ganz offensichtlich aber Bedürfnisse nach eindeutigen Differenzverhältnissen evozieren. Entsprechend werden auch Vorschläge formuliert, Jungen und Mädchen gemäß ihrer – als natürlich vorausgesetzten – Unterschiede zu fördern (Strüber 2008, 34ff.), beispielsweise mit Hilfe spezifischer Lernangebote in der Schule.

Gegen solche eindeutigen Differenzverhältnisse argumentieren dekonstruktivistische Ansätze im Anschluss an die Arbeiten von Judith Butler (1991; 1997). Aus dieser Sicht unterliegen alle Menschen dem Zwang der *Heteronormativität*, also der Norm, sich in eine heterosozial und heterosexuell strukturierte Ordnung einzufügen. Diese Norm wird durch die Darstellung (Performativität) von zweigeschlechtlichen Körpern und die Artikulation von Geschlechterdiskursen immer wieder neu hervorgebracht. Geschlecht wird aus dieser Theorieperspektive als sprachlicher Diskurseffekt entschlüsselt und als ein körperbezogener performativer Akt untersucht, in dessen Mittelpunkt die Darstellung von etwas steht, das im Zuge dieser Aufführung überhaupt erst entsteht. Geschlecht ist demnach nichts Vorgängiges, sondern ein kulturell erzeugtes Phänomen, dessen Bedeutungen unterlaufen und verschoben werden können. Diese Auffassung schärft die Aufmerksamkeit für die Wirkung von Zwangsheterosexualität und von Pathologisierungen unterschiedlicher Formen des Begehrens, die keiner binären Kodierung folgen. Dabei wird nicht die Materialität des Körpers geleugnet – wie dies oft kritisiert worden ist –, der Körper wird vielmehr in seiner kulturellen und sozialen Gebundenheit thematisiert und Begehren wird als eine vielschichtige Dynamik von Subversionen und Verwerfungen in den Blick gerückt. Eine solche dekonstruktivistische Perspektive auf Geschlecht stellt das psychoanalytische Verständnis in Frage, »für das die Dichotomie von Männlichkeit und Weiblichkeit bislang selbstverständlich ist« (Quindeau 2012, 121). So vertritt Ilka Quindeau (2014, 15), ohne die Vorstellung von Geschlechtskörpern vollständig aufzugeben, die Ansicht, dass die »Dekonstruktion des Geschlechtlichen« sich als anschlussfähig für die psychoanalytische Psychotherapie erweist, indem starre Geschlechternormen aufgelöst und so »die Befreiung von symptomhaften Einschränkungen« befördert werden können. Rolf Pohl stellt die Perspektive Butlers hingegen aus einer männlichkeitstheoretischen Perspektive sehr viel stärker in Frage und gibt zu bedenken, dass »die Annahme, morphologische Unterschiede der Genusgruppen existierten allerhöchstens als offene Oberflächen für kulturelle Symbolisierungen ... zu einer Entkörperlichung der

Geschlechterdifferenz« (Pohl 2009, 189) führen würde, was entsprechende Konsequenzen für das Ausblenden von hegemonialen Begehrensstrukturen habe.

Die bisher skizzierten Theorieperspektiven bieten sehr verschiedene Blickwinkel auf die Konstitution von Subjektivität, die mal als dialektische Einheit mit Gesellschaft, mal als das Resultat von Intersubjektivität und sozialer Interaktion und mal als diskursiver Prozess der Subjektivierung erfasst wird. Die Bedeutung, die Geschlecht für die Konstitution von Subjektivität gewinnt, kann dabei nicht auf einen Nenner gebracht werden. So werden verfestigte Strukturen beispielsweise der gesellschaftlichen Arbeitsteilung einerseits durch narrative Deutungsmuster, insbesondere der Naturalisierung von Geschlechterdifferenz gestützt (Rendtorff 2015, 147ff.), und die Selbstentwürfe von Menschen sind andererseits Ausdruck einer eigensinnigen Aneignung, Bearbeitung und Umformung von einseitigen Identitätszumutungen. Die Spannung zwischen einer hegemonialen Ordnung und deren Einfluss auf die »Werte und Gefühle« (Nadig 1985, 105) des Subjekts einerseits und dessen Eigensinn andererseits zu erfassen, erfordert eine theoretische Perspektive, die das Wechselverhältnis zwischen gesellschaftlichen Zwängen und der Herausbildung und Struktur einer lebenslang konflikthaften Subjektivität nicht in eine Richtung auflöst.

Demnach »können Prozesse der Vergeschlechtlichung subjekttheoretisch als eine fortlaufend spannungsreiche Dialektik zwischen äußeren und inneren Realitäten begriffen werden, in deren Verlauf ungleichzeitige gesellschaftliche Konstellationen auf die inneren Konflikte des Subjekts treffen. Die soziale Konstruktion Geschlecht unterliegt aus dieser Perspektive der eigensinnigen Aneignung und Verarbeitung im lebensgeschichtlichen Kontext. Geschlecht ist eine *Konflikt-kategorie*« (Bereswill 2014, 194, Hervorh.d.V.).

Wie mit Bezug zu den Überlegungen von Maya Nadig und Alfred Lorenzer bereits betont wurde, umfasst das beschriebene Wechselverhältnis Dimensionen des Unbewussten, sowohl in der Kultur als auch im Subjekt. Vorstellungen, Konstruktionen und Wissensbestände über Geschlecht, genauer über Geschlechterdifferenz, sind demnach nicht einfach kognitive Schemata oder Stereotype, sie sind aus einer psychoanalytischen Perspektive in eine Praxis von Lebensentwürfen eingebettet, die Lorenzer als Sprachspiel erfasst hat, und solche Sprachspiele enthalten entsprechende Affektgehalte, Bedeutungsüberschüsse oder Desymbolisierungen (Lorenzer 1988; Bereswill, Morgenroth, Redman 2010; Hofstadler 2013). Wird eine widersprüchliche und durch Umdeutungen und Abwehrreaktionen geprägte Verknüpfung von gesellschaftlichem Geschlechterwissen mit den subjektiven Aneignungs- und Verarbeitungsweisen vorausgesetzt, rückt eine vielschichtige Dynamik in den Blick: psychoanalytisches Fachwissen kann als Geschlechterwissen reflektiert werden; Übertragungs- und Gegenübertragungsreaktionen können sowohl diesseits als auch jenseits von binären Codierungen entschlüsselt werden; die Bedeutung von Geschlechterkonstruktionen für die Selbst- und Fremddeutungen von Menschen können aus den engen Bahnen einer zweigeschlechtlichen Deutungsmatrix in eine Perspektive überführt werden, die Differenz und Differenzierung, unter Einbezug der Bedeutung differenter Körper, in einer größeren Bandbreite und Vielfalt erlaubt. Inwieweit es möglich und sinnvoll ist, von multiplen Körpern statt von einer binär strukturierten, an den Geschlechtskörper gebundenen Differenz auszugehen, die die Subjektivität von Menschen maßgeblich prägt, ist und bleibt eine strittige Frage. Eine geschlechtertheoretisch sensible Psychoanalyse bedeutet aber in jedem Fall, sich von biologistischen Varianten der Grundlegung von Subjektivität abzugrenzen, wie dies Ilka Quindeau in Abgrenzung zu Stollers Modell als eine Prägung der Kerngeschlechtsidentität durch eine biologische Kraft formuliert. Sie vertritt die Ansicht, »dass für eine psychoanalytische Geschlechtertheorie solch ein Rückgriff auf »Prägung« unnötig ist; vielmehr scheinen genuin analytische Konzepte wie Identifizierung, Introjektion u.a. eher geeignet, um den Erwerb der Geschlechtszugehörigkeit zu beschreiben« (Quindeau 2012, 125). Im Anschluss an Laplanche schlägt Quindeau vor, die Aneignung von Geschlechteridentität im Kontext der Verführungssituation von Erwachsenem und Kind zu situieren. Die konkrete Zuordnung des Kindes zu einem Geschlecht durch die Erwachsenen (»es ist ein Mädchen«; »es ist ein Junge«) begreift sie als eine »rätselhafte Botschaft« (Laplanche), die weit über die faktische Bedeutung hinausgehe. Ihr unbewusster Bedeutungsgehalt umfasse vielmehr »ein ganzes Konglomerat von geschlechtsbezogenen Selbst- und Objektrepräsentanzen, die das Kind unausweichlich introjiziere, wenn es als Mädchen bzw. als Junge bezeichnet werde« (ebd).

Solche Ansätze bilden einen deutlichen Gegensatz zu Standpunkten, die Geschlechtsidentität ausgehend von einer vorgängigen natürlichen Zweigeschlechtlichkeit konzipieren und in diesem Zusammenhang mit eindeutigen Unterschieden zwischen Frauen und Männern und Jungen und Mädchen argumentieren. Ein solcher Argumentationsstrang wird im Kontext mit dem Diskurs über die benachteiligten Jungen deutlich, der im Zusammenhang mit den PISA-Studien und im Kontext der auffällig häufigen Diagnose AD(H)S für Jungen zu beobachten ist.

2. Geschlecht als gleich- und gegengeschlechtliche Identifizierung oder als multiple Konfliktkategorie?

Die Befunde von international vergleichenden Schulleistungsstudien wie PISA, TIRLS oder PIMMS weisen signifikante Geschlechterunterschiede in Bezug auf die Schulkarrieren, das Leistungsniveau in verschiedenen Fächern und zu den Selbsteinschätzungen von Mädchen und Jungen auf. Geschlecht ist hier also ganz offenbar eine entscheidende Größe, wobei in wissenschaftlichen, praxisorientieren und populären Diskursen intensiv über die Frage gestritten wird, ob Jungen die neuen Bildungsverlierer der postfordistischen Gesellschaften und im Verhältnis zu Mädchen entsprechend benachteiligt seien (vgl. Latsch, Neuhaus, Hannover 2015; Latsch, Hannover 2014; Matzner, Tischler 2008; 2012). Ebenso beunruhigt wird die Tatsache aufgenommen, dass Jungen im Vergleich zu Mädchen deutlich häufiger mit der Diagnose ADHS konfrontiert und entsprechenden Medikamentierungen ausgesetzt sind (Haubl, Liebsch 2010; 2011).

Die skizzierten Befunde sind evident und entsprechend erklärungsbedürftig. Ebenso erklärungsbedürftig ist aber auch der Diskurs über die benachteiligten und gefährdeten Jungen, der in diesem Zusammenhang in Wissenschaft und Praxis geführt wird

(Bereswill, Ehlert 2015). Die in diesem Diskurs hervorgebrachten Deutungsmuster zu geschlechtsbezogenen Entwicklungs- und Bildungsprozessen von Kindern und Jugendlichen sind auf bemerkenswerte Weise mit überdeterminierten Ausdrucksformen und Diagnosen zum Wandel der Geschlechterordnung der modernen Gesellschaft sowie mit wiederkehrenden Naturalisierungen von Geschlechterdifferenz verknüpft. Dies ist mit der Vorstellung einer eindeutigen Geschlechteridentität *als männlich* verbunden, die nur durch Männer an Jungen weitergegeben werden kann.

Die folgende Textpassage steht exemplarisch für eine Zeitdiagnose, die den unübersehbaren Wandel im Geschlechterverhältnis der bürgerlichen Gesellschaft mindestens skeptisch beurteilt. Sie entstammt der Einleitung eines 2008 erschienenen Handbuchs zur Jungenpädagogik, in dem schon in der damals ersten Auflage davon ausgegangen wurde, dass Jungen gegenüber Mädchen einer Bildungsbenachteiligung unterliegen (vgl. auch die Bekräftigung dieser Sichtweise in der zweiten Auflage 2012). Die Herausgeber Michael Matzner und Wolfgang Tischler (2008, 10) schreiben: »Bis zum Ende der 1960er-Jahre bestand in unserer Gesellschaft eine ausgewogene Verteilung jeweils dem männlichen und dem weiblichen Geschlecht zugeschriebener Werte ... Diese Balance besteht heute nicht mehr.«

Hier wird hier eine alte, verloren geglaubte Ordnung der Geschlechter konstruiert, wobei besonders bemerkenswert ist, dass diese Ordnung mit dem Bild der Balance, also dem Gleichgewicht, assoziiert wird. In der westdeutschen Nachkriegsgesellschaft, so die Autoren, existierten geschlechtsgebundene Werte, die sich gegenseitig ergänzten. Dieses harmonische und konfliktfreie Bild steht im scharfen Kontrast zur Gegenwart, die aus dem Gleichgewicht geraten scheint. Behauptet wird ein zeitlich eindeutiger Bruch – implizit liegt der Verweisungszusammenhang »1968« nahe –, der dazu geführt habe, dass eine bis dato ausgewogene soziale Ordnung ins Wanken geraten und verschwunden ist.

Das wissenschaftliche Deutungsmuster entstammt einem Spezialdiskurs an den Schnittstellen von Theorie, Forschung und Praxis der Pädagogik, der sich auf geschlechtsbezogene Befunde und Ansätze bezieht. Das »Handbuch Jungen-pädagogik« (Matzner, Tischler 2012) versammelt Beiträge aus der Biologie, Psychologie, Soziologie, Pädagogik und Bildungsforschung, die sich alle mit der gegenwärtigen Situation von Jungen befassen. Nicht nur in dieser, auch in vielen anderen Publikationen zu Jungen wird nachdrücklich dafür plädiert, dass Jungen gegenüber Mädchen längst nicht mehr privilegiert, sondern vielmehr benachteiligt sind, weil sie ihre Bildungsprozesse in feminisierten Räumen, die auf die Bedürfnisse von Mädchen abgestimmt seien, absolvieren müssten und ihnen entsprechend männliche Bezugspersonen zur Herausbildung einer männlichen Identität fehlen würden. Ebenso wird problematisiert, dass Jungen häufig als Störer und damit auch als gestört wahrgenommen werden. Zur Erklärung dieser Befunde wird in vielen Publikationen der Wandel der Geschlechterordnung herangezogen, um die »Figur des gefährdeten Jungen« (Rose 2013, 55) zu plausibilisieren.

Der Wandel der Geschlechterordnung wird häufig mit dem Wandel von Familienbeziehungen gleichgesetzt. Veränderungen im familialen Gefüge werden dabei als eine Quelle für Belastungen im Aufwachsen von Kindern eingeschätzt, wobei immer wieder betont wird, dass dies Jungen in besonderem Maße betreffe, weil die Abwesenheit von Vätern bzw. die Dominanz von Müttern ihre Entwicklungsmöglichkeiten einschränke (Aigner 2011, 15f.).

So erklärt auch Frank Dammasch (2011) die Störung der Leistungsfähigkeit und der psychosozialen Gesundheit von Jungen insbesondere im Hinblick auf die steigende Zahl von AD(H)S-Diagnosen mit »Verschiebungen« im familialen und sozialen Gefüge: »Die Bildungsmisere der Jungen mit ihrer abnehmenden Fähigkeit, schriftliche Texte lesen, verstehen und reflektieren zu können (vgl. Baumert et.al. 2001), und das Anwachsen psychosozialer Störungen von männlichen Kindern und Jugendlichen verdeutlichen, dass die familieninternen und soziodynamischen Verschiebungen vor allem zu Lasten des männlichen Teils der jungen Bevölkerung gehen« (Dammasch 2011, 69).

Zunächst fällt die generalisierende Perspektive auf, die hier eingenommen wird. Eine umfassende Bildungsmisere und die psychosozialen Auffälligkeiten von Jungen werden mit ebenso umfassenden »Verschiebungen« im familialen und sozialen Gefüge erklärt. Dies legt eine unmittelbare Kausalität zwischen ganz bestimmten »familieninternen« Arrangements und der psychosozialen Entwicklung von Geschlechteridentität nahe. Geschlechteridentität wird zugleich mit Leistungsfähigkeit verkoppelt und gilt als Basis für psychische Gesundheit.

Bemerkenswert ist das sprachliche Bild der »familieninternen und soziodynamischen Verschiebungen«. Es funktioniert wie ein Container für verschiedene im Diskurs zirkulierende Aspekte des Wandels. Entsprechend können die Lesenden selbst in diesen Behälter füllen, was ihnen zum Wandel der Geschlechterverhältnisse und zu veränderten Geschlechterbeziehungen einfällt: berufstätige Mütter, gestiegene Scheidungsraten, alleinerziehende Mütter, abwesende Väter, Regenbogenfamilien, Familien mit Migrationserfahrungen, veränderte Erziehungsstile in Bezug auf Geschlecht, veränderte Machtbeziehungen im Geschlechterverhältnis etc. Auch der Begriff »Verschiebungen« lässt verschiedene Assoziationen zu: etwas, das nicht mehr an seinem Platz ist; ein Gefüge, dessen Strukturelemente sich anders gruppieren; eine grundsätzliche Veränderung in der Zeit. Wird dabei zwischen den Zeilen nahegelegt, dass die Qualität von Familienbeziehungen unter einer solchen Vervielfältigung von Beziehungskonstellationen leidet?

Wie auch immer, die Folgen der verschobenen Situation betreffen aus Sicht des Autors ganz besonders die Jungen, die als eine einheitliche soziale Gruppe konstruiert und so implizit einer homogenen sozialen Gruppe der Mädchen gegenübergestellt wird. Im Vergleich, so lautet die Botschaft, sind die Belastungen, die für die Jungen aus dem Wandel von Familie resultieren, deutlich höher, als dies für die Mädchen der Fall ist. Hier zeigt sich eine Strukturparallele zur weiter oben diskutierten Passage aus der Handbuch-Einleitung. Wandel führt demnach zu einem tendenziellen Ungleichgewicht zuungunsten von Jungen (und zukünftigen Männern). Es sind *die Jungen*, die als eine benachteiligte Gruppe unter den gesellschaftlichen Entwicklungen leiden.

Dafür verantwortlich gemacht wird aber nicht nur der Wandel von Familie, sondern auch die Situation von Jungen im gesellschaftlichen Bildungsprozess. Demnach ist evident, »dass der Mangel an reifen männlichen Vorbildern innerhalb und außerhalb der Familie bei alleiniger Wertschätzung weiblicher Interaktionsmuster in den sozialen und pädagogischen Institutionen die reife Geschlechtsidentitätsentwicklung des Jungen behindert und sie zunehmend zu Störern werden lässt« (Dammasch 2011, 69).

So verdichtet sich die Zeitdiagnose einer gestörten Geschlechterordnung, die unmittelbar zu Störungen von Männlichkeit führt. Gefährdet ist Männlichkeit dabei in zweierlei Hinsicht: durch das Fehlen von männlichen Vorbildern für Jungen und durch die Dominanz von Frauen in Erziehungsräumen. »Bei alleiniger Wertschätzung weiblicher Interaktionsmuster im Sozialisations- und Erziehungsprozess« (Dammasch 2011, 69) so die Einschätzung des Autors, gerät die Aneignung von Männlichkeit zur Störung. Männlichkeit wird aus dieser Sicht abgewertet und die Identität von Jungen bleibt in letzter Konsequenz leer – so lange wir der Annahme folgen, dass die Aneignung und Ausgestaltung von Geschlechtsidentität ein unilinearer Vorgang zwischen als *gleich* konstruierten Geschlechtern bedeutet. Zugleich erfolgt aber auch eine Abwertung von Weiblichkeit, insofern diese ohne ein männliches Komplementär keine Potenziale hat, die die Entwicklung von Jungen voranbringen könnte.

Neben der grundsätzlichen Frage, wie Identität und Geschlecht im Diskurs über die gefährdete Männlichkeit verknüpft werden, stellt sich auch die Frage nach der Verknüpfung von Differenz und Hierarchie. Geschlechterdifferenz wird hier fraglos und als nicht zu hintergehend vorausgesetzt – Jungen brauchen mehr Männlichkeit und weniger Weiblichkeit. Geschlechterhierarchie wird in diese Perspektive eingeschrieben. Dies geschieht unter dem Vorzeichen, dass Weiblichkeit Männlichkeit zerstört oder zumindest nicht reifen lässt. Wird dieser Gedanke mit den zuvor diskutierten »Verschiebungen« verknüpft, verschieben sich die Hierarchien der Geschlechter.

Aus dem Blickwinkel der im vorherigen Abschnitt entfalteten geschlechtertheoretischen Differenzierungen erscheint die Argumentation unterkomplex und überdehnt zugleich. Unterkomplex ist die unmittelbare, bruchlose Ableitung von subjektiven Konflikten, Krisen und Störungen aus einem gesellschaftlichen Strukturwandel. Zugleich ist auch dieser Strukturwandel, beispielsweise die gestiegene Erwerbstätigkeit von Müttern, noch kein unmittelbares Indiz dafür, dass die Triangulierung im familialen Beziehungsgefüge Schaden nimmt. Schließlich – und das ist aus meiner Sicht besonders bedenkenswert – wird fraglos vorausgesetzt, dass Männlichkeit von Männern an Jungen weitergegeben werden muss – eine Verkoppelung von Selbst und Geschlecht, die weiter oben bereits hinterfragt wurde. Seine Sichtweise auf die Bedeutung von Geschlechterdifferenz in der Familie entwickelt Frank Dammasch auch in dem bereits erwähnten 60 Seiten umfassenden kontroversen Dialog mit Ilka Quindeau und betont die zweigeschlechtliche Struktur der Triangulierung: »Denn der Junge braucht den Vater früher als das Mädchen, um sich aus der primären Identifikation mit der Mutter zu lösen« (Quindeau, Dammasch 2014, 31). Ilka Quindeau greift dieses Argument auf und wendet es aus einer geschlechtertheoretischen und psychoanalytischen Perspektive. Auch aus ihrer Sicht haben »viele der psychischen Probleme von Männern genau mit der rigiden Abgrenzungsbemühung vom Weiblichen zu tun«, die zudem damit einhergeht, die eigene Vulnerabilität zu verleugnen, weil gesellschaftliche Männlichkeitserwartungen und psychisches Leiden nicht kompatibel sind. Im deutlichen Gegensatz zur These »einer notwendigen, unausweichlichen Desidentifikation des Jungen« (ebd.) gegenüber der Mutter betont sie die Bedeutung von ins Unbewusste abgedrängten frühen weiblich konnotierten Identifizierungen und damit verbundene projektive Dynamiken für eine konflikthafte Identität, die auch im Rückgriff auf gesellschaftliche Deutungsangebote Männlichkeit einseitig in rigider Abgrenzung von Weiblichkeit verortet (ebd., 32). »Sichtbar wird an dieser Stelle das Ineinandergreifen von gesellschaftlichen und psychischen Faktoren: Die gesellschaftliche Ordnungsstruktur des Geschlechts bietet dem Einzelnen eine Möglichkeit, Unlustspannungen zu verarbeiten. Für die Projektion des Unlustvollen wird gleichsam die dualistische Struktur des Geschlechts bereitgehalten. Möglicherweise begründet dies ihr Fortbestehen mehr, als wenn man sie nur als »von außen« auferlegte Ordnungsstruktur begreift« (ebd.).

Der Dialog zwischen Frank Dammasch und Ilka Quindeau steht exemplarisch dafür, dass aus psychoanalytischer Perspektive sehr unterschiedlich Bezug auf Geschlecht genommen werden kann. Gemeinsam ist beiden Positionen, dass sie Geschlechterdifferenz nicht vollständig dekonstruieren, sondern als einflussreiche Dimension der Herausbildung psychischer Strukturen thematisieren. Dabei gehen beide fraglos von Geschlechtskörpern aus, wobei Quindeau diese durchaus als multiple Körper auf einem Kontinuum von Differenz konzipiert. Während Dammasch unter Bezug auf evolutionstheoretische Ansätze vertritt, dass es eine natürliche Geschlechterdifferenz gibt, die sich in die Triebschicksale von Menschen und in ihre Beziehungsdynamiken einschreibt, pendelt Ilka Quindeau zwischen psychoanalytischer Theorie und Einsichten der Geschlechterforschung und verdeutlicht so, dass eine geschlechtersensible Psychoanalyse ihre Konzepte nicht vollständig aufgeben muss, durchaus aber öffnen und modifizieren kann. Damit schlägt sie sich nicht auf die Seite einer radikalen Dekonstruktion von Zweigeschlechtlichkeit, plädiert aber – ausgehend von der Grundannahme einer »konstitutionellen Bisexualität« (Quindeau 2012, 121) des Menschen – für eine Psychoanalyse, die die Vielfalt von Geschlechtlichkeit nicht einhegt und normiert, sondern reflektiert.

3. Wechselseitige Kurskorrekturen

Die Frage nach den Möglichkeiten und den Grenzen eines produktiven Dialogs zwischen Geschlechterforschung und Psychoanalyse kann nicht abschließend beantwortet werden. Vielmehr zeigen sich bestimmte Prämissen, die die wechselseitige Öffnung und Anschlussfähigkeit begünstigen oder einschränken. So verdeutlichen die Ausführungen zur Komplexität der Kategorie Geschlecht, dass eine für Geschlechterfragen sensible Psychoanalyse sich gegenüber gesellschaftswissenschaftlichen Fragestellungen nicht verschließen kann, wenn sie die subjektiven Potenziale und die seelischen Konflikte von Menschen und die konflikthafte lebenslange Auseinandersetzung mit Konstellationen der Differenz und Hierarchie umfassend deuten und verstehen möchte. Der Rückgriff auf eine fraglose und als vorsozial gesetzte Geschlechterdifferenz ist hierbei wenig hilfreich, denn er setzt voraus, was es im Prozess der Entstehung erst zu rekonstruieren und zu verstehen gilt.

Gleichwohl muss Geschlechterforschung sich umgekehrt damit auseinandersetzen, dass Subjektivität im psychoanalytischen Verständnis mehr ist als ein Diskurseffekt oder die interaktive, intersubjektive Zuschreibung von sozialem Sinn. Der Eigensinn des Subjekts geht in interaktions- und diskurstheoretischen Ansätzen unter und die Aneignung von Geschlechteridentitäten bleibt tendenziell auf Zuschreibungen und Anrufungen verkürzt. Die unbewussten und konfliktträchtigen Dimensionen der symbolischen Ordnung zu erfassen, erfordert demnach die Bereitschaft, nach den Vermittlungsmomenten einer unverwechselbaren, dynamischen Subjektivität mit sozialen Deutungsmustern zu fragen und die Verinnerlichung von Differenz zu fokussieren. Die Stärke der psychoanalytischen Perspektive liegt darin, den Affektgehalt von kognitiven Wissensfiguren aufzuspüren und deutend zu dekonstruieren. In diesem Sinne kann auch der wissenschaftliche Streit um biologisch differente Körper auf die wechselseitigen Abwehrhaltungen gegenüber dem anderen als falsch erachteten Standpunkt gegengelesen werden. Für die Geschlechterforschung bedeutet dies, sich dem triebdynamischen Eigensinn des Körpers zuzuwenden, ohne sofort essentialistische Konzepte von Geschlechterdifferenz zu unterstellen. Für psychoanalytische Zugänge gilt es, die Differenzierung multipler sexuierter Körper auf Konzepte zu übersetzen, die bislang von einer unhintergehbaren Zweigeschlechtlichkeit aus argumentieren. Dies erfordert zudem eine theoretische Differenzierung zwischen Sexualität und Geschlecht.

Selbst für den Fall, dass an der Vorstellung einer binären Geschlechterdifferenz festgehalten wird, hat dies nicht zur Folge, dass Geschlechteridentitäten natürlich, eindeutig und unveränderbar sind. Diese eindimensionale Vorstellung von Identität widerspricht der grundlegenden Einsicht, die wir mit Bezug zu Überlegungen von Regina Becker-Schmidt (1987) in der eingangs bereits erwähnten Studie betont haben: »Psychoanalytisch gedacht ist das Subjekt ein komplexes Gefüge, in dem sich unbewußte und bewußte Identifizierungen und Introjekte mit außerpersonalen Erfahrungen der Weltaneignung überschneiden. Das bedeutet, innere und äußere Verhältnisse können sowohl in Deckung miteinander, als auch in Widerspruch zueinander geraten« (Bereswill, Ehlert 1996, 25). Vor diesem Hintergrund gilt auch gegenwärtig, dass das »Grundbedürfnis nach Identität«, das im Zusammenhang mit Geschlecht immer wieder behauptet wird, »eher ein kulturelles Resultat sozialer Anpassungsprozesse zu sein (scheint) als ein anthropologischer Antrieb zur Vereindeutigung« (Becker-Schmidt 1987, 227). Diese Überlegung auf eine pädagogische Haltung zu übersetzen, ist anspruchsvoll, weil sie auf das Konflikthafte, sich in der Schwebe befindliche, Uneindeutige und Ambivalente fokussiert und offensichtlich immer wieder mit der Befürchtung verknüpft ist, dass eindeutige Ordnungen einzustürzen drohen.

Literatur

Aigner, J.C. (2011): »Public Fathers«. Zur Bedeutung und Problematik der Mann-Kind-Beziehung in der öffentlichen Erziehung. In: psychosozial 34 (Heft 4), 13-20

Baumert, J., Klieme, E., Neubrand, M., Prenzel, M., Schiefele, U., Schneider, W., Stanat, P., Tillmann, K.-J., Weiß, M. (2001) (Hrsg.): PISA 2000. Basiskompetenzen von Schülerinnen und Schülern im Vergleich. Opladen

Becker-Schmidt, R. (1993): Geschlechterdifferenz – Geschlechterverhältnis. Soziale Dimensionen des Begriffs »Geschlecht«. In: Zeitschrift für Frauenforschung 1+2, 37-46

Becker-Schmidt, R. (1987): Frauen und Deklassierung. Geschlecht und Klasse. In: Beer, U. (Hrsg.): Klasse Geschlecht. Feministische Gesellschaftsanalyse und Wissenschaftskritik. Kleine Verlag: Bielefeld, 187-233

Bereswill, M. (2016): Hat Soziale Arbeit ein Geschlecht? Lambertus: Freiburg

Bereswill, M. (2014): Geschlecht als Konfliktkategorie. In: Behnke, C., Lengersdorf, D., Scholz, S. (Hrsg): Wissen – Methode – Geschlecht: Erfassen des fraglos Gegebenen. Springer VS: Wiesbaden, 189-199

Bereswill, M. (2011): Sich auf eine Seite schlagen. Die Abwehr von Verletzungsoffenheit als gewaltsame Stabilisierung von Männlichkeit. In: Bereswill, M., Meuser, M., Scholz, S. (Hrsg.): Dimensionen der Kategorie Geschlecht. Der Fall Männlichkeit. Westfälisches Dampfboot: Münster, 101-118

Bereswill, M., Morgenroth, C., Redman, P. (2010) (Hrsg.): Psychoanalysis, Culture & Society 15 (Heft 3), 221-250

Bereswill, M., Ehlert, G. (1996): Alleinreisende Frauen zwischen Welt- und Selbsterfahrung. Ulrike Helmer Verlag: Königstein/T.

Bereswill, M., Ehlert, G. (2015): Sozialisation im Kontext des Krisendiskurses über Jungen. In: Dausien, B., Thon, C., Walgenbach, K. (Hrsg.): Geschlecht – Sozialisation – Transformation. Jahrbuch Frauen- und Geschlechterforschung in der Erziehungswissenschaft 11. Barbara Budrich: Opladen, 93-108

Butler, J. (1991): Das Unbehagen der Geschlechter. Suhrkamp: Frankfurt/M.

Butler, J. (1997): Körper von Gewicht. Suhrkamp: Frankfurt/M.

Dammasch, F. (2011): Warum brauchen Mädchen einen männlichen Dritten? Psychoanalytische Erfahrungen mit der Vatersehnsucht. In: psychosozial 34 (Heft 4), 69-79

Dimen, M. (1995): Dekonstruktion von Differenz: Geschlechtsidentität, Spaltung und Übergangsraum. In: Benjamin, J. (Hrsg.): Unbestimmte Grenzen. Beiträge zur Psychoanalyse der Geschlechter. Fischer: Frankfurt/M., 244-268

Ebeling, S. (2006): Wenn ich meine Hormone nehme, werde ich zum Tier. Zur Geschichte der »Geschlechtshormone«. In: Ebeling, S., Schmitz, S. (Hrsg.): Geschlechterforschung und Naturwissenschaften. Einführung in ein komplexes Wechselspiel. VS Verlag: Wiesbaden, 235-247

Gildemeister, R., Wetterer, A. (1992): Wie Geschlechter gemacht werden. Die soziale Konstruktion der Zwei-Geschlechtlichkeit und ihre Reifizierung in der Frauenforschung. In: Knapp, G.-A. (Hrsg.): TraditionenBrüche. Entwicklungen feministischer Theorie. Forum Frauenforschung, Bd. 8. Kore: Freiburg/Br., 201-254

Hofstadler, B. (2013): Eindeutigkeit und Uneindeutigkeit von Geschlecht. Psychoanalytische Rezeptionsanalyse als Methode zur Erforschung der intersubjektiven Konstruktion von Geschlecht. In: Bereswill, M., Liebsch, K. (2013) (Hrsg.): Geschlecht (re)konstruieren. Zur methodologischen und methodischen Produktivität der Frauen- und Geschlechterforschung. Forum Frauen- und Geschlechterforschung, Bd. 38. Westfälisches Dampfboot: Münster, 153-171

Haubl, R., Liebsch K. (2010) (Hrsg.): Mit Ritalin leben. ADHS-Kindern eine Stimme geben. Vandenhoeck & Ruprecht: Göttingen

Haubl, R., Liebsch, K. (2011): Medikamentierte Männlichkeiten. Zum krisenhaften Selbstverständnis von Jungen mit einer ADHS-Diagnose. In: Bereswill, M., Neuber, A. (Hrsg.): In der Krise? Männlichkeiten im 21. Jahrhundert. West-fälisches Dampfboot: Münster, 136-159

Kessler, S.J., McKenna, W. (1978): Gender. An Ethnomethodological Approach. Chicago

Klinger, C., Knapp, G.-A. (2008): Achsen der Ungleichheit – Achsen der Differenz: Verhältnisbestimmungen von Klasse, Geschlecht, »Rasse«/Ethnizität. In: Klinger, C., Knapp, G.-A., Sauer, B. (Hrsg.): Achsen der Ungleichheit. Zum Verhältnis von Klasse, Geschlecht und Ethnizität. Campus: Frankfurt, 19-41

Knapp, G.-A. (2001): Grundlagenkritik und stille Post: Zur Debatte um einen Bedeutungsverlust der Kategorie »Geschlecht«. In: Heintz, B. (Hrsg.): Geschlechtersoziologie. Wiesbaden: Sonderheft 41 der Kölner Zeitschrift für Soziologie und Sozialpsychologie, 53-75

Lorenzer, A. (1988): Tiefenhermeneutische Kulturanalyse. In: Lorenzer, A. (Hrsg.): Kultur-Analysen. Psychoanalytische Studien zur Kultur. Fischer: Frankfurt/M., 11-98

Latsch, M., Neuhaus, G., Hannover, B. (2015): (Warum) Sind Jungen Verlierer in der Schule? In: Die berufsbildende Schule (BbSch) 67 (Heft 5), 168-172

Latsch, M., Hannover, B. (2014): Smart girls, dumb boys!? How the discourse on »Failing Boys« impacts performances and motivational goal orientation in German school students. Social Psychology 45, 112-126

Liebsch, K. (1994): Vom Weib zur Weiblichkeit. Psychoanalytische Konstruktionen in feministischer Theorie. Kleine: Bielefeld

Matzner, M., Tischner W. (2008) (Hrsg.): Handbuch Jungen-Pädagogik. Beltz Juventa: Weinheim u.a.

Matzner, M., Tischler, W. (2012) (Hrsg.): Handbuch Jungen-Pädagogik. Zweite überarbeitete Auflage. Beltz Juventa: Weinheim u.a.

Matzner, M., Tischner W. (2008): Einleitung. In: Matzner, M., Tischner, W. (Hrsg.): Handbuch Jungen-Pädagogik. Beltz Juventa: Weinheim u.a., 9-15

Matzner, M., Tischner, W. (2012): Einleitung. In: Matzner, M., Tischner, W. (Hrsg.): Handbuch Jungen-Pädagogik. Beltz Juventa: Weinheim u.a., 8-14

Nadig, M. (1985): Ethnopsychoanalyse und Feminismus – Grenzen und Möglichkeiten. In: Feministische Studien 2, 105-118

Pohl, R. (2009): Genitalität und Geschlecht. Überlegungen zur Konstitution der männlichen Sexualität. In: Bereswill, M., Meuser, M., Scholz, S. (Hrsg.): Dimensionen der Kategorie Geschlecht. Der Fall Männlichkeit. Westfälisches Dampfboot: Münster, 186-205

Quenzel, G., Hurrelmann, K. (2010): Geschlecht und Schulerfolg: Ein soziales Stratifikationsmuster kehrt sich um. In: Kölner Zeitschrift für Soziologie (Heft 62), 61-91

Quindeau, I. (2012): Geschlechtsentwicklung und psychosexuelle Zwischenräume aus der Perspektive neuerer psychoanalytischer Theoriebildung. In: Schweizer, K., Richter-Appelt, H. (Hrsg.): Intersexualität kontrovers. Grundlagen, Erfahrungen, Positionen. Psychosozial-Verlag: Gießen, 119-130

Quindeau, I. (2008): Verführung und Begehren. Die psychoanalytische Sexualtheorie nach Freud. Klett-Cotta: Stuttgart

Quindeau, I., Dammasch, F. (2014): Biologische, psychische und soziale Entwicklungsprozesse von Jungen und Männern. In: Quindeau, I., Dammasch, F. (Hrsg.): Männlichkeiten. Wie weibliche und männliche Psychoanalytiker Jungen und Männer behandeln. Fallgeschichten, Kommentare, Diskussion. Klett-Cotta: Stuttgart, 12-60

Rendtorff, B. (2015): Widersprüche und Ungleichzeitigkeiten – Zum aktuellen Umgang mit Geschlecht im Kontext von Bildung. In: Walgenbach, K., Stach, A. (Hrsg.): Geschlecht in gesellschaftlichen Transformationsprozessen. Barbara Budrich: Opladen u.a.,147-158

Rendtorff, B. (2008): Warum Geschlecht doch etwas »Besonderes« ist. In: Klinger, C., Knapp, G.-A. (Hrsg.): Über-Kreuzungen. Fremdheit, Ungleichheit, Differenz. Westfälisches Dampfboot: Münster, 67-86

Rohde-Dachser, C. (1992): Expedition in den dunklen Kontinent. Weiblichkeit im Diskurs der Psychoanalyse. Springer: Berlin u.a.

Rohde-Dachser, C. (1989): Unbewußte Phantasie und Mythenbildung in psychoanalytischen Theorien über die Differenz der Geschlechter. In: Psyche 43 (Heft 3), 193-218

Rose, L. (2013): Kinder brauchen Männer! Zur Vergeschlechtlichung von Qualitätsentwicklungsfragen in der Elementarpädagogik. In: Sozialmagazin (Heft 7-8), 54-59

Rubin, G. (2006): Frauentausch. Zur politischen Ökonomie von Geschlecht. In: Dietze, G., Hark, S. (Hrsg.): Gender kontrovers. Genealogie und Grenzen einer Kategorie. Ulrike Helmer Verlag: Sulzbach/T., 69-122, 1975

Strüber, D. (2008): Geschlechtsunterschiede im Verhalten und ihre hirnbiologischen Grundlagen. In: Matzner, M., Tischner W. (Hrsg.): Handbuch Jungen-Pädagogik. Beltz Juventa: Weinheim u.a., 34-48

Prof. Dr. Mechthild Bereswill
Universität Kassel/
Fachbereich Humanwissenschaften
Institut für Sozialwesen
Arnold-Bode-Straße 10, D-34109 Kassel
bereswill@uni-kassel.de

41

Barbara Rendtorff

Psychoanalyse, Geschlecht und die Pädagogik

Summary
Psychoanalysis, gender and pedagogy
This article investigates contradictions and misunderstandings between the scientific fields of psychoanalysis, gender research and pedagogy concerning the significance and meaning of *sexual difference*. It strengthens a differentiated and complex use of the specific scientific terminology regarding *gender* since simplifications and trivializing terminology often are meant to mask the terminology's significance – one should understand *sexual difference* as »question and enigma« above all.

Keywords: sexual difference, gender research, sexual body

Zusammenfassung
Im Artikel werden Widersprüche und Missverständnisse zwischen Psychoanalyse, Geschlechterforschung und Pädagogik in Bezug auf den Stellenwert und die Bedeutung von »sexueller Differenz« diskutiert. Er plädiert für ein genaues Verständnis der Begriffe und verfolgt die These, dass deren vereindeutigende und vereinfachende Verwendung geradezu dazu dienen soll, die Bedeutung von Geschlecht als Frage und als Rätsel stillzustellen.

Schlüsselwörter: Sexuelle Differenz, Geschlechterforschung, sexuelle Körper

Man kann Freud eigentlich nicht vorwerfen, dass er nicht deutlich genug gesagt hätte, was das Typische und Unhintergehbare der Sexualität sei: dass sie zu Psyche und Soma gehöre, jedoch nicht nur zu einer Seite; dass beide auch gesellschaftlichen und Beziehungseinflüssen unterliegen und dieses spannungsreiche Verhältnis sich nicht auflösen lässt; dass weiblich und männlich in dieser Gemengelage bestimmte und bestimmbare Positionen sind, die nicht allein aus biologischen Gegebenheiten ableitbar sind, weil deren Unbestimmtheit und Mehrdeutigkeit nicht restlos stillgestellt werden kann. Was man ihm aber vorwerfen kann, ist die Tatsache, dass er diese Erkenntnisse nicht durchgehend eingehalten hat, dass er immer wieder hinter sie zurückfällt, in Widerspruch mit sich selbst, und sich verleiten lässt, aus der Körperausstattung abgeleitete festlegende Zuschreibungen zu formulieren. Das hat Gründe, die sich nicht zuletzt aus der Schwierigkeit der Sache selbst ergeben.

Forschungen aus einer Geschlechterperspektive haben ebenfalls nicht immer dazu beigetragen, die Komplexität des Gegenstandes im Blick zu behalten oder auszudifferenzieren, haben neue und teilweise andere Verkürzungen hervorgebracht – und auch das hat Gründe, die im Folgenden diskutiert werden sollen.

Die Pädagogik wiederum hat ein sehr spezifisches Problem mit beiden Theorietraditionen, sofern sie immer auch unter Handlungsdruck steht, bewerten, ordnen und definieren will und deshalb wiederum eigene Probleme hinzufügt und manchen Verkürzungen Vorschub leistet.

Allen drei Theoriefeldern gemeinsam ist ihre (unterschiedlich starke) Abhängigkeit von dem, was sich in einer Zeit und Gegebenheit an Denkgewohnheiten und Denkbegrenzungen über Geschlecht und die gesellschaftliche Geschlechterordnung etabliert hat. Als »latentes Geschlechterwissen«, also als stillschweigende Übereinkunft über die Charakteristiken von Weiblichkeit und Männlichkeit, ist es hochwirksam, weil es als »fraglos Gegebenes« (Meuser 2010, 187; Behnke et al. 2014) habitualisiert ist und sich in Handlungs- und Bewertungsroutinen ausdrückt. Dieses abgesunkene »schweigende Wissen« (Kraus et al. 2017), wird gewöhnlich nicht hinterfragt und tendiert dazu, nicht passende oder gegenläufige Auffassungen gewissermaßen einzusaugen und zu neutralisieren. Wie schmal der Grat zwischen Erkenntnis und Vergessen ist, können wir bei Freud selbst nachlesen, wenn er 1933 etwa in der 33. Vorlesung hin- und herschwankt zwischen selbstgewissen Tatsachenbehauptungen (etwa dem »Überwiegen des Neides« im Seelenleben des Weibes) und einem deutlichen Zögern (es sei »nicht immer leicht auseinanderzuhalten, was dem Einfluss der Sexualfunktion und was der sozialen Züchtung zuzuschreiben ist«) bis hin zu der Vermutung, dass »der Libido mehr Zwang angetan wurde, wenn sie in den Dienst der weiblichen Funktion gepresst ist« (Freud 1969, 561ff.).

Im Folgenden sollen also diese drei Perspektiven auf den Diskurs über Geschlecht berücksichtigt und miteinander in Beziehung gesetzt werden – einige Beispiele und Theoriefiguren müssen hier ausreichen. Der zweite Abschnitt fokussiert einige zentrale Probleme, die sich gezeigt haben, vor allem der Aspekt der definierenden Festlegung. Und der dritte Abschnitt diskutiert unter den Stichworten Konflikt und Differenz einige Konsequenzen, die sich bis dahin ergeben haben, bevor zuletzt der Blick auf die (psychoanalytische) Pädagogik gerichtet wird.

1. Sexualität – Widersprüche zwischen Psychoanalyse und geschlechtertheoretischen Perspektiven

In den Debatten über weibliche Sexualität, die Position der Frau(en) und die Funktion der Mutter haben sich von Anfang an die Ebenen der Theoriebildung und die gesellschaftliche, auch gesellschaftspolitische Ebene vermischt – teilweise einander überlagernd, teilweise sich als kritische Perspektive ins Spiel bringend –, und dieses Wechselverhältnis hat die Theoriebildung zur Frage der Sexualität und der Geschlechtlichkeit enorm geprägt. Es finden sich bei Freud genügend Textstellen, die eine differenzierte Sicht belegen, wie auch solche, die vereindeutigend, naturalisierend, verkürzend und widersprüchlich sind (vgl. zu diesen Fragen z.B. Löchel 1987; Becker-Schmidt 1992; Becker 2005; Liebsch 2008; Rendtorff 2008; 2010; Schön 2010). Dasselbe gilt für seine KritikerInnen (zur Übersicht verhelfen die Textsammlungen von Hagemann-White 1979; Mitscherlich, Rohde-Dachser 1996; Heenen-Wolff 2000). Von einigen

AutorInnen, sowohl aus der frühen wie aus der späten Phase der Kritik (vgl. Becker-Schmidt 1992) werden tendenziell biologistische Argumente vorgebracht, die eine »ursprüngliche Weiblichkeit« reklamieren, während andere vor allem die gesellschaftliche Lage von Frauen stärker berücksichtigt sehen wollen und die »Entwertungstendenzen des Mannes« in den Theoriekonzepten wirken sehen (Horney 1979, 135). Eine wichtige Rolle spielen die von den Frauenbewegungen ausgehenden Debatten und gesellschaftlichen Veränderungen, die um die Jahrhundertwende und in den 1970er Jahren die Beschäftigung mit Darstellungen von Weiblichkeit im Kontext der Psychoanalyse maßgeblich beeinflusst haben. Auf die erste Frauenbewegung bezieht Freud sich auch selbst, wenn er 1925 etwa den »Widerspruch der Feministen, die uns eine völlige Gleichstellung und Gleichschätzung der Geschlechter aufdrängen wollen«, zurückweist (1972b, 266). Die zweite Frauenbewegung wiederum hat trotz ihrer überwiegend vehementen pauschalen Ablehnung der Psychoanalyse, als Instrument der Herabsetzung der Frauen und Geringschätzung des Weiblichen, auch explizit feministische Stimmen hervorgebracht, die die Psychoanalyse nicht in Bausch und Bogen verwarfen, sondern die theoretische Problematik differenzierter einschätzten (z.B. Mitchell 1976; 1979; vgl. auch Mitscherlich 1987) – und damit einen wichtigen Beitrag zum innerpsychoanalytischen Diskurs hätten leisten können, wenn sie auch vom Mainstream der Psychoanalyse entsprechend rezipiert worden wären.

Aus allen diesen Debatten, in denen sich die Kritik an der psychoanalytischen Theorie selbst mit der Kritik an spezifischen Verkürzungen und blinden Flecken in Bezug auf Weiblichkeit vermischte, hoben sich einige Punkte heraus, die von spezifischem Interesse und/oder die Theoriebildung selbst weiterführend waren. Dazu gehört etwa die Frage, ob Frauen (strukturell) ein besonderes, geschlechtsspezifisches Verhältnis zu Gewalt und Aggressivität hätten (vgl. Hamburger Arbeitskreis 1995; Mitscherlich 1987); zweitens die Frage, ob Frauen notwendigerweise ein schwächeres Über-Ich ausbilden (z.B. Jacobson 1996), die eng mit den Problemen aus dem Konzept des phallischen Monismus, des Objektwechsels und der Geschichte des Ödipuskomplexes zusammenhängt; weiters und in Zusammenhang damit der Stellenwert des »Penisneids« und die theoretisch schwierige Abgrenzung von Wunsch, Neid und Begehren (Liebsch 2008, 171f.; Quindeau 2008). Dazu gehören auch das Problem der ungenügenden Berücksichtigung der spezifischen Beziehung des präödipalen Mädchens zur Mutter sowie die daraus abgeleiteten Thesen zu heterosexueller und homosexueller Objektwahl (Butler 2001; Quindeau 2004). Zweifellos hat Freud 1933 die präödipale Mutterbeziehung des Mädchens vernachlässigt (auch wenn ihm das zuletzt doch bewusst wurde (Freud 1969, 551), und ebenso zweifellos bietet er genügend Ansatzpunkte zu Verkürzungen und missverständlichen Auslegungen – sei es für die Vorstellung, der Objektwechsel »sei eine Besonderheit der weiblichen Entwicklung« und eine »Trennung vom primären Liebesobjekt »Mutter« sei lediglich für das Mädchen notwendig« (List 2009, 127), oder sei es für die geradezu banalisierte Vorstellung, der Knabe »habe« etwas bzw.das, was dem Mädchen »fehle«, während Dannecker pointiert darauf verweist, dass die »Penifizierung« (Pohl 2004, 365) das Bild eines Mannes hervorbringe, »der über ein hochbedeutsames sexuelles Organ, nicht jedoch über einen besetzbaren sexuellen Körper verfügt«, also »keinen sexuellen Körper hat« (Dannecker 2005, 87).

Einige im Zuge der produktiven Phasen der Theoriebildung in den 1970er und 1980er Jahren zum Verständnis der weiblichen Sexualität vorgeschlagenen Ansätze und Autorinnen sind nur eine Zeit lang, wenn auch sehr intensiv, diskutiert worden, obgleich sie großes Potential hatten (so etwa die Schriften von Luce Irigaray 1979; 1991; Soiland 2010) oder konnten keine gebührende Aufmerksamkeit im Theoriediskurs finden, wie etwa Michèle Montrelay (vgl. Löchel 1987; 1990), die sich ebenfalls mit der präödipalen sexuellen Entwicklung des Mädchens, dem »Verlust des ersten Objekts« und dem weiblichen Verhältnis zum Sprechen befasst hatte. Eine systematische Auseinandersetzung mit männlicher Sexualität dagegen beginnt erst später, vor allem angeregt durch die Diskussion über männliche Homosexualität (vgl. Morgenthaler 1984; Dannecker 2005).

Zu diesen Diskussionen haben die von Lacan ausgehenden Weiterentwicklungen der psychoanalytischen Theoriebildung Vieles beigetragen, weil das theoretische und begriffliche Handwerkszeug hier andere Möglichkeiten eröffnet (um die Breite der Beiträge anzudeuten vgl. z.B. Mitchell, Rose 1985; Rodulfo 1996; Leiser 2002, 56ff.; Copjec 2015). Vor allem drängt es eine allzu missverständliche Nähe zum Biologisch-Konkreten zurück – die Strukturbetonung und der zeichentheoretische Zugang erleichtern es, die Strukturen zumindest ansatzweise von den je konkreten Personen, ihren vermuteten Eigenarten und Besonderheiten zu trennen, und der Aspekt der Unabschließbarkeit und Unbegreifbarkeit seelischer Vorgänge wird betont. So lässt sich etwa – dies nur als Beispiel – das das Kind beunruhigende Begehren der Mutter weniger als ihr Begehren nach »dem Mann« lesen, sondern nach etwas/einem »anderen als dem Kind«, was die Perspektive auf das Geschehen nachhaltig verschiebt. Auch die Differenzierung der Vater-Figur zwischen »Nom-du-père« und »Non-du-père« (dem »Namen« Vater und seinem Nein) bzw. der symbolischen, realen und imaginären Dimension des Vaters (Julien 1992) eröffnet eine andere, weniger konkretistische Lesart der Kastrationsdrohung und der Ich-Ideal-Entwicklung.

2. Verschiebungen und Vereinfachungen

Die Wirkungen des oben angesprochenen »latenten Geschlechterwissens«, deren Kern die binäre Anordnung von weiblich und männlich bildet, haben eine ganze Palette von gängigen Irrtümern hervorgebracht, die auch im Kontext pädagogischen Handelns wirksam werden, und die meisten sind Resultate von Vereinfachungen und Vereindeutigungen. Diese wiederum zeigen oftmals die Tendenz, eigentlich Unbeantwortbares in einfache Antworten zu überführen, Unbegreifbares durch griffige Erklärungen (scheinbar) handhabbar zu machen und scheinbar evidente Parallelen oder Gegensätze aufzumachen. In Bezug auf Geschlecht sind dies vor allem der Gegensatz zwischen außen und innen, zwischen Penishaben und Begehrensobjekt zu sein, die Vorstellung paralleler oder oppositioneller Entsprechungen spezifischer Aspekte von Weiblichkeit und Männlichkeit – kurzum: die Schwierigkeit, Geschlechterdifferenz als »sexuelle Differenz« zu denken.

Lacan nimmt, um das Problem von Zeichen und Bedeutung zu erläutern, die Zeichnung zweier identischer Türen zu Hilfe, über denen die Aufschrift »Hommes« und »Dames« angebracht ist, und fügt eine kleine Anekdote hinzu, um dies zu illustrieren: »Ein Zug läuft in einen Bahnhof ein. Ein kleiner Junge und ein kleines Mädchen, Bruder und Schwester, sitzen in einem Abteil an der Fensterseite, und zwar einander gegenüber. Nun sehen sie eine Kette von Gebäuden vorübergleiten an einem Bahnsteig, an dem der Zug hält: ›Schau, wir sind in Frauen!‹ sagt der Bruder. ›Dummkopf‹, erwidert darauf seine Schwester, ›siehst Du nicht, dass wir in Männer sind!‹« (Lacan 1975, 14f.). Der Text fährt fort: »Wäre Hommes und Dames in einer dem Jungen oder dem Mädchen unbekannten Sprache geschrieben, ihr Streit wäre nur um so ausschließlicher ein Wortstreit, der aber nicht weniger die Bereitschaft zeigte, sich mit Bedeutung aufzuladen« (ebd., 29). Der Streit ist also ein »Wortstreit«, die bereits als oppositionelles Paar gesetzten Worte machen die Pointe aus – ihre Bedeutung erlangen sie aus ihrem Bezug zueinander und zu allen anderen Worten der Sprache, aus der sie stammen. Dies ist eine Grundfigur der Missverständnisse und Missinterpretationen in Bezug auf Geschlecht – die den Worten bereits angehefteten gegensätzlich und parallel konzipierten Bedeutungen werden rückwirkend auf weiblich und männlich bzw. auf Personen übertragen, wobei das Ursache-Wirkungs-Verhältnis umgekehrt wird.

Insbesondere der Gegensatz Außen-Innen erfreut sich in populärpsychologisierenden und pädagogischen Texten großer Beliebtheit, nicht zuletzt, weil er so leicht als evident ausgegeben werden kann. Man liest sehr oft, weil das weibliche Genitale nicht sichtbar sei und die Aufmerksamkeit des Mädchens sich folglich auf ihr unsichtbares Körperinneres richte, neigten Mädchen dazu, generell Konflikte nach innen zu wenden (auch in Form von Selbstverletzung, selbstzerstörerischen Handlungen oder Essstörungen), während das sichtbar außen hängende Genitale des Jungen dazu verleite, Konflikte zu externalisieren. Daraus werden dann salopp auch Gruppenstrukturen von Jungen und männlichen Jugendlichen und ihre Gewaltaffinität abgeleitet (vgl. z.B. Raithel 2005).

Das ist sicherlich zum Teil der stillschweigenden Umgewichtung geschuldet, die das Penis-Haben zu einem Besitz erklärt, der verteidigt werden muss, und aus dem »Mangel eines Penis« eine(n) grundlegende(n) Mangel(haftigkeit) oder Schwäche des Weiblichen ableitet – eben jene Vereinfachung, die die frühe feministische Theorie so vehement auf den Plan gerufen hatte (Irigaray 1979). Dabei hatte auch Freud 1933 – bei aller Widersprüchlichkeit seiner Ausführungen zu diesem Punkt – festgehalten, dass die Anatomie die Bedeutung von Geschlecht »nicht erfassen kann« (Freud 1969, 546). Angenommen, wir würden kindliches Erleben nicht immer schon auf dem Hintergrund dieser Umdeutung interpretieren, was würden wir sehen, hören oder sagen, wenn das kleine Kind sich über die körperliche Beschaffenheit eines Anderen Gedanken macht? Der kleine Junge mag sich durchaus wundern über die Abwesenheit eines Penis da, wo er ihn bei sich selber sieht (und deshalb auch bei anderen vermutet), aber das kleine Mädchen würde sich wundern über die Anwesenheit eines Penis da, wo keiner sein sollte, wo ein Zugang zum Körper-Innen sein sollte, der dort offenbar verschlossen und versperrt ist. Auch sie erwartet wie der Kleine Hans, dass »everyone is and must be like me« (Mayer 1985, 311), und wundert sich, wenn es sich anders darstellt: »Daddy has something funny in his vulva!« (ebd.). Etwas älter geworden können Kinder wohl verschiedene Körperausführungen als verschiedene wahrnehmen, solange ihnen gesellschaftliche Deutungsmuster nicht den Blick darauf verstellen: »Der Walter hat ein Würstchen und ich hab' ein Portemonnaie« zitiert Freud ein kleines Mädchen (1972a, 366; vgl. Rendtorff 2012).

Wir hätten also zwei ähnliche Perspektiven mit unterschiedlichen Fragen, beide irritiert und beunruhigt, beide erklärungsbedürftig, aber nicht die eine aus der anderen ableitbar. Zwei Wahrheiten, zwei Illusionen. Wer weiß, was sonst noch alles anders sein kann bei anderen – und auf was kann ich mich bei mir selbst verlassen? Bleibe ich, wie ich jetzt gerade bin? Muss ich als kleiner Junge damit rechnen, mein Genitale zu »verlieren« oder als kleines Mädchen befürchten, dass es von etwas Merkwürdigem verstopft wird? Eben deshalb schreibt Lyotard, dass wir mit dem Denken über Geschlecht »nicht zurande« kommen, es lässt zwar »unendlich denken«, aber es »lässt sich nicht denken« (Lyotard 1988, 829). Was wir aber (in dem beschriebenen Beispiel) jedenfalls nicht hätten, wäre eine eindeutige, hierarchisierbare Ordnung des Habens, des Mehr oder Weniger, auch der Überlegenheit, die Orientierung verspricht und an die man sich halten kann. Gerade die Ordnung des Habens ist aber kulturell so fest verankert und in den gesellschaftlichen Diskurs eingegangen, dass hier im Gespräch mit Kindern und in deren Einschätzung ständig Vereindeutigungen geschehen.

Auch Lacan ist nicht frei von solchen Vermischungen – obgleich im Signifikanten-Konzept doch immerhin ein entscheidender Schritt weg von verleiblichenden Konkretisierungen angelegt ist. Denn ein Signifikant ist ein formales sprachliches Element, potentieller Träger potentieller Bedeutung(en). Von »sich aus« bedeutet er nichts – mehr noch: Es ist ja zentraler Gedanke der Psychoanalyse, dass das Subjekt »nicht weiß, was es sagt« (oder begehrt), d.h. der Signifikant gewinnt seine Bedeutung aus dem, was das Subjekt nicht weiß (deshalb schreibt Lacan eine »Barre«, einen Balken, zwischen Signifikant und Signifikat). Als differentielles Element erhält ein Signifikant seine Bedeutung aus seinem Verhältnis zu anderen Signifikanten – damit ist jede biologistisch-konkretistische Lesart ausgeschlossen. Der »reine« Signifikant (ohne Signifikat), der Phallus, »symbolisiert die Gefährdetheit des Subjekts«, sofern sich »in ihm eine ganze Geschichte von Verlusten verdichtet« und er für »all das« steht, »was vom Wunsch zu irgendeinem Zeitpunkt einmal ausgezeichnet worden war und später durch Trennung verlorengegangen ist: er wird zum Zeichen des Wunsches an sich und zugleich von dessen Vergeblichkeit, dem Mangel« (Leiser 2002, 59f.). Das Signifikantenmodell verschiebt auch die Perspektive auf Mutter und Vater, die weniger als handelnde Personen aufgefasst werden, denn als Positionen innerhalb einer Struktur. Die »Mutter als ›erstes symbolisiertes Objekt‹ fungiert hier als Signifikant der An- oder Abwesenheit« (Ort 2014, 126), die »geben kann oder auch nicht (Kadi 2013, 54), und auch das vorne erwähnte »Non-du-père« macht aus dem drohenden Vater eine verbietende Funktion.

An allen diesen Beispielen zeigt sich die vorne angedeutete Problematik, dass Geschlechterverhältnisse als soziale Realitäten die Wahrnehmungsgewohnheiten unbemerkt so stark beeinflussen (können), dass die eigene Vorurteilsgeleitetheit überhaupt nicht spürbar wird. So hat kürzlich eine interessante Studie erbracht, dass der Anteil von Frauen in einem wissenschaftlichen Fachgebiet weder von der Vorstellung der WissenschaftlerInnen abhängt, ihr Fach sei besonders schwierig und anspruchsvoll, noch von dem geforderten hohen wissenschaftlichen und zeitlichen Einsatz, sondern von der Stärke des Glaubens an erforderliche angeborene Fähigkeiten, eine Art naturgegebener Intelligenzkraft, die man nicht erlernen kann (»a special aptitude, that can't be taught«; Leslie, Cimpian, Meyer, Freeland 2015, 262) und die letztlich Männern häufiger eignet als Frauen. Die ForscherInnen prüften diesen Befund mit einer kindgemäß veränderten Versuchsanordnung an jungen Kindern von 5-7 Jahren. Es wurde deutlich, dass bei den 5-Jährigen noch keine relevanten Unterschiede in Bezug auf die eigene Begabungsvorstellung oder die von Mädchen/Jungen insgesamt bestanden, doch bei den 6- und 7-Jährigen ging die Schere zwischen den Ge-schlechtergruppen deutlich auseinander. Die Studie kommt zu dem ernüchternden Schluss, dass »many children assimilate the idea that brilliance is a male quality at a young age« (Bian, Leslie, Cimpian 2017, 390).

Auch wo es nicht um »brilliance« geht, lassen sich doch praktisch in jedem beliebigen Kontext Formulierungen finden, die vereindeutigende, verkürzende, festlegende oder komplexitätsreduzierende Botschaften über weiblich und männlich enthalten. Häufig sind dies explizite Festschreibungen von kollektiv zugesprochenen Eigenschaften – und hier dominiert im pädagogischen Kontext die Entgegensetzung von schuladäquatem (Mädchen) vs. schulaversivem (Jungen) Verhalten, dem auf der Ebene der Erwachsenen die Entgegensetzung von instrumenteller, sachlicher Haltung der männlichen Pädagogen und Lehrer vs. der empathischen, zugewandten Lehrerin korrespondiert – was reaktionäre (aber einflussreiche) Autoren zum Ruf nach Wiederherstellung traditioneller Männlichkeit veranlasst, der nicht vor diskriminierenden Anwürfen gegen weibliche pädagogische Fachkräfte zurückschreckt (Tischner 2008; vgl. dazu auch Schön 2010). Aber ebenso häufig sind es gerade die kleinen, nebenbei erfolgenden Bemerkungen, die zur Verfestigung überkommener Geschlechterbilder beitragen: »Für 13-jährige Jungen ist Perikles das Objekt kritischer Auseinandersetzung; für 13-jährige Mädchen eher ein Objekt der Bewunderung« (Hirblinger 2001, 72). Sätze, die mit »Mädchen sind« oder »Jungen wollen« beginnen, sind letztlich immer falsch. Ganz im Gegenteil muss Geschlecht grundsätzlich als eine Frage aufgefasst werden, als ein Rätsel, und dann lässt sich erkennen, dass die definierenden, eine Totalität unterstellenden Formulierungen gerade verhindern sollen und wollen, dass es als Frage erkannt werden kann.

Von hier aus ließe sich als eine vordringliche Aufgabe der Psychoanalytischen Pädagogik formulieren, den Kindern diese Frage zurückzugeben.

3. Sexuelle Differenz …

Eben weil das Sexuelle für das einzelne Subjekt etwas Rätselhaftes ist, kaum steuerbar und unbeherrschbar, ist auch die »Sexuelle Differenz« unerklärlich, was durch die zur (scheinbaren) Evidenz erhobene Konzentration auf anatomische Unterschiede überdeckt wird. Aber: »Sexual difference is then assigned according to whether individual subjects do or do not possess the phallus, which means not that anatomical difference is sexual difference (the one as strictly deducible from the other), but anatomical difference comes to figure sexual difference, that is, it becomes the sole representative of what that difference is allowed to be. It thus covers over the complexity of the child«s early sexual life with a crude opposition in which that very complexity is refused or repressed. The phallus thus indicates the reduction of difference to an instance of visible perception, a seeming value« (Mitchell, Rose 1985, 42). Die Engführung zwischen der Anatomie und dem Sexuellen lädt also vor allem deshalb zu Missverständnissen ein, weil sie der Vorstellung Vorschub leistet, »sexuelle Differenz« sei dasselbe wie »Geschlechterunterschied« im umgangssprachlichen Sinne, was die Problematik vollständig verfehlt. Denn die Pointe des Begriffs »sexuelle Differenz« liegt gerade darin, anzuzeigen, dass Differenz hier nicht den »Unterschied zwischen Zweien« bezeichnet, sondern das, was Lacan die »Gespaltenheit des Subjekts« nennt: Sexuelle Differenz bezeichnet die durch den »Schnitt« des Sexuellen erzeugte Differenz in den Subjekten selbst, und die Markierung von weiblich und männlich ergibt sich auf dem Hintergrund der Tatsache, dass beide »den Phallus nicht haben« (also begrenzt, sexuell und sterblich sind), aus ihrer unterschiedlichen Positionierung zu diesem »Nicht-Haben« – dem Phantasma eines Habens auf der männlichen und der geglaubten Behauptung eines Nicht-Habens auf der weiblichen Seite. Dies unterstreicht noch einmal, dass und warum – wie vorher beschrieben – das Sprechen als Basis des Sozialen, sofern es das Wissen um Verschiedensein und Getrenntheit wie auch um Verbindung und gegenseitige Angewiesenheit transportiert, die Subjekte als »gespaltene« hervorbringt, weil die elementare Irritation an einem zentralen Ort alles andere mitreißt und mit der ihr anhaftenden Beunruhigung vielfältige, auch machtförmige Interpretationen aufruft. Geschlecht ist also gewissermaßen selbst Differenz, wobei die eigentliche Pointe, dass niemand den Phallus »hat« (bzw. dass es ihn nicht »gibt«), durch allerlei imaginäre Aufwände unsichtbar gemacht werden soll.

Wir haben also zwei Ebenen, auf denen sich jeweils ein Theorieaspekt und eine konkretistische Umschrift vermischen: zum einen anhand der Frage, wie das psychoanalytische Verständnis von (Zwei-)Geschlechtlichkeit mit dem gesellschaftlich-politischen zusammengeht, und zum anderen mit der Frage, wie die anatomischen Unterschiede mit dem zusammengehören, was im psychoanalytischen Sinne als »sexuelle Differenz« bezeichnet wird.

Diese beiden Ebenen auseinanderzuhalten wird zusätzlich dadurch erschwert, dass sich mit dem Begriff »gender« und dem konstruktivistischen Zugang zu Geschlecht und Geschlechterverhältnissen die Perspektive in den letzten Jahren stark verlagert hat, denn, so die Kritik von Joan Copjec, »the shift from sexual difference to gender« führte zur »elimination of sexual difference in favor of a study of the social technologies of gender construction« und produzierte Körper »without sexual organs (that is, organs in the psychoanalytic rather that the biological sense)« (Copjec 2015, 112; vgl. auch Zupančič 2013). Das klingt ein wenig nach dem Kind, das sich die Augen zuhält und meint, es würde nun selbst nicht mehr gesehen. Diesen Fehler darf die Psychoanalytische Pädagogik nicht machen – ebenso wenig wie den umgekehrten, der sich vorher gezeigt hat, nämlich mit einer vermeintlichen Antwort die Frage verschwinden zu lassen.

»Der Trennung der Geschlechter«, schreibt Lacan im Seminar XI, »verdanken wir, dass die Existenz auf der Kopulation beruht«, aber der Strukturalismus habe gezeigt, dass die elementaren Strukturen des Sozialen, Tausch und Bündnisse, diesen biologischen Linien genau entgegengesetzt organisiert sind (Lacan 1987, 157f.). Das lässt Denken, Sprechen und Kommunikation insgesamt als eine Art »Antwort« auf Geschlecht und das Sexuelle erscheinen. Die vorher beschriebene vereindeutigende Gewohnheit der gegensätzlichen Eigenschaftszuschreibungen zeigt also einen Spaltungsprozess an, der die Dramen des Sexuellen, das ständige Miteinander von Sexualität und Leiblichkeit (und auch das darin immer anwesende Zeichen der Endlichkeit, des Todes) beruhigen soll. Das erzeugt den Eindruck von Ordnung, von sortiertem Getrenntsein und hierarchisierter Gegensätzlichkeit von männlich und weiblich – die aber zugleich in einer speziellen Weise wieder miteinander verbunden werden: Harmonie scheint dann zu herrschen, wenn beide phantasmatisch am jeweils anderen partizipieren können. Wir haben es also mit einem Zirkel zu tun, denn die phantasmatische Position muss gerade deshalb als Gegensätzlichkeit oder als Ergänzung konzipiert werden, um diese harmonisierende Funktion übernehmen zu können (und das ist ja auch die Basis unserer Geschlechterordnung).

Damit ist man allerdings in Bezug auf die sexuelle Differenz auf einer völlig falschen Spur – und es ist deswegen durchaus hilfreich, diesen etwas sperrigen Ausdruck zu verwenden, der zumindest ein wenig der vereindeutigenden Aufteilung entkommt.

Halten wir noch einmal fest: Das Sexuelle ist eben deswegen rätselhaft, weil es nicht definierbar ist, weil die Individuen es »immer wieder neu interpretieren«, mit »neuen Bedeutungen versehen und damit irreduzibel machen« (Sigusch 2005, 31). Wenn »sexuelle Differenz« also nicht den anatomischen Unterschied bezeichnet, sondern wir die Formulierung ernst nehmen, Geschlecht »sei selbst Differenz«, dann heißt das nicht nur, dass wir uns die vermeintlich »fehlenden« geschlechtlichen Elemente nicht aneignen oder anders als imaginär an ihnen partizipieren können, sondern wir können den Anderen auch deshalb nicht »erreichen«, weil die sexuelle Differenz zwar die Menschen miteinander verbindet, sofern sie alle betrifft, aber uns als Differenz »in sich selbst« durchquert und sich nicht aufheben lässt – und das ist auch gut so, weil die »Aufhebung der Differenz in aller Konsequenz zu einer Aufhebung des Denkens führen würde« (List 2009, 129).

4. ... und die Pädagogik

Dies allerdings stellt gerade für die Pädagogik eine besonders große Herausforderung dar. Gerade hier erschien (und erscheint leider allzu oft auch heute) eine Erzeugung von Homogenität (von Lerngruppen, Schulformen usw.) immer als praktikable, geradezu gebotene und sachangemessene Möglichkeit, die aus der Unterschiedlichkeit der Individuen resultierenden Unübersichtlichkeiten zu regulieren. Und jede Organisationsform, die auf Erzeugung von Gruppen und deren Positionierung beruht, wird gerade in Bezug auf Geschlecht einer Sicht zuneigen, die unterscheidet, trennt und vereindeutigt.

Dies korrespondiert im Übrigen der derzeitigen Linie im allgemeinen pädagogischen Diskurs, der Verschiebung von Wissen zu Kompetenz, von Konflikt zum Trainingsraum usw. Was konfliktreich und uneinschätzbar ist, soll verschwinden und unsichtbar gemacht werden – oder anders: soll handhabbar gemacht werden, indem es übersichtlich strukturiert und organisiert wird. Die produktiven Aspekte auch des Pädagogischen sind jedoch Irritation, Fragen und Konflikte als Voraussetzungen für Autonomie und selbständiges Denken – und gerade die verschwinden bei komplexitätsreduzierenden Erklärungen und pädagogischen Strategien aus dem Blick.

Aber wie gesehen sind nun mal der geschlechtliche Körper und die Dramen und Verwirrungen des Sexuellen Anlässe beständigen Fragens und andauernder Beunruhigung, doch sie sind es nur gewissermaßen stellvertretend für die Unabschließbarkeit von Identität, Begehren und der menschlichen Konstitution insgesamt. Die Perspektive – und auch das pädagogische Handeln – in Bezug auf Geschlecht kann deshalb nicht isoliert gesehen werden. Pädagogische Strategien und Maßnahmen, die auf Vereindeutigung zielen, sortieren und selektieren, werden auch in Bezug auf Geschlecht dazu neigen – und umgekehrt werden geschlechterbetonende und -trennende Haltungen auch in anderer Hinsicht zu Vereindeutigungen und Verkürzungen führen. Die Maßgabe pädagogischen Handelns kann aber nicht darin liegen, Differenz auszuweichen oder zu sie beruhigen, sondern sie als Differenz zu ertragen. Das fällt uns mit unserer mitteleuropäischen Denktradition nicht in den Schoß, sondern will gelernt sein.

Dem vorne formulierten »Auftrag« an die Psychoanalytische (und recht eigentlich an jede) Pädagogik, gegenüber Kindern das Rätsel des Sexuellen ein Rätsel bleiben zu lassen, das wie jedes Rätsel die Phantasie anfeuert und Begehren und Denken gleichermaßen in Gang hält, müsste also noch ein zweiter Aspekt hinzugefügt werden. So wie im ödipalen Dreieck (ein) Vater und (eine) Mutter gebraucht werden, um eine trianguläre Struktur zu errichten, die dann die Voraussetzung für Autonomie und Selbständigkeit bildet (also: Vater und Mutter zu verlassen), so ist auch jede pädagogische Situation oder Maßnahme zwar (bestenfalls) herausfordernd, muss aber notwendig unabgeschlossen bleiben, weil nur dann die anderen, sich rechts und links ergebenden Fragen auftauchen können, um den Prozess der individuellen Entwicklung weiterzuführen.

Literatur

Becker, S. (2005): Weibliche und männliche Sexualität. In: Quindeau, I., Sigusch, V. (Hrsg.): Freud und das Sexuelle. Neue psychoanalytische und sexualwissenschaftliche Perspektiven. Campus: Frankfurt/M., 63-79

Becker-Schmidt, R. (1992): Defizite in psychoanalytischen Konzepten weiblicher Entwicklung. In: Jahrbuch für psychoanalytische Pädagogik 4, 149-162

Behnke, C., Lengersdorf, D., Scholz, S. (Hrsg.): Wissen – Methode – Geschlecht. Erfassen des fraglos Gegebenen. Springer VS: Wiesbaden

Bian, L., Leslie, S.-J., Cimpian, A. (2017): Gender stereotypes about intellectual ability emerge early and influence children«s interests. In: Science (Heft 355), 389-39. Online: http://www.cimpianlab.com/publications (Zugriff: 28.02.2017)

Butler, J. (2001): Melancholisches Geschlecht/Verweigerte Identifizierung. In: Butler, J.: Psyche der Macht. Das Subjekt der Unterwerfung. Suhrkamp: Frankfurt/M., 125-141, 1956

Copjec, J. (2015): Sexual Difference. In: Psychoanalyse – Texte zur Sozialforschung 19 (Heft 1), 103-115

Dannecker, M. (2005): Männliche und weibliche Sexualität. In: Quindeau, I., Sigusch, V. (Hrsg.): Freud und das Sexuelle. Neue psychoanalytische und sexualwissenschaftliche Perspektiven. Campus Frankfurt/M., 80-94

Freud, S. (1972a): Die Traumdeutung. Sigmund Freud Studienausgabe, Bd. II. Fischer: Frankfurt/M., 1900

Freud, S. (1972b): Einige psychische Folgen des anatomischen Geschlechtsunterschieds. Sigmund Freud Studienausgabe, Bd. V. Fischer: Frankfurt/M., 253-266, 1925

Freud, Sigmund (1933): Die Weiblichkeit. Neue Folge der Vorlesungen zur Einführung in die Psychoanalyse, Nr. 33. Sigmund Freud Studienausgabe, Bd. I, 544-565, 1933

Hagemann-White, C., Wex, M. (1979) (Hrsg.): Frauenbewegung und Psychoanalyse. Stroemfeld/Roter Stern: Frankfurt/M.

Hamburger Arbeitskreis für Psychoanalyse und Feminismus (1995) (Hrsg.): Evas Biss. Weibliche Aggressivität und ihre Wirklichkeiten. Freiburg/Br.: Kore

Heenen-Wolff, S. (2000): Neues vom Weib. Französische Beiträge. Göttingen: Vandenhoeck & Ruprecht

Hirblinger, H. (2001): Einführung in die psychoanalytische Pädagogik der Schule. Königshausen & Neumann: Würzburg

Horney, K. (1979): Flucht aus der Weiblichkeit. In: Hagemann-White, C., Wex, M. (Hrsg.): Frauenbewegung und Psychoanalyse. Stroemfeld/Roter Stern: Frankfurt/M., 129-146, 1926

Irigaray, L. (1979): Das Geschlecht das nicht eins ist. Merve: Berlin

Irigaray, L. (1991): Ethik der sexuellen Differenz. Suhrkamp: Frankfurt/M.

Jacobson, E. (1996): Wege der weiblichen Über-Ich-Bildung. In: Mitscherlich, M., Rohde-Dachser, C. (Hrsg.): Psychoanalytische Diskurse über Weiblichkeit von Freud bis heute. Verlag Internationale Psychoanalyse: Stuttgart, 58-70, 1937

Julien, P. (1992): Die drei Dimensionen der Vaterschaft in der Psychoanalyse. In: Seifert, E. (Hrsg.): Perversion der Philosophie. Lacan und das unmögliche Erbe des Vaters. Edition TIAMAT: Berlin, 163-178

Kadi, U. (2013): Begehren gebären. Überlegungen zur dunklen Vorgeschichte des Subjekts. In: Bidwell-Steiner, M., Babka, A. (Hrsg.): Obskure Differenzen. Psychoanalyse und Gender Studies. Psychosozial-Verlag: Gießen, 39-58

Kraus, A., Budde, J., Hietzge, M., Wulf, C. (2017) (Hrsg.): Handbuch schweigendes Wissen: Erziehung, Bildung, Sozialisation und Lernen. Beltz Juventa: Weinheim

Lacan, J. (1975): Das Drängen des Buchstabens im Unbewussten oder die Vernunft seit Freud. In: Lacan, J. (1975): Schriften II. Walter: Olten, 15-59

Lacan, J. (1987): Die vier Grundbegriffe der Psychoanalyse. Das Seminar Buch XI. W Quadriga: Weinheim, 1964

Leiser, E. (2002): Das Schweigen der Seele. Das Sprechen des Körpers: neue Entwicklungen in der Psychoanalyse. Turia + Kant: Wien

Leslie, S.-J., Cimpian, A., Meyer, M., Freeland, E. (2015): Expectations of brilliance underlie gender distributions across academic disciplines. In: Science 347 (6219), 262–265. Online: https://internal.psychology.illinois.edu/~acimpian /reprints/ LeslieCimpianMeyerFreeland_2015_GenderGaps.pdf (Zugriff: 28.02.2017)

Liebsch, K. (2008): Psychoanalyse und Feminismus revisited. In: Haubl, R., Habermas, T. (Hrsg.): Freud neu entdecken. Ausgewählte Lektüren. Vandenhoeck & Ruprecht: Göttingen, 161-182

List, E. (2009): Psychoanalyse. Facultas: Wien

Löchel, E. (1987) Verschiedenes. Untersuchung zum Umgehen (mit) der Differenz in Theorien zur Geschlechtsidentität. Dissertation. Universität Bremen: Bremen

Löchel, E. (1990): Umgehen (mit) der Differenz. In: Psyche 44 (Heft 9), 826-847

Lyotard, J.-F. (1988): Ob man ohne Körper denken kann. In: Gumbrecht, H.U., Pfeiffer, K.L. (Hrsg.): Materialität der Kommunikation. Suhrkamp: Frankfurt/M., 813-829

Mayer, E.L. (1985): «Everybody must be just like me«: Observations on female castration anxiety. In: International Journal of Psycho-Analysis 66, 331-347

Meuser, M. (2010): Geschlecht und Männlichkeit. Soziologische Theorie und kulturelle Deutungsmuster. VS Verlag für Sozialwissenschaften: Wiesbaden

Mitchell, J. (1976): Psychoanalyse und Feminismus: Freud, Reich, Laing und die Frauenbewegung. Suhrkamp: Frankfurt/M.:

Mitchell, J. (1979): Über Freud und den Unterschied zwischen den Geschlechtern. In: Hagemann-White, C., Wex, M. (1979) (Hrsg.): Frauenbewegung und Psychoanalyse. Frankfurt/M.: Stroemfeld/Roter Stern, 147-161

Mitchell, J., Rose, J. (1985): Feminine Sexuality. Jacques Lacan and the école freudienne. Norton & Company: New York

Mitscherlich, M. (1987): Die friedfertige Frau. Fischer: Frankfurt/M.

Mitscherlich, M., Rohde-Dachser, C. (1996) (Hrsg.): Psychoanalytische Diskurse über Weiblichkeit von Freud bis heute. Verlag Internationale Psychoanalyse: Stuttgart

Morgenthaler, F. (1984): Homosexualität, Heterosexualität, Perversion. Qumran: Frankfurt/M.

Ort, N. (2014): Das Symbolische und das Signifikante. Eine Einführung in Lacans Zeichentheorie. Turia + Kant: Wien

Pohl, R. (2004): Feindbild Frau. Männliche Sexualität, Gewalt und die Abwehr des Weiblichen. Offizin: Hannover

Quindeau, I. (2004): Melancholie und Geschlecht. Psychoanalytische Anmerkungen zur Theorie von Judith Butler. In: Zeitschrift für Sexualforschung 17, 1-10

Quindeau, I. (2008): Trieb, Begehren und Verführung. In: Haubl, R., Habermas, T. (Hrsg.): Freud neu entdecken. Ausgewählte Lektüren. Vandenhoeck & Ruprecht: Göttingen, 139-160

Raithel, J. (2005): Die Stilisierung des Geschlechts. Jugendliche Lebensstile, Risikoverhalten und die Konstruktion von Geschlechtlichkeit. Juventa: Weinheim

Rendtorff, B. (2008): Über den (möglichen) Beitrag der Psychoanalyse zur Geschlechterforschung. In: Casale, R., Rendtorff, B. (Hrsg.): Was kommt nach der Genderforschung? transcript: Bielefeld, 121-138

Rendtorff, B. (2010): Geschlecht als Herausforderung und Provokation für die Pädagogik – und der Beitrag der Psychoanalyse. In: Bittner, G., Dörr, M., Fröhlich, V., Göppel, R. (Hrsg.): Allgemeine Pädagogik und Psychoanalytische Pädagogik im Dialog. Barbara Budrich: Opladen, 143-157

Rendtorff, B. (2012): »Walter hat ein Würstchen...« – Geschlechtliche Andere. In: Kleinau, E., Rendtorff, B. (Hrsg.): Eigen und anders. Beiträge aus der Frauen- und Geschlechterforschung und der psychoanalytischen Pädagogik. Barbara Budrich: Opladen, 81-95

Rodulfo, R. (1996): Kinder – gibt es die? Die lange Geburt des Subjekts. Kore: Freiburg/Br.

Schön, B. (2010): Die Erziehungswissenschaft und die Struktur der Geschlechterverhältnisse. In: Bittner, G., Dörr, M., Fröhlich, V., Göppel, R. (Hrsg.): Allgemeine Pädagogik und Psychoanalytische Pädagogik im Dialog. Barbara Budrich: Opladen, 125-141

Sigusch, V. (2005): Freud und die Sexualwissenschaft seiner Zeit. In: Quindeau, I. Sigusch, V. (Hrsg.): Freud und das Sexuelle. Neue psychoanalytische und sexualwissenschaftliche Perspektiven. Campus: Frankfurt/M., 15-35

Soiland, T. (2010): Luce Irigarays Denken der sexuellen Differenz. Eine dritte Position zwischen Lacan und den Historisten. Turia + Kant: Wien

Tischner, W. (2008): Bildungsbenachteiligung von Jungen im Zeichen von Gender Mainstreaming. In: Matzner, M., Tischner, W. (Hrsg.): Handbuch Jungen-Pädagogik. Beltz: Weinheim, 343-363

Zupančič, A. (2013): Sexuelle Differenz und Ontologie. In: Bidwell-Steiner, M., Babka, A. (Hrsg.): Obskure Differenzen. Psychoanalyse und Gender Studies. Psychosozial-Verlag: Gießen, 131-149

Prof. Dr. Barbara Rendtorff
Kettenhofweg 113
D-60325 Frankfurt am Main

Marc Thielen

»Let's talk about Sex«. Kritische Anmerkungen zur Thematisierung von Sexualität in pädagogischen Aufklärungsdiskursen über unbegleitete minderjährige Geflüchtete

Summary

»Let's talk about Sex«. Critical comments on the theming of sexuality in educational discourses on unaccompanied underaged refugees
The article analyses the thematisation of gender and sexuality within the discourses about sexual education of young refugees in Germany. It will be shown, that sexual education-courses are frequently justified with deficient constructions of masculinity of muslims. The intention, to educate the juveniles about equality and diversity, comes along with the ascription of paternalistic, sexist and homophobic attitudes. In doing so postcolonial conceptions of the superiority of western and backwardness of muslim societies find expression. The article, therefore, calls for a contemplation of the motives and goals of sexual education within migration society and makes the case for a critical sexual education, which takes a starting point from the subject and rejects an instrumentalisation guided by the policy of integration.

Keywords: sexual education, young refugees, migration, masculinity

Zusammenfassung

Der Beitrag analysiert die Thematisierung von Geschlecht und Sexualität in Diskursen zur Sexualerziehung von jungen Geflüchteten in Deutschland. Es wird gezeigt, dass Aufklärungskurse häufig mit defizitären Männlichkeitskonstruktionen von Muslimen begründet werden. Die Intention, die Jugendlichen über Gleichberechtigung und Vielfalt aufzuklären, geht mit der Zuschreibung von patriarchalischen, sexistischen und homophoben Einstellungen einher. Dabei kommen postkoloniale Vorstellungen von der Überlegenheit westlicher und der Rückständigkeit muslimischer Gesellschaften zum Ausdruck. Der Beitrag fordert entsprechend zu einer Reflexion der Motive und Ziele einer Sexualerziehung in der Migrationsgesellschaft auf und plädiert für eine kritische Sexualpädagogik, die vom Subjekt ausgeht und integrationspolitische Instrumentalisierung zurückweist.

Schlüsselwörter: Sexualpädagogik, junge Geflüchtete, Migration, Männlichkeit

Wie wohl kaum ein anderes Thema prägt das Geschlechterverhältnis die gesellschaftlichen und pädagogischen Debatten um Migration und Integration, jüngst forciert durch die sogenannte Flüchtlingskrise von 2015 und die Ereignisse in Köln und anderen Großstädten in der Silvesternacht 2015/16. Im öffentlichen und medialen Echo auf die nordafrikanischen Männern zugeschriebenen sexualisierten Übergriffe wurden rasch auch Zusammenhänge zur Einwanderung von mehrheitlich männlichen unbegleiteten minderjährigen Geflüchteten hergestellt, die in Vorkursen an allgemein- und berufsbildenden Schulen gefördert und in stationären Jugendhilfeeinrichtungen betreut werden. Angesichts einer ihnen unterstellten kultur- und religionsbedingt patriarchalischen Männlichkeit und einer daraus angeblich resultierenden Dominanzsexualität erscheinen die Heranwachsenden als bedrohlich. Aus dem Blick einer kritischen Migrationsforschung lässt sich von einer »Dämonisierung der Anderen« (vgl. Castro-Varela, Mecheril 2016) sprechen, die sich aus antimuslimischen Ressentiments ebenso speist, wie aus (post-)kolonialen Vorstellungen westlicher Fortschrittlichkeit. Solche, zu selbstkritischer Reflexion des eigenen Standpunktes auffordernden Positionen finden bislang nur bedingt Zugang zu pädagogischen Feldern. Dort wurde rasch über pädagogische Konsequenzen diskutiert, die aus den (bislang nur rudimentär aufgeklärten) Vorfällen in Köln und anderswo zu ziehen sind. Noch bevor die Übergriffe genauer untersucht waren, lagen bereits Konzepte zu sexualpädagogischen Kursen für unbegleitete minderjährige Geflüchtete vor, die mal implizit, mal explizit auf weithin behaupteten kultur- und religionsbedingte Sozialisationsdefizite der jungen Menschen rekurrieren. Zwar werden antimuslimische Vorurteile, die in den Forderungen nach sexualpädagogischer Aufklärung für Geflüchtete sichtbar werden, durchaus problematisiert (vgl. Christmann 2016), allerdings werden die Urheber häufig *außerhalb* des pädagogischen Feldes verortet: Nicht selten werden die Medien, die AfD oder bestimmte Teile der Bevölkerung kritisiert, während die eigenen, ja nur gut gemeinten, da auf Gleichberechtigung und Emanzipation zielenden pädagogischen Intentionen kaum hinsichtlich zugrundeliegender Rassismen befragt werden. Dabei ist schon länger belegt, dass an Geschlechterfragen festgemachte antimuslimische Ressentiments gerade auch in Bildungsinstitutionen der Mehrheitsgesellschaft (re-)produziert werden (vgl. Weber 2003; Karakaşoğlu 2010).

Ausgehend vom Diskurs zur Sexualerziehung von jungen Geflüchteten zeigt der vorliegende Beitrag, dass sich in den pädagogischen Argumentationen Stereotype zu »fremder« Männlichkeit widerspiegeln, die nicht zuletzt auch in der interkulturellen Forschungspraxis generiert wurden und zur gesellschaftlichen Stigmatisierung junger Muslime beitragen (vgl. Ewing 2008). Daran anknüpfend wird daran erinnert, dass die sexualpädagogischen Diskurse in kulturell tief verwurzelten Vorstellungen zur Überlegenheit westlicher Gesellschaften gründen, in deren Spiegel die »Anderen« in ihren geschlechtlich-sexuellen Lebensweisen als rückständig markiert werden. Die Fokussierung auf kulturelle bzw. religiöse Differenz – so die Konklusion des Beitrags – birgt die Gefahr, dass eine Auseinandersetzung mit der institutionell und rechtlich reglementierten Lebenslage von Geflüchteten vernachlässigt wird. Gerade hier sind aber Probleme vorhanden, welche die jungen Menschen in ihren Möglichkeiten zur Persönlichkeitsentfaltung – auch in geschlechtlicher und sexueller Hinsicht – empfindlich beschneiden.

1. Sexualpädagogik für unbegleitete minderjährige Geflüchtete im Lichte der »Flüchtlingskrise« von 2015

Unbegleitete minderjährige Geflüchtete, die ohne ihre Eltern oder andere erwachsene Bezugspersonen nach Deutschland kommen, galten lange in erster Linie als eine besonders schutzbedürftige Personengruppe. Angesichts von Fluchtgründen wie Krieg, Verfolgung, Diskriminierung und Perspektivlosigkeit sowie Kinder-arbeit, Zwangsrekrutierung als Kindersoldaten oder Zwangsverheiratung ist dies mehr als verständlich. Vor dem Hintergrund der gestiegenen Zugangszahlen an den mehrheitlich männlichen Jugendlichen – Anfang 2017 lebten knapp 48.000 unbegleitete Minderjährige in Deutschland (vgl. Huber, Lechner 2017, o.S.) – sind Veränderungen im Umgang mit den jungen Menschen zu beobachten. So sind die Minderjährigen seit Herbst 2015 nicht mehr von der zuvor nur bei Erwachsenen und Familien praktizierten bundesweiten Verteilung nach Quoten ausgenommen. In politischen und administrativen Kontexten wird die Bezeichnung unbegleitete minderjährige Flüchtlinge (umF) durch unbegleitete minderjährige Ausländer (umA) ersetzt, wodurch die Fluchthintergründe de-thematisiert und relativiert werden. Parallel dazu wurden zunehmend die Probleme in den Vordergrund gerückt, die von den mehrheitlich männlichen Jugendlichen ausgehen und diese als potenziell gefährlich erscheinen lassen. In Bremen und Hamburg konzentrierte sich die Debatte beispielsweise auf das kriminelle Verhalten eines kleinen Teils der Jugendlichen, für die eigens eine spezielle Form der geschlossenen Unterbringung gefordert wurde und wird.

Im Bild des doppelten Mandats der Sozialen Arbeit gesprochen droht das Pendel vom Pol der »Hilfe« bei der Zielgruppe der jungen Geflüchteten einseitig zu dem der »Kontrolle« auszuschlagen. Der Diskurs um Bildung, durch welche die Integration der jungen Menschen erreicht werden soll, bezieht sich nicht nur auf formale Bildung – etwa die schulische und berufliche Qualifizierung –, sondern fokussiert die gesamte Lebenslage bis hin zur Sexualität. Sexualpädagogische Institutionen haben die jungen Geflüchteten als Zielgruppe für sich entdeckt und wollen diese – so z.B. *pro familia* – über das »hiesige« Geschlechterverhältnis aufklären:

> »Und fraglos gehört es in einer Einwanderungsgesellschaft dazu, dass sich alle Menschen mit den in *unserer* Kultur verbreiteten Vorstellungen von Gleichberechtigung … sexueller Selbstbestimmung sowie Anerkennung von sexueller Vielfalt auseinandersetzten« (Matthiesen et al. 2016, 14; Hervorh.d.V.).

Den an junge Geflüchtete adressierten Angeboten kommt mediales Interesse zu, was sich an einem Bericht in der Onlineausgabe des Magazins STERN vom Februar 2016 illustrieren lässt (Eißele 2016). In dem in der Rubrik »Integration« erschienenen Beitrag mit dem Titel »Aufklärungskurs für Flüchtlinge – Let's talk about sex« verdichtet sich vermeintliches Wissen über junge Geflüchtete:

»In Aufklärungskursen lernen junge Migranten, wie sich Mann und Frau in Deutschland respektvoll begegnen. Die Nachhilfe ist für viele bitter notwendig, wie sich nicht nur an Silvester in Köln gezeigt hat. Klar ist: Hier ist alles ganz anders« (ebd.).

Bezeichnend ist, dass die Jugendlichen geschlechtlich homogenisiert und ausschließlich als männlich adressiert werden. Den Geflüchteten wird ein sexualpädagogischer Förderbedarf zugeschrieben – der in schulischen Kontexten übliche Nachhilfebegriff verweist auf Probleme im Lernprozess –, der mit einer als absolut gesetzten natioethno-kulturellen Differenz begründet wird: »hier ist alles anders« Eißler 2016). Einem per se auf Respekt gründenden Geschlechterverhältnis der deutschen Mehrheitsgesellschaft wird durch den Verweis auf die sexualisierten Übergriffe in der Kölner Silvesternacht 2015/16 – Messerschmidt (2016, 159) spricht angesichts der gesellschaftlich aufgeladenen Debatte um dieses Ereignis von der »Chiffre Köln« – ein gänzlich anderes, nämlich patriarchales und gewaltsames Verhältnis gegenübergestellt. Der Beitrag knüpft an Mediendiskurse an, die sexualisierte Gewalt als ein durch Geflüchtete importiertes Problem betrachten (Kulaçatan 2016). Demnach gründet die Notwendigkeit des sexualpädagogischen Angebots in vermeintlichen Defiziten geflüchteter Jugendlicher, die – dies suggeriert der Verweis auf Köln – ein bedrohliches Ausmaß annehmen. Zugespitzt gesagt sollen die Kurse auch dafür sorgen, dass aus den kultur- bzw. religionsbedingt potenziellen keine tatsächlichen Sexualstraftäter werden.

Als Probleme in der Sexualität Geflüchteter benennt der Bericht eine Grundaufklärung in Bezug auf Hygiene und Verhütung, Unbeholfenheit im Kontakt zum anderen Geschlecht, Machoverhalten zumindest bei einigen Jugendlichen, Homophobie sowie mangelnder Respekt gegenüber Frauen. In Anbetracht des unterstellten hohen Aufklärungsbedarfs fordert ein im Bericht zitierter Lehrer, ungeachtet des sexualpädagogischen Grundsatzes der Freiwilligkeit, die verpflichtende Teilnahme von unbegleiteten minderjährigen Flüchtlingen an solchen Kursen. Spätestens hier wird die »totale« Dimension des Flüchtlingsraums offensichtlich (Schroeder 2003), die sich durch einen umfassenden Zugriff auf die Biografie und Identität von Geflüchteten auszeichnet und nicht einmal vor dem vermeintlich intimen Lebensbereich der Sexualität Halt macht.

Der Medienbericht im STERN steht exemplarisch für einen präventionspolitischen Diskurs, welcher der Sexualpädagogik in der Migrationsgesellschaft die Rolle einer Gefahrenabwehr zuweist, verbunden mit einer »stigmatisierenden Einmischung in die privaten Angelegenheiten der Menschen« (Timmermanns, Tuider, Sielert 2004, 13). Bemerkenswerterweise und sicher nicht zufällig werden die jungen Menschen im Beitrag als muslimisch adressiert, obgleich sich die Hauptherkunftsländer von unbegleiteten minderjährigen Geflüchteten durch eine ausgeprägte religiöse Pluralität – sowohl im Hinblick auf die Religionszugehörigkeit als auch die Intensität religiöser Praxis – auszeichnen, denkt man z.B. an Jesiden im Irak, Kurden in Syrien oder orthodoxe Christen in Eritrea (Huber, Lechner 2017, o.S.). Der Rückgriff auf den Islam ist jedoch argumentativ notwendig, da dieser als die entscheidende Problemursache markiert wird: »Das Thema Sexualität ist in vielen muslimischen Familien ein Tabu«

(Eißele 2016, o.S.). Eine religiös bedingte Tabuisierung von Sexualität begründet demnach die Aufklärung durch Angehörige der Mehrheitsgesellschaft, die als ExpertInnen in Sachen Gleichberechtigung und des richtigen Umgangs mit Sexualität erscheinen.

Islamophobe Einstellungen, die auf Sexualität rekurrieren, sind in pädagogischen Diskursen der Mehrheitsgesellschaft weitverbreitet und prägten entsprechend auch schon vor den Ereignissen in Köln die gesellschaftliche Debatte. So warnte ein Leitartikel in der Zeitschrift des Philologenverbandes Sachsen-Anhalt schon im Herbst 2015 davor, »dass viele junge, kräftige, meist muslimische Männer« als Asylbewerber kommen und dass diese »oft auch ungebildeten Männer auch ein Bedürfnis nach Sexualität haben« (Seltmann-Kuke, Mannke 2015, 2). Angesichts der Bedrohung fordert der Text pädagogische Aufklärungsmaßnahmen für einheimische Mädchen, »dass sie sich nicht auf ein oberflächliches sexuelles Abenteuer mit sicher oft attraktiven muslimischen Männern einlassen« (ebd.). Auch in Diskursen der Sozialen Arbeit werden die Männlichkeitskonstruktionen von jungen Geflüchteten problematisiert. Angesichts vermeintlich »aggressiver Verhaltensweisen« und »Anpassungsschwierigkeiten« werden geflüchtete Jungen und junge Männer pädagogisch dazu angehalten, »ihre widerstreitenden Gefühle zu reorganisieren und traditionelle Rollenbilder zu hinterfragen« (Breithecker, Freesemann 2011, 41). Die Beispiele verdeutlichen, dass Geschlecht und Sexualität in den gesellschaftlichen Debatten um die Integration junger Geflüchteter entscheidende Differenzlinien sind, mittels derer Fremdzuschreibung organisiert und bisweilen auch Nichtzugehörigkeit signalisiert wird. Tatsächlich sind die Behauptungen zur defizitären Männlichkeit jugendlicher Migranten insbesondere aus muslimischen Herkunftsregionen nicht neu. Sie stehen in einer zeitlich längeren Diskursgeschichte, an der auch wissenschaftlich produziertes Wissen aus dem Feld der Interkulturellen Pädagogik beteiligt ist. Dies gilt es im Folgenden exemplarisch an einzelnen Problemzuschreibungen zu verdeutlichen, mit denen die sexualpädagogischen Angebote für junge Geflüchtete begründet werden.

2. Antimuslimische Stereotype als Argumentente für eine disziplinierende Sexualpädagogik in der Migrationsgesellschaft

Eines der immer wieder genannten Argumente für den sexualpädagogischen Förderbedarf von jungen Geflüchteten rekurriert auf das muslimischen Jugendlichen pauschal zugeschriebene problematische Geschlechterverhältnis, das sich angeblich diametral von demjenigen der deutschen Mehrheitsgesellschaft unterscheidet. Behauptet wird typischerweise ein grundsätzlich mangelnder Respekt gegenüber Frauen, der in einer aus religiösen Überzeugungen resultierenden fehlenden Gleichberechtigung gründet. Diese in der Mehrheitsgesellschaft tief verankerte Sicht auf muslimisch-migrantische Lebenswelten setzt Zweigeschlechtlichkeit als Norm und geht davon aus, dass muslimische Lebensweisen per se »auf strikt heterosexuellen Beziehungs- und Familienformen auf Blutverwandtschaft, Ehe und patriarchaler Dominanz« (Erel 2007, 252) beruhen. Gestützt wird dieser Diskurs durch ein ganzes Genre an wissenschaftlichen Studien, die sich in der Regel mit einer gezielten Negativauswahl von türkischen Jugendlichen und jungen Erwachsenen aus sozial randständigen, bildungsbenachteiligten und nicht selten auch delinquenten Milieus befassen und als Belege für die vermeintlich defizitäre und rückständige Männlichkeit von Muslimen insgesamt dienen. Von Befunden zu kleinen und spezifischen Samples – z.B. Jugendliche, die delinquenten Banden angehören (Tertilt 1996), arrangierte Ehen eingehen (Toprak 2005) oder inhaftiert sind (Kelek 2006) – werden verallgemeinernde und empirisch nicht belegte Aus-sagen zu muslimischer Männlichkeit und Sexualität insgesamt abgeleitet.

Demgegenüber finden differenziert argumentierende Untersuchungen zur Pluralität muslimisch-migrantischer Geschlechts- und Sexualitätskonstruktionen kaum Beachtung. Eine groß anlegte Befragung mit über 3.000 christlichen und muslimischen Teilnehmenden mit und ohne Zuwanderungsgeschichte zeigt, dass nur eine kleine Minderheit von Muslimen (17 %, bei den befragten Christen sind es 11 %) patriarchale und zum Teil frauenbenachteiligende Wertvorstellungen vertritt (vgl. Becher, El-Menouar 2014, 5). Zudem wird deutlich, dass die Religionszugehörigkeit nicht als Erklärungsmuster für patriarchale Geschlechterverhältnisse ausreicht, entscheidend sind vielmehr die Intensität religiöser Praxis (unabhängig von der Religion), der Bildungshintergrund, der sozioökonomische Status sowie demographische Aspekte. Auf Letztere bezogen verweist die genannte Studie auf eine Liberalisierung der Geschlechterrollen bei jungen Muslimen der zweiten und dritten Generation (ebd.). Auch eine repräsentative Studie, in der über 600 Jugendliche mit einem sogenannten Migrationshintergrund im Alter von 14 bis 17 Jahren befragt wurden, verweist auf die hohe Pluralität in den Einstellungen zu Partnerschaft und Sexualität, die nach Milieu variieren und damit vor allem vom Bildungsgrad, dem sozioökomischen Hintergrund sowie allgemeinen Wertvorstellungen und weniger von der Zugehörigkeit zu einer bestimmten Migrantenpopulation abhängen. Die überwiegende Mehrheit der Befragten (65 %) vertritt die Auffassung, dass Frauen und Männer in einer Partnerschaft gleichberechtigt sind. Nur bei einer kleinen Teilgruppe aus Befragten der sogenannten religiösverwurzelten und entwurzelten Milieus fällt die Zustimmung zur Gleichberechtigung deutlich geringer aus (Wippermann, Möller-Slavinski, Scheffler 2010, 32).

Mit der empirisch widerlegten Unterstellung einer pauschal fehlenden Gleichberechtigung von Mann und Frau geht der Vorwurf einer vermeintlich besonders ausgeprägten Tendenz zu sexualisierter Gewalt bei muslimischen Männern einher. Offensichtlich wird dies an den einleitend erwähnten Debatten um die Übergriffe auf Frauen in der Kölner Silvesternacht. Derartige Taten werden im öffentlichen Diskurs durch den Verweis auf scheinbar vergleichbare Vorfälle 2013 auf dem Taksim-Platz in Kairo im Zuge der Massenproteste gegen das Mubarak-Regime als ein spezifisch muslimisches Phänomen markiert. Bezeichnenderweise finden sich auch für jene These wissenschaftliche Belege, so z.B. die Studie von Schiffauer (1983), in der die Vergewaltigung eines deutschen Mädchens durch eine Gruppe türkischer Jugendlicher Ende der 1970er Jahre in Berlin in einem engen Zusammenhang mit der türkischen Kultur und dem dortigen Ehrverständnis interpretiert wird. Durch den eindimensionalen Rückgriff auf das alleinige Erklärungsmuster Kultur/Religion wird eine fundierte Analyse solcher – für Köln in dieser Form nicht nachgewiesener – Taten verhindert, da ein komplexes Zusammenwirken unterschiedlicher Faktoren zu berücksichtigen wäre:

> »Illegalisierte Einwanderung, soziale Marginalisierung bereits im Herkunftsland, Lebensbedingungen auf der Straße, Kriminalität als Einkommensperspektive, Männlichkeitsphantasien, die Selbstwert vermitteln sollen, Dynamiken in Männerbünden etc.« (Messerschmidt 2016, 159f.).

Dass sexuelle Gewalt und Nötigung in und durch Männergruppen keine migrantischen Phänomene sind, sondern auch in männerbündigen Kontexten und totalen Institutionen der Mehrheitsgesellschaft auftreten, zeigen die jüngst publik gewordenen Vorkommnisse in der Bundeswehr. Die generelle Präsenz von Sexismus in den im Kontext von Integrationsdebatten gerne als »westlich« und »modern« markierten Gesellschaften verdeutlichen gegenwärtig unterschiedliche Initiativen von Frauen, die Erfahrungen von Sexismus und sexualisierter Gewalt im Internet öffentlich machen – bekannt geworden sind z.b. die Aktionen »Hashtag Aufschrei« oder »Hashtag metoo«.

Ein weiteres gegenüber (nicht nur) muslimischen Migrantinnen und Migranten vorgebrachtes Argument für Sexualerziehung ist jenes der vermeintlich besonders ausgeprägten Homophobie. Der Schwulen- und Lesbenverband in Deutschland fordert angesichts einer angeblich im »kulturellen Gepäck« von Geflüchteten mitgebrachten Homophobie, dass »die Rechte und die Situation von LSBTI … verpflichtendes Thema in den Integrationskursen sein und dort angemessen breit thematisiert werden« (LSVD 2017) müssen. In vom LSVD finanzierten Studien wird das Ausmaß an Homophobie in unterschiedlichen Einwanderungsgruppen im Vergleich zu Deutschen untersucht (Simon 2008; Schmalz 2009). Trotz begrenzter Reichweite und methodischer Probleme, die Schmalz (2009, 336f.) für seine Studie in Bezug auf die Positivauswahl der von ihm befragten Deutschen ohne Migrationshintergrund und die insgesamt fehlende Repräsentativität konstatiert, tradieren solche Studien das Vorurteil einer durch Migration importierten Homophobie. Damit erhalten homonationalistische Diskurse, welche die Akzeptanz von Lesben und Schwulen »als Ausdruck einer ›Zivilisationsüberlegenheit‹ speziell gegenüber muslimischen Gesellschaften« (Çetin 2015, 36) propagieren, wissenschaftliche Legitimität. Nach Iman Attia ist die rassistische Externalisierung von Homophobie für westliche Gesellschaften von Nutzen:

> »Sie entlastet von der historischen Verantwortung für den Export von Heteronormativität, Homo- und Transphobie und sie entlastet von der aktuellen Verantwortung, sich für die Anerkennung und Gleichberechtigung verschiedener und fluider Sexualitäten einzusetzen« (Attia 2014, 20f.).

Während junge Geflüchtete homophober Einstellungen verdächtigt werden, gerät aus dem Blick, dass lesbische, schwule, bisexuelle und Trans*Jugendliche in deutschen Bildungsinstitutionen nach wie vor normalisierende Gewalt erfahren, da Lebensentwürfe jenseits gesellschaftlicher Normalität verschwiegen, ignoriert oder tabuisiert werden (vgl. Kleiner 2015). Zugleich werden queere Migrantinnen und Migranten unsichtbar gemacht. Vorliegende Studien zur Situation dieser Menschen sensibilisieren für Rassismus- und Ungleichheitserfahrungen, welche z.b. schwule Deutschtürken gerade auch im Kontext einer sich in ihrem Selbstbild gerne als bunt und tolerant darstellenden deutschen Schwulencommunity erleben (Bilger 2012; Çetin 2012). Dass es im Diskurs um die Homophobie der »Anderen« mehr um die Markierung von Nichtzugehörigkeit und weniger um die Rechte von queeren Minderheiten geht, zeigen politische Bestrebungen, solche Länder als sichere Herkunftsländer einzustufen, in denen sexuelle Minderheiten strafrechtlich bedroht sind. Zudem belegen juristische Entscheidungen, dass Angehörigen sexueller Minderheiten Abschiebungen in Staaten wie den Iran oder Libyen drohen, in denen sexuelle Minderheiten nachweislich verfolgt werden (Bager, Elsuni 2017; Thielen 2009).

3. Kritische Rückfragen zu den Motiven sexualpädagogischer Angebote für junge Geflüchtete

Die bisherigen Ausführungen zeigen, dass die integrationspolitischen Forderungen zur Thematisierung von Sexualität in der Sozialen Arbeit mit unbegleiteten minderjährigen Geflüchteten kritische Fragen aufwerfen, die es – nicht zuletzt auch im Interesse der sexualpädagogisch adressierten Jugendlichen – genauer zu betrachten und zu reflektieren gilt. Die gängige Begründung für die Konzepte, welche auf die angebliche Tabuisierung von Sexualität in den Herkunftskontexten rekurriert – pro familia spricht ohne empirischen Beleg von Jugendlichen, »die in ihrer bisherigen Sozialisation erlebt haben, dass es für Sexualität keine Sprache gibt« (Matthiesen et al. 2016, 17) – ist interessant, da sie an die Repressionsthese erinnert, die Michel Foucault (1983) bekanntlich in seinen Analysen zum modernen Sexualitätsdiskurs infrage stellt. Während weithin davon ausgegangen wurde, dass Sexualität in Westeuropa lange tabuisiert war, zeigt Foucault, dass Sexualität eben gerade nicht verschwiegen, sondern seit dem 18. Jahrhundert vielmehr zum Gegenstand vielfältigster, nicht zuletzt auch wissenschaftlicher Diskurse wurde. Sexualität sowie das Wissen und Sprechen über diese sind nach Foucault (ebd.) eng an Macht geknüpft und spielen eine wesentliche Rolle im Kontext der von ihm so bezeichneten Bio-Politik, die sich mit der Fortpflanzung, der Geburten- und Sterblichkeitsrate, dem Gesundheitsniveau oder der Lebensdauer der Bevölkerung beschäftigt. Konsequenz war u.a. die Herausbildung einer Technologie des Sexes, deren Motiv die dauerhafte Sicherung der Hegemonie des Bürgertums war. Dieses schränkte nicht die Sexualität der anderen ein, sondern gab sich selbst einen Körper, »den es zu pflegen, zu schützen, zu kultivieren, von allen Gefahren und Berührungen zu bewahren und von den anderen zu isolieren galt, damit er seinen Wert behalte« (Foucault 1983, 121).

Betrachtet man die Diskurse um die bedrohliche Sexualität von jungen männlichen Geflüchteten, so ist es naheliegend, dass dort kulturell verankerte Vorstellungen von der Reinhaltung des bürgerlichen und damit auch weißen Körpers zum Ausdruck kommen. Mehr als deutlich wird dies beim oben erwähnten Aufruf des Philologenverbandes Sachsen-Anhalt zum Schutz deutscher Mädchen vor der drohenden Verführung durch junge Muslime. Hegemonialen Vorstellungen zu »gesunder« und »normaler« Sexualität, die an ein spezifisch reguliertes – heteronormatives – Geschlechterverhältnis geknüpft sind, wird die andere – als defizitär betrachtete – Sexualität von Zugewanderten gegenübergestellt. Während Foucault (1983) die Pädagogisierung des kindlichen Sexes als einen wesentlichen strategischen Komplex des modernen Sexualitätsdispositivs beschreibt, könnte man, übertragen auf die aktuellen Debatten um die Aufklärungskurse für junge Geflüchtete, von einer Pädagogisierung des fremden Sexes sprechen.

Damit sind unweigerlich koloniale bzw. postkoloniale Machtverhältnisse angesprochen, die auf Sexualität rekurrieren und die in den oben analysierten Begründungen für die Notwendigkeit von spezifischen Aufklärungskursen für Geflüchtete zum Ausdruck kommen. Die Herausbildung des bürgerlichen Subjekts in der westlichen Moderne im 18. und 19. Jahrhundert war an die Etablierung spezifischer Verhaltensstandards und Moralvorstellungen geknüpft, die sich von denen anderer sozialer Gruppen unterschieden. Die für sich gesellschaftliche Dominanz beanspruchende bürgerliche Lebensweise grenzte sich im Bereich der Sexualität vom exzessiven Verhalten des Adels und vom primitiven Verhalten der Proletarier sowie der Bevölkerung in den besetzten Kolonien ab. Die Herausbildung des bürgerlichen Subjektes war geradezu auf die Konstruktion der kolonialen »Anderen« angewiesen, die – vor dem Hintergrund des Dualismus von Kultur und Natur – als naturnah und damit minderwertig und rückständig betrachtet wurden. So zeichnete sich die vermeintliche Primitivität der Kolonialvölker aus Sicht des westeuropäischen Bürgertums gerade auch durch einen »maßlosen Umgang mit dem Körper in Bezug auf Sexualität« (Reckwitz 2008, 205) aus. Dementsprechend zeigen postkoloniale Analysen, dass eine vermeintlich mangelnde Kontrolle über das eigene sexuelle Begehren ein wesentliches Merkmal für die rassistische Zuweisung des »Status der Anderen als nicht-zivilisiert« (Castro-Varela, Mecheril 2016, 11) darstellt.

In einer postkolonialen Perspektive, die davon ausgeht, dass koloniale Machtverhältnisse nach wie vor wirkmächtig sind, kommt dem an die Sexualpädagogik generell geknüpften Ziel der Aufklärung im Fall junger Geflüchteter eine doppelte Bedeutung zu: Die Jugendlichen sollen nicht nur über angeblich tabuisierte und schambesetzte Themen der Sexualität aufgeklärt werden, sondern ihnen soll vor dem Hintergrund der den islamischen Herkunftskontexten per se unterstellten Rückständigkeit zugleich ein aufgeklärtes und zeitgemäßes Geschlechterverhältnis vermittelt werden, wie es eben augenscheinlich nur für westliche Gesellschaften konstitutiv ist. Damit sind die sexualpädagogischen Angebote für Geflüchtete durch einen besonders ausgeprägten Paternalismus geprägt, der mit Necla Keleks »Plädoyer für die Befreiung des türkisch-muslimischen Mannes« (Kelek 2006) besonders gut auf den Punkt gebracht werden kann.

Die Tatsache, dass die Aufklärungskurse in ihrem Selbstverständnis moralisch hehre Ziele verfolgen und emanzipatorisch argumentieren, ist eine Erklärung dafür, dass die Schattenseiten einer solchen Sexualerziehung und insbesondere der ihr inhärente Rassismus de-thematisiert wird. Verdeutlichen möchte ich dies exemplarisch an

Lerninhalten, die weiter oben genannt sind. Eines, der im Bericht des STERNs genannten Argumente für die Notwendigkeit der Kurse, ist die Unterstellung, dass Geflüchtete einen Nachhilfebedarf in Sachen Hygiene hätten (Eißele 2016, o.S.). Dem Hygienediskurs kommt in den bürgerlichen Distinktionspraktiken eine zentrale Bedeutung zu, da die Kolonialvölker als unrein betrachtet wurden:

»Der Code des Zivilisierten gegen das Primitive arbeitet dabei mit einer affektiven Verwerfung des symbolischen Anderen als unrein und Gegenstand des Ekels. Die Abgrenzung von einem ›Anderen‹, welcher Ausdruck von Verunreinigung ist, bedarf keiner weiteren Begründung, sondern basiert auf einem scheinbar begründungslos wirksamen, negativen Affekt der Repulsion« (Reckwitz 2008, 251).

Vor dem Hintergrund jener Vorgeschichte des Hygienediskures ist es bemerkenswert, dass der oben zitierte Beitrag im STERN geflüchtete Jugendliche als unhygienisch adressiert und damit unübersehbar an rassistische Stereotype anschließt, die im Bild des »schmutzigen« und »stinkenden Ausländers« verdichtet werden. Nicht gefragt wird demgegenüber nach den Lebensbedingungen in Sammel- und Gemeinschaftsunterkünften für Geflüchtete, die häufig kaum den Hygienevorstellungen von Angehörigen der Mehrheitsgesellschaft entsprechen dürften, denkt man etwa an die sanitären Anlagen.

Besonders drastisch, aber mit dem Blick auf zurückliegende Diskurse zur Rassifizierung von Sexualität in der Vergangenheit leider wenig überraschend, ist die im Beitrag des STERNs hergestellte symbolische Nähe von unbegleiteten minderjährigen Geflüchteten zu den Sexualstraftätern von Köln. Implizit wird geflüchteten Jugendlichen muslimischer Herkunft eine kultur- bzw. religionsbedingt höhere Bereitschaft zu sexualisierter Gewalt unterstellt. Sexuell übergriffiges Verhalten der »Anderen« – bezeichnenderweise in der Regel gegenüber Angehörigen der Eigengruppe – ist eine gängige Zuschreibung im Kontext rassistischer Debatten um »fremde« Männlichkeit. Connell (1999) zeigt dies exemplarisch am Beispiel von Diskursen zur Phantasiegestalt des schwarzen Vergewaltigers in den USA auf, die eine symbolische Bedeutung für die Männlichkeitskonstruktionen von Weißen haben und in deren Geschlechterpolitik relevant gemacht werden. Die Gefahren, die einer vermeintlich zügellosen Sexualität von Geflüchteten zugeschrieben werden, spiegeln sich z.B. in nach den Ereignissen von Köln in Schwimmbädern angebrachten mehrsprachigen Schildern wieder, welche die Neuankömmlinge darauf hingewiesen, dass das Begrabschen von Badegästen untersagt ist.

Interessant ist, dass im Beitrag des STERNs – wie oben erwähnt – nicht nur über übergriffiges Machoverhalten, sondern ebenso über Unbeholfenheit im Kontakt zum anderen Geschlecht berichtet wird. Hier wird weniger eine disziplinierende als vielmehr eine paternalistische Haltung gegenüber Eingewanderten offensichtlich, da dabei das Bild von naiven und hilfsbedürftigen männlichen Eingewanderten gezeichnet wird, denen moderne und erfolgreiche Praktiken des Flirtens erst pädagogisch beigebracht werden müssen; im Aufklärungskurs, über den der STERN berichtet, führt ein Pädagoge den geflüchteten Jugendlichen »richtiges« Flirten in Rollenspielen vor. Eine derartige Sicht auf Geflüchtete offenbart auch der 2016 in deutschen Kinos gezeigte Spielfilm »Willkommen bei den Hartmanns«. Der alleinstehend aus Nigeria geflohene Protagonist Diallos, den Familie Hartmann aufnimmt, verfügt ganz offensichtlich über vormoderne Geschlechtervorstellungen und zeigt sich irritiert darüber, dass die 31-jährige Tochter Hartmann noch unverheiratet und kinderlos ist. Diallos selbst verliebt sich in eine ebenfalls nach Deutschland geflüchtete junge Frau, die er in einer ehrenamtlich organisierten Sportgruppe für Geflüchtete – also in einem von der Mehrheitsgesellschaft bereitgestellten Arrangement – kennenlernt. Allerdings weiß er nicht, wie er die Frau ansprechen soll und benötigt hierbei Unterstützung und Anleitung durch den Leiter der Gruppe, den Arzt Tarek Berger. Dieser erklärt dem Geflüchteten, wie er die junge Frau ansprechen soll. Diallos sind zeitgemäße Praktiken des Kennenlernens offensichtlich nicht bekannt, aufgrund seiner patriarchalisch geprägten Herkunft ging er davon aus, dass er zunächst eine andere Person, z.B. im familiären Umfeld der Frau, um Erlaubnis fragen muss.

Die in der Praxis häufig thematisierten Schwierigkeiten von jungen Geflüchteten, in Kontakt zum anderen Geschlecht zu kommen, haben möglicherweise ganz andere Gründe. Ein strukturelles Problem besteht darin, dass die Jugendlichen aufgrund der separierten Beschulung in speziellen Sprachförderklassen und der Unterbringung in spezifischen Wohngruppen sozial segregiert und angesichts der starken Überrepräsentanz von männlichen Jugendlichen zudem häufig in geschlechtshomogenen Settings leben. Sie haben folglich kaum Kontakt zu jungen Frauen, aber ebenso wenig zu jugendlichen Peers der Mehrheitsgesellschaft. Damit bleibt ihnen der Zugang zu informellen Lernkontexten und jugendkulturellen Erfahrungsräumen verschlossen. Vermutlich wären diese jedoch für die sexuelle Selbstbestimmung und -bildung wesentlich nützlicher als eine erwachsenendominierte Sexualerziehung, welche die jungen Menschen in erster Linie als defizitär adressiert.

4. Fazit und Ausblick

Ungeachtet der notwendigen Kritik an den z.T. fragwürdigen Begründungen für eine speziell an geflüchtete junge Menschen adressierten Sexualpädagogik geht es dem Beitrag nicht darum, sexualpädagogische Angebote generell zu diskreditieren oder deren Berechtigung infrage zu stellen. Allerding muss schon danach gefragt werden dürfen, aus welcher Motivation und mit welcher Zielsetzung solche Bildungsangebote gemacht werden und mit welcher Haltung geflüchteten jungen Menschen dabei begegnet wird. Ist es eine Haltung, die auf prinzipieller Freiwilligkeit insistiert, sich ernsthaft für die jungen Menschen mit deren Fragen interessiert und sich mit ihnen auf einen gemeinsamen Bildungsprozess einlässt, oder eine, die angesichts ethnisierender und kulturalisierender Vorurteile bereits alles über die Jugendlichen zu wissen glaubt und diese im Impetus paternalistischer Überlegenheit sexualerzieherisch belehren und disziplinieren möchte? Der in diesem Beitrag nur exemplarisch mögliche Blick in Diskurse zur Sexualpädagogik zeigt, dass sich das Praxisfeld offensichtlich bislang nur bedingt mit den Befunden einer kritischen Migrationsforschung auseinandersetzt und stattdessen zum Teil unhinterfragt auf gesellschaftlich verbreitete stereotype Vorstellungen zurückgreift, die empirisch nicht haltbar sind und junge Geflüchtete in unzulässiger Weise homogenieren und stigmatisieren.

Zugleich wird einer implizit vorausgesetzten »Einfalt der Anderen« eine angeblich widerspruchslose »Vielfalt der Etablierten« gegenübergestellt, etwa in Selbstbezeichnungen wie »westeuropäische sexualliberale Kulturen« (Matthiesen et al. 2016, 16). Dadurch wird auch die Mehrheitsgesellschaft in einer unangemessenen Weise homogenisiert, da die Repressionen und Stigmatisierungen sexueller Abweichung in der jüngeren Vergangenheit ebenso ausgeblendet werden, wie der jüngst wieder verstärkt diskutierte alltägliche Sexismus oder gesellschaftliche und pädagogische Konflikte um Geschlecht und Sexualität, wie sie sich z.B. in den Kontroversen um die Einführung neuer Bildungspläne zeigen, die geschlechtliche und sexuelle Vielfalt in positiver Weise thematisieren. Der einseitige Blick auf Eingewanderte birgt demnach die Gefahr, heteronormative Machtverhältnisse und Normalisierungstendenzen der Mehrheitsgesellschaft zu de-thematisieren und damit zu stabilisieren. Zugleich besteht die Tendenz, strukturelle Problemlagen – etwa asyl- und ausländerrechtlich begründete Reglementierungen –, welche jungen Geflüchteten je nach zugewiesener Bleibeperspektive die gesellschaftliche Teilhabe erschweren bis verunmöglichen, zu vernachlässigen. Gerade hier dürften allerdings Gründe für ungünstiges männliches Bewältigungsverhalten, beispielsweise in Gestalt von Gewalt und Delinquenz, zu suchen sein. Insofern verschleiert der einseitige Ruf nach sexualpädagogischer Disziplinierung die notwendige Analyse möglicher Risikofaktoren, die nicht im Subjekt zu suchen und daher auch nicht pädagogisch zu lösen sind.

Wenn man schon sexualpädagogische Angebote für Geflüchtete vorhält – pro familia verweist mit dem Postulat »Erst kommt die Existenzsicherung, dann kommt die Sexualerziehung« (Matthiesen et al. 2016, 16) selbst darauf, dass die jungen Menschen in der Regel zunächst andere Sorgen haben –, dann sollten diese einer kritischen Sexualwissenschaft verpflichtet sein. Für das pädagogische Handeln bedeutet dies, sich »auf die Seite des Subjekts« zu stellen und zu versuchen »es vor vielfältigen gesellschaftlichen Instrumentalisierungen zu bewahren« (Timmermann, Tuider, Sielert 2004, 39). Eine gesonderte Sexualerziehung für geflüchtete Jugendliche scheint angesichts der in diesem Beitrag angedeuteten Heterogenität mit Blick auf Herkunftsländer und -regionen, Religionen, Bildungskapitalien, soziökonomischen Hintergründen, sozialen Milieus, Fluchtmotiven und biografischen Erfahrungen wenig sinnvoll. Die jungen Menschen sollten weniger als Geflüchtete oder Migranten, sondern primär als Jugendliche in ihren jugendkulturell geformten Lebenswelten wahrgenommen und unterstützt werden. Dabei sollte von den Fragen und Interessen der Heranwachsenden ausgegangen und mehr auf deren Eigeninitiative vertraut werden. Das im Internet ohnehin schon angebotene, und von Jugendlichen auch häufig genutzte Informationsmaterial sollte konsequent mehrsprachig angeboten werden, damit sich die Jugendlichen, die zur Kommunikation in ihren transnationalen Lebenswelten in aller Regel Smartphones nutzen, selbstbestimmt informieren und mit den für sie relevanten sexualpädagogischen Themen beschäftigen können (Wippermann, Möller-Slavinski, Scheffler 2010, 47f.). Auf die entsprechenden Angebote könnte in den Wohngruppen eher nebenbei hingewiesen werden, etwa durch das Anbringen entsprechender Plakate, ohne die Jugendlichen durch verpflichtende sexualpädagogische Kurse als eine im Lebensbereich Sexualität grundsätzlich förderbedürftige Problemgruppe zu adressieren. Über gesellschaftliche Phänomene wie Sexismus oder sexualisierte Gewalt sollte mit den jungen Menschen selbstverständlich auch jenseits sexualpädagogischer Arrangements gesprochen werden. Das Anknüpfen an aktuelle Debatten wie »Hashtag Aufschrei« oder »Hashtag metoo« bietet dabei den entscheidenden Vorteil, dass Macht, Ungleichheit und Gewalt im Geschlechterverhältnis als ein für *alle* – und eben nicht speziell für Eingewanderte – relevantes Themenfeld diskutiert werden kann.

Literatur

Attia, I. (2014): Antimuslimischer Rassismus in bester Gesellschaft. In: Attia, I., Häusler, A., Shoomann, Y., (Hrsg.): Antimuslimischer Rassismus am rechten Rand. Unrast: Münster, 9-33

Bager, K., Elsuni, S. (2017): Sexuelle Freiheiten als LGB-Menschenrecht. Privatheitsschutz oder »öffentlicher Belang«. In: Lembke, U. (Hrsg.): Regulierungen des Intimen. Sexualität und Recht im modernen Staat. Springer VS: Wiesbaden, 51-69

Becher, I., El-Menouar, Y. (2014): Geschlechterrollen bei Deutschen und Zuwanderern christlicher und muslimischer Religionszugehörigkeit. Forschungsbericht 21. Bundesamt für Migration und Flüchtlinge: Nürnberg

Bilger, W. (2012): Der postethnische Homosexuelle. Zur Identität »schwuler Deutschtürken«. Transcript: Bielefeld

Breithecker, R., Freesemann, O. (2011): Die Situation der jungen Flüchtlinge in Deutschland. In: Sozialmagazin 36 (Heft 2), 36-43

Castro-Varela, M.d.M., Mecheril, P. (2016): Die Dämonisierung der Anderen. Einleitende Bemerkungen. In: Castro-Varela, M.d.M., Mecheril, P. (Hrsg.): Die Dämonisierung der Anderen. Rassismuskritik der Gegenwart. Transcript: Bielefeld, 17-19

Çetin, Z. (2012): Homophobie und Islamophobie. Intersektionale Diskriminierungen am Beispiel binationaler schwuler Paare in Berlin. Transcript: Bielefeld

Çetin, Z. (2015): Der Schwulenkiez. Homonationalismus und Dominanzgesellschaft. In: Attia, I., Köbsell, S., Prasad, N. (Hrsg.): Dominanzkultur reloaded. Neue Texte zu gesellschaftlichen Machtverhältnissen und ihren Wechselwirkungen. Transcript: Bielefeld, 35-46

Christmann, B. (2016): Sexualität im Spannungsfeld von Stereotypen, Fremdenfeindlichkeit und konkreten Bedarfen – Sexualpädagogische Notizen aus der Arbeit mit unbegleiteten minderjährigen Flüchtlingen. In: Forum Gemeindepsychologie 21 (Heft 1). Online: http://www.gemeindepsychologie.de/fg-1-2016_04.html (Zugriff: 10.01.2018)

Connell, R. (1999): Der gemachte Mann. Konstruktion und Krise von Männlichkeiten. Leske + Budrich: Opladen

Eißele, I. (2016): Aufklärungskurs für Flüchtlinge – Let's talk about sex. In: stern.de. Online: http://www.stern.de/familie/leben/sexualkunde-fuer-junge-fluechtlinge-nachhilfe-im-umgang-mit-frauen-6679524.html (Zugriff: 26.05.2017)

Erel, U. (2007): Transnationale Migration, intime Beziehungen und BürgerInnenrechte. In: Hartmann, J., Klesse, C., Wagenknecht, P. u.a. (Hrsg.): Heteronormativität. Empirische Studien zu Geschlecht, Sexualität und Macht. Springer VS: Wiesbaden, 251-267

Ewing, K.P. (2008): Stigmatisierte Männlichkeit: Muslimische Geschlechterbeziehungen und Staatsbürgerschaft in Europa. In: Potts, L., Kühnemund, J. (Hrsg.): Mann wird man. Geschlechtliche Identitäten im Spannungsfeld von Migration und Islam. Transcript: Bielefeld, 19-37

Foucault, M. (1983): Sexualität und Wahrheit, Bd. 1: Der Wille zum Wissen. Suhrkamp: Frankfurt/M.

Huber, A., Lechner, C. (2017): Die Situation unbegleiteter minderjähriger Geflüchteter in Deutschland. Kurzdossier zu »Zuwanderung, Flucht und Asyl: Aktuelle Themen.« Bundeszentrale für politische Bildung. Online: http://www.bpb.de/gesellschaft/migration/kurzdossiers/243276/unbegleitete-minderjaehrige-gefluechtete (Zugriff: 28.04.2017)

Karakaşoğlu, Y. (2009): Islam als Störfaktor in der Schule. Anmerkungen zum pädagogischen Umgang mit orthodoxen Positionen und Alltagskonflikten. In: Schneiders, T.-G. (Hrsg.): Islamfeindlichkeit. Wenn die Grenzen der Kritik verschwimmen. Springer VS: Wiesbaden, 303-318

Kelek, N. (2006): Die verlorenen Söhne. Plädoyer für die Befreiung des türkischen Mannes. Goldmann: Köln

Kleiner, B. (2015): subjekt bildung heteronormativität. Rekonstruktion schulischer Differenzerfahrungen lesbischer, schwuler, bisexueller und Trans*Jugendlicher. Barbara Budrich: Opladen u.a.

Kulaçatan, M. (2016): Die verkannte Angst des Fremden. Rassismus und Sexismus im Kontext medialer Öffentlichkeit. In: Castro-Varela, M.d.M., Mecheril, P. (Hrsg.): Die Dämonisierung der Anderen. Rassismuskritik der Gegenwart. Transcript: Bielefeld, 107-117

LSDV – Lesben- und Schwulenverband in Deutschland (2017): Queer Refugees Welcome. Online: http://www.queer-refugees.de/?page_id=581 (Zugriff: 27.03.2017)

Matthiesen, S., Gloel, A., Leifermann, A.-L., Arens, A. (2016): pro refugees. Sexuelle Bildung für geflüchtete Minderjährige. In: pro familia magazin 1, 14-17

Mecheril, P. (2002): Natio-kulturelle Mitgliedschaft – ein Begriff und die Methode seiner Generierung. In: Tertium comparationis 8 (Heft 2), 104-115

Messerschmidt, A. (2016): »Nach Köln« – Zusammenhänge von Sexismus und Rassismus thematisieren. In: Castro-Varela, M.d.M., Mecheril, P. (Hrsg.): Die Dämonisierung der Anderen. Rassismuskritik der Gegenwart. Transcript: Bielefeld, 159-171

Reckwitz, A. (2006): Die Hegemonie des bürgerlichen Subjekts. In: Reckwitz, A. (Hrsg.): Das hybride Subjekt. Velbrück: Weilerswist, 242-274

Schiffauer, W. (1983): Die Gewalt der Ehre. Erklärungen zu einem türkisch-deutschen Sexualkonflikt. Suhrkamp: Frankfurt/M.

Schmalz, P. (2009): Ausprägungsformen von Einstellungen zur Homosexualität und zu Homosexuellen. Eine qualitative Untersuchung von Migrantinnen aus der ehemaligen Sowjetunion und aus Polen im Vergleich mit deutschen Frauen ohne Migrationshintergrund. Dr. Kovac: Hamburg

Schroeder, J. (2003): Der Flüchtlingsraum als ein »totaler Raum«. Bildungsinstitutionen und Grenzen. In: Neumann, U., Niedrig, H., Schroeder, J., Seukwa, L.-H. (Hrsg.): Lernen am Rande der Gesellschaft. Bildungsinstitutionen im Spiegel von Flüchtlingsbiographien. Waxmann: Münster, 379-396

Seltmann-Kuke, I., Mannke, J. (2015): Leitartikel – Flüchtlingsdebatte: Anpassung an unsere Grundwerte erforderlich. In: Zeitschrift des Philologenverbandes Sachsen-Anhalt 3, 2

Simon, B. (2008): Einstellungen zur Homosexualität: Ausprägungen und psychologische Korrelate bei Jugendlichen ohne und mit Migrationshintergrund (ehemalige UdSSR und Türkei). In: Zeitschrift für Entwicklungspsychologie und pädagogische Psychologie 40 (Heft 2), 87-99

Tertilt, H. (1996): Turkish Power Boys. Ethnographie einer Jugendbande. Suhrkamp: Frankfurt/M.

Thielen, M. (2009): Wo anders leben? Migration, Männlichkeit und Sexualität. Biografische Interviews mit iranischstämmigen Migranten in Deutschland. Waxmann: Münster

Timmermann, S., Tuider, E., Sielert, U. (2004): Einleitung. In: Timmermann, S., Tuider, E., Sielert, U. (Hrsg.): Sexualpädagogik weiter denken. Postmoderne Entgrenzungen und pädagogische Orientierungsversuche. Juventa: Weinhein u.a., 9-24

Toprak, A. (2005): Das schwache Geschlecht – die türkischen Männer. Zwangsheirat, häusliche Gewalt, Doppelmoral der Ehre. Lambertus: Freiburg/Br.

Weber, M. (2003): Heterogenität im Schulalltag. Konstruktion ethnischer und geschlechtlicher Unterschiede. Leske + Budrich: Opladen

Wippermann, C., Möller-Slavinski, H., Scheffler, C. (2010): Sexualität und Migration. Milieuspezifische Zugangswege für die Sexualaufklärung Jugendlicher. Bundeszentrale für gesundheitliche Aufklärung (BZgA): Köln

Univ-Prof. Dr. Marc Thielen
Fachbereich Erziehungs- und Bildungswissenschaften der Universität Bremen
Am Fallturm 1, D-28359 Bremen
m.thielen@uni-bremen.de
Tel.: 0049 – 421 – 2186629 / 0

Günther Bittner

Körper ohne Gewicht? Über Gender, Gender Roles und Gender Identity

Summary

Body without weight? About Gender, Gender Roles and Gender Identity
The concept of roles, widely used in sociology, has always invited their reification, i.e. a literal understanding of the metaphor. The current feminist version of the misunderstanding of one's being a man or a woman in terms of a gender »role« is based on conceptions of social constructivism according to which the so called gender roles are produced by society. This fosters the illusion that »deconstruing« them opens the way towards autonomously shaping one's life like a work of art, an illusion acted out in sometimes playful, sometimes serious fantasies of gender change, with »progressive« psychoanalysts sometimes lending a hand. Freud, by contrast, held that »the ego is primarily bodily«. In actual life, confronting one's deeper ego, the subject of the unconscious often leads to feelings of uncertainty or even of horror rather than to triumphant ones.

Keywords: Gender Roles, Gender Change, Psychoanalysis of Sex/Gender, Social Constructivism

Zusammenfassung

Die Rede von Rollen, wie in der Soziologie heute gebräuchlich, lädt seit alters her zu deren »Reifizierung«, d.h. zum Wörtlichnehmen ihrer Metaphorik ein. Die aktuelle feministische Variante eines derart konkretistischen Missverständnisses des Mann- bzw. Frauseins als einer Geschlechts-»Rolle« stützt sich auf sozialkonstruktivistische Denkmuster, die diese sogenannten Geschlechtsrollen als gesellschaftlich produziert ansehen. Die Illusion, das eigene Leben auf Grund ihrer »Dekonstruktion« selbstbestimmt »als Kunstwerk« gestalten zu können, wird heute vor allem in teils eher spielerischen, teils ernst gemeinten Phantasien vom Geschlechtswechsel agiert, auch mit Unterstützung »fortschrittlicher« Psychoanalytiker. Nach Freud hingegen ist das Ich »vor allem ein körperliches«. In der Lebenspraxis evoziert die Konfrontation mit dem tieferen Ich bzw. dem »Subjekt des Unbewussten« oftmals eher Empfindungen der Verunsicherung oder selbst des Grauens als jubilatorische Gefühle.

Schlüsselwörter: Geschlechterrollen, Geschlechtswechsel, Psychoanalyse der Geschlechter, Sozialkonstruktivismus

Der vorliegende Text, dessen Überschrift einen bekannten (deutschen) Buchtitel von Judith Butler (1997) variiert, will von anderen Ausgangspunkten her als denen der genannten Autorin die Frage aufwerfen: Was wird angesichts des Übergewichts soziologischer und vor allem sozialkonstruktivistischer Kategorien in den aktuellen Geschlechtsdiskursen aus dem biologischen Fundament von Gender Roles und Gender Identity? Inwieweit sind Geschlechterrollen und -identitäten letzten Endes doch (auch) psychische Umschriften leiblicher Befindlichkeiten, denen in dieser soziologisierten Debatte jegliches »Gewicht« abgesprochen wird?

Ich will im Folgenden
- die Diskussion über die Rollentheorie vergegenwärtigen, die seinerzeit im Deutschland der 1960er Jahre durch Dahrendorfs Buch »Homo Sociologicus« (1959) angestoßen wurde;
- den Hintergrund und die Konnotationen der von John Money (1955) etwa zur gleichen Zeit in den USA eingeführten Begriffe Gender, Gender Role und Gender Identity erörtern, die die tradierte binäre Geschlechtskonzeption in Frage stellten;
- einige wichtigere Schriften des feministischen Genderdiskurses kommentieren;
- die gegenwärtige »neosexuelle« Strömung mit ihrem Interesse für den vielfach als »Rollenwechsel« deklarierten Geschlechtswechsel an Hand von Fallbeispielen illustrieren
- und schließlich auf den für mich psychoanalytisch entscheidenden Punkt kommen: Was ist Gender Identity? Was lässt uns als Männer und Frauen (oder auch als etwas »dazwischen«) fühlen?

Literaturhistorisches Vorspiel
Die Vorstellung, die Welt sei eine Bühne und die Menschen seien Akteure, die auf dieser Bühne ihre Rollen zu spielen haben, gehörte ursprünglich zum religiös-literarischen Topos des theatrum mundi. In der späteren Renaissance und vor allem im Barock war dies ein verbreitetes literarisches Motiv, gipfelnd in Calderons »Großem Welttheater«. Auch bei Shakespeare (1995) gibt es Anklänge, z.B. im vielzitierten Monolog des melancholischen Jacques in »Wie es euch gefällt«:

»Die ganze Welt ist eine Bühne,
und alle Männer und Frauen sind nur Spieler.
Die haben ihren Abgang, ihren Auftritt.
Und mit der Zeit spielt ein Mann viele Rollen.
Denn seine Akte sind die sieben Alter.
Erst Kind, das weint und spuckt im Arm der Pflegerin.
Dann Schuljunge, noch weinerlich, mit seinem Ranzen
und glatten Morgenwangen…«

und so weiter bis ins hohe Alter (Shakespeare 1995, 226). Für die weiteren Überlegungen soll festgehalten werden, dass das Rollenspiel sich dort entlang der biologisch vorgegebenen Alterungsprozesse entwickelt. Gleiches muss für die hier zu erörternden Geschlechtsrollen gelten – auch sie modulieren eine biologische Ausgangslage:

die Tatsache nämlich, dass Menschen in allen Kulturen als Männer und Frauen vorgefunden werden. Es wird allerdings zu erörtern sein, was im Fall der Geschlechtsrollen die direkte Parallelisierung mit den Altersrollen in Frage stellt.

1. Sind wir Rollenspieler?

Ob den amerikanischen Erfindern der soziologischen Rollentheorie, Ralph Linton und Talcott Parsons, die literarischen Vorbilder präsent waren, ist mir nicht bekannt. Dem Tübinger Soziologen Ralf Dahrendorf jedenfalls, der sie Mitte des vorigen Jahrhunderts im deutschen Sprachraum publik machte, war dieser Hintergrund (fast möchte ich sagen: allzu) präsent.Sein Buch beginnt mit einer grundlegenden Unterscheidung zwischen Alltagserfahrung und wissenschaftlicher Konstruktion:

> »Wir sind gemeinhin wenig beunruhigt durch die Tatsache, daß der Tisch, der Braten, der Wein des Naturwissenschaftlers sich in paradoxer Weise von dem Tisch, dem Braten und dem Wein unserer alltäglichen Erfahrung unterscheidet« (Dahrendorf 1959, 13).

Für den Physiker ist der scheinbar feste Tisch »»in Wirklichkeit« ein keineswegs solider Bienenkorb von Atomteilchen«; der Chemiker löst Braten und Wein in Elemente auf, »die als solche zu verzehren wir kaum je versucht sein werden« (Dahrendorf 1959, 13). Die Ergebnisse der biologischen Wissenschaften sind von der Alltagserfahrung nicht mehr ganz so leicht zu ignorieren: »Je näher wir an uns selbst, an den Menschen herankommen, desto beunruhigender wird der Unterschied zwischen dem Gegenstand naiver Erfahrung und seiner wissenschaftlichen Konstruktion« (ebd., 14).

Auch die Sozialwissenschaften »konstruieren« den Menschen, wie Dahrendorf an Hand des »Homo Oeconomicus«, d.h. des Menschen als Gegenstand der ökonomischen Wissenschaft, und des »psychological man«, d.h. der Menschen-Konstruktion Freuds, belegt. Vor ein ähnliches Problem sehe sich die Soziologie bei ihrer Menschen-Konstruktion gestellt.

Dahrendorf (1959) will damit sagen, dass der Mensch als Rollenträger gar nichts real Existentes, sondern ein wissenschaftliches Konstrukt ist, das bei naiver Übertragung in den alltäglichen Sprachgebrauch unzulässig »reifiziert« wird. Die tradierten Geschlechtsrollen zu überwinden, wie es manchen Feministinnen als Ziel vorschwebt, wäre demnach ein imaginäres Unterfangen, weil diese Rollen nach dem Selbstverständnis ihrer Schöpfer gar nichts real Existentes und deshalb des Überwundenwerdens Fähiges und Bedürftiges sind.

Seltsamerweise nicht bemerkt wird von ihm in Shakespeares Altersrollen-Beispiel deren biologische Bedingtheit (die für die Geschlechtsrollen mit Einschränkungen, wie zu zeigen sein wird, entsprechend gilt). Sie alle modulieren ein biologisches Substrat: die Altersrollen, die Zeitstruktur des Lebenslaufs von der Geburt bis zum Tod, die Geschlechtsrollen, die Naturtatsache der Zwei-geschlechtlichkeit.

2. Die feministischen Gender Studies und ihre weniger bekannte Vorgeschichte

Die Begriffe »Gender«, »Gender Roles« und »Gender Identity«, die später von den feministischen Gender Studies übernommen wurden, waren offenbar von dem amerikanischen Psychologen John Money (1955; 1973) geprägt worden. So bestimmte er 1955 den Begriff der Geschlechtsrolle (gender role) so, dass damit alles Tun und Sprechen einer Person umrissen werde, mit dem sie sich selbst den Status männlich oder weiblich zuweise (Money, Hampsson 1955, 301ff.; 1973, 397ff.).

Seit den 1950er Jahren änderte sich, wie Milton Diamond (2008), der spätere Kritiker Moneys ausführt, die Einstellung zur Geschlechtertatsache, die bis dahin unhinterfragt als biologische interpretiert wurde. Nunmehr begann man verstärkt, sich für Varianten des Sexuellen zu interessieren: für Homosexualität, Trans- und Intersexualität. Man hörte von Menschen, die sich geschlechtsverändernden Operationen unterzogen. Die Medizin begann sich für Intersexualität zu interessieren. Es wuchs das wissenschaftliche Interesse für Geschlechterdifferenz bzw. Geschlechtergleichheit.

Money war damals Professor für Medizinische Psychologie an der John Hopkins-Universität in Baltimore und leitete dort ein Institut, das sich mit den Problemen intersexueller Kinder und Jugendlicher befasste. Seine theoretische Überzeugung war, dass menschliches Verhalten auch im Geschlechtsbereich nahezu ausschließlich durch Lernen erworben werde.

Es gibt eine ziemlich aufregende Fallstudie »John« bzw. »Joan« von Money, die in mancher Hinsicht Wissenschaftsgeschichte geschrieben hat und die geeignet scheint, die hier zu diskutierende Problemstellung zu konkretisieren: der zunächst sogenannte John/Joan-Fall, später unter dem Klarnamen des Protagonisten bekannt geworden als Fall des David Reimer (Colapinto 2000).

Dieser David Reimer kam 1965 zur Welt. Bei der Beschneidung im Alter von 7 Monaten wurde sein Penis durch einen dramatischen Operationsfehler zerstört. Auf Anraten von Money wurden seine Genitalien zu einer Vulva umoperiert, sein Name wurde in einen weiblichen verändert. Ab der Pubertät bekam er weibliche Hormone verabreicht. David Reimer sollte zu einem Mädchen »umgepolt« werden. Sein nicht operierter Zwillingsbruder sollte als Vergleichsperson in diesem Experiment fungieren, bei dem es darum ging zu beweisen, dass die psychosexuelle Entwicklung entscheidend von sozialen Lernprozessen determiniert sei.

Auf dieser Grundlage wurde die Theorie entwickelt, der Mensch käme sozusagen ohne Geschlecht auf die Welt. Money habe 1955 einen Artikel geschrieben, »in dem in etwa steht, dass menschliches Verhalten beeinflusst werden kann, indem man ein Kind entweder in einen blauen Raum steckt, dann wird es ein Junge, oder in einen rosa Raum, dann wird es ein Mädchen – also seine Theorie der sozialen Konstruktion von Geschlecht«, wie Milton Diamond, Moneys entschiedenster wissenschaftlicher Gegenspieler, in einem rezenten Interview mit der deutschen Sexualforscherin Hertha Richter-Appelt (2008) dessen Standpunkt resümierte. Diamond, Geschlechterbiologe und später Professor für Anatomie an der Universität Hawaii, verfolgte Moneys Publikationen zu diesem Fall auf Grund seiner eigenen Erfahrungen aus der Erforschung des Sexualverhaltens bei Tieren kritisch und lernte schließlich den angeblich zu einem Mädchen umerzogenen, inzwischen etwa 30-jährigen David Reimer persönlich kennen:

»Ich erzählte ihm, dass seine vermeintliche Erfolgsgeschichte die Grundlage dafür war, vielen Kindern ein anderes Geschlecht zuzuweisen. Darüber staunte er und sagte: ›Ich habe mich nie wie ein Mädchen gefühlt …, schon seit seinem 14. Lebensjahr lebte er … wieder als Mann. Er hatte damals seinen Eltern mit Suizid gedroht, falls man ihm das nicht gestatten würde‹« (Diamond, Richter-Appelt 2008, 373f.).

Diamond vermittelte Reimer den Kontakt zu John Colapinto, einem Journalisten, der auf der Grundlage von Interviews mit ihm ein Buch schrieb:»Der Junge, der als Mädchen aufwuchs« (Colapinto 2000). Diamond fügt hinzu:»meine Freunde mochten es und Moneys Freunde mochten es nicht« (ebd., 375).

Diamond, selbst ein angesehener Forscher auf dem Gebiet der Intersexualität, setzt sich in diesem rezenten Interview nachdrücklich dafür ein, Intersexuelle ihren eigenen Weg finden zu lassen. »Wenn ein drei oder vier Jahre altes Kind sagt: ›Ich weiß, dass ich kein Junge bin‹, dann sagt es nicht: ›Ich bin ein Mädchen‹. Es hat ein negatives Wissen, weil es wie ein Junge behandelt wird, und sagt: ›Das bin ich nicht.‹ … Irgendetwas im Innern sagt: ›Ich bin anders‹«.

Auf die Frage der Interviewerin nach einem abschließenden Wort an seine Leser sagt Diamond »Das wichtigste Sexualorgan sitzt zwischen den Ohren und nicht zwischen den Beinen«, was wohl heißen soll: die Prozesse der sexuellen Identitätsfindung sind zerebrale Prozesse.

Die Einführung dieser speziellen Begriffe Gender, Gender Role und Gender Identity (auf die ich später näher eingehe) mag immerhin auf Money zurückgehen. Dabei darf aber nicht übersehen werden, dass die Vorstellung von familialen Rollen, z.B. Eltern- und Kinder-, aber eben auch Männer- und Frauenrollen usw., in den USA schon länger (teils auch explizit) im Gebrauch war, vor allem in der Kulturanthropologie, die »primitive«, d.h. schriftlose Kulturen untersuchte (z.B. Ruth Benedict 1955;, Margaret Mead 1987; später auch Erik H. Erikson 2005). Auch der Begriff »sex role« war bereits geläufig. Betty Friedan (1966), eine der Leitfiguren der neuen Frauenbewegung, reflektierte ausgiebig über die »Rolle« und die »Rollenkonflikte« von Frauen in der damaligen amerikanischen Gesellschaft, ohne sich auf Moneys angeblich so epochemachende Definitionen zu beziehen. Ihre Diskurspartner bzw. - gegner waren die Strukturfunktionalisten (Talcott Parsons) und Margaret Mead.

Die spezifische Bedeutung von Moneys terminologischen Schöpfungen lag, wenn man so will, in ihrer sprachlichen Semantik. Nicht zufällig hatte Money mit Gender einen Begriff gewählt, der ursprünglich nur das grammatische genus (er, sie, es) bezeichnete. Geschlecht, signalisierte diese Benennung, sei nichts weiter als ein Wort, eine sprachliche Zuschreibung. »Gender lebt von der Kraft, mit der es sich vom Sex [also von der bei Margaret Mead noch sakrosankten Naturbasis; Anm.d.V.] abstößt« (Reiche 1997, 926). Die Kraft dieser Abstoßung sei »inzwischen in Vergessenheit geraten. Geredet wird nur noch vom sexgereinigten Gender« (ebd.).

Money hatte denn auch verstörenderes empirisches Material zu bieten als Margaret Mead. Die von ihr untersuchten Samoaner usw. bewegten sich bei aller unterschiedlichen gesellschaftlichen Kontextierung doch immer noch unangefochten im binären Geschlechtersystem. Moneys empirische Basis hingegen waren Inter- und Transsexuelle, die schon von der biologischen Basis her in diesem binären Geschlechtersystem nicht unterzubringen waren, oder Personen, die sich ihrem biologischen Geschlecht nicht zugehörig fühlen konnten und einen – vielfach chirurgisch oder pharmakologisch unterstützten – Geschlechtswechsel anstrebten.

Hier wurde die bis dahin unerschütterlich erscheinende biologische Basis des binären Geschlechtersystems radikal in Frage gestellt. Die Wissenschaft fand auf diese Herausforderung damals eine zeitgeistkonforme Antwort: das binäre Geschlechtssystem sei eine »Konstruktion« – nicht umsonst erschien gerade in jenen bewegten Jahren auch das vielzitierte Buch von Berger und Luckmann (1969) »Die gesellschaftliche Konstruktion der Wirklichkeit«.

Aber das Reflexionskarussel dreht sich weiter: Wenn die Wirklichkeit – also auch die angebliche Wirklichkeit eines biologisch begründeten Zweigeschlechtersystems – eine Konstruktion sein soll – ist dann die wissenschaftliche Konstruktion einer Gesellschaft, die Gender und Gender Roles konstruiert, womöglich selbst eine Konstruktion?

Dies führt in die heute noch nicht abgeschlossene Diskussion über den Sozialkonstruktivismus, die unter anderem von Jan Hacking angestoßen wurde. Schon dieser von vielen als befreiend erlebte Ausdruck »Soziale Konstruktion« könne, so schreibt er, »work like cancerous cells. Once seedet, they replicate out of hand« (Hacking 2000, 3). Auch Judith Butler und andere Feministinnen hatte er bei seiner erfrischenden Polemik bereits im Visier (Hacking 2000, 228, Fußn. 8 und 9).

Zunächst aber zurück zu Gender und Gender Roles bei John Money. Das aufsehenerregende Buch von Colapinto (2000) forderte den prominenten deutschen Sexologen Gunter Schmidt zu einer temperamentvollen Stellungnahme heraus. Er kritisierte, dass dort eine »Tragödie als Schurkenstück« (Schmidt 2000) dargestellt worden sei. Die medizinische Fehlbehandlung sei Money nicht zuzurechnen, und sein psychologisches Behandlungskonzept sei schlüssig gewesen. Colapinto habe Money geschildert als einen »Frankenstein der Sexualwissenschaft, der Geschlechtsmonster schafft« (Schmidt 2000, 252). Es gebe aber genügend andere Fälle, wo ähnliche Prozeduren durchaus erfolgreich und für die Betroffenen zufriedenstellend verlaufen seien. In Wirklichkeit sei es Colapinto um etwas anderes gegangen: »der englische Titel seines Buchs ›As Nature Made Him‹ ist ihm Programm und Botschaft. Er führt einen ideologischen Kreuzzug für eine verlockend naive Geschlechtsordnung: Mann ist Mann, Frau ist Frau, wie die Natur es fügt. … Solche Gewissheit schützt Colapinto vor verstörenden Fragen« (ebd.).

Diese Vorgeschichte wirft ein Licht auf die Herkunft der Begriffe Gender und Gender Role: sie sind nicht etwa im Kontext der Diskussion von Frauenproblemen entstanden, sondern im Kontext der Probleme von Intersexen und deren gesellschaftlicher Klassifizierung (David Reimer war sozusagen ein artifizieller Intersex). Dadurch wird der ursprüngliche Sinn der Diskussion um Sex und Gender deutlich: es gibt Menschen, deren biologische Geschlechtsidentität nicht eindeutig ist; diese aber mussten (nach der damaligen Rechtslage) im binären Geschlechtercode irgendwie »untergebracht« werden. Es ergab sich also ein Auseinanderfallen zwischen dem – unter Umständen unbestimmbaren – biologischen und dem gesellschaftlich verlangten sozialen Geschlecht. In diesem Kontext wurden dann freilich auch Geschlechtsidentitäten zum Problem, die nichts mit X- und Y-Chromosomen zu tun hatten, sondern die bei Menschen auftraten, die sich in ihrem natürlichen Geschlecht nicht »richtig« fühlten und deshalb die chirurgische Geschlechtsumwandlung betrieben, die also die Angleichung an ihr »gefühltes« Geschlecht anstrebten.

3. Gendertheorie und Gender Studies

Gender Studien im heutigen Sinn entwickelten sich erst seit den 1970er Jahren. Bis dahin waren die Schriften, die die Frauenbewegung auf den Weg brachten, eher philosophisch (de Beauvoir 1948) oder politisch pragmatisch am Postulat der Gleichberechtigung (Friedan 1966) orientiert gewesen. Die Gender Studies suchten nunmehr den Anschluss an die empirischen Sozialwissenschaften. Sie knüpften primär an die kulturvergleichenden Studien an und reflektierten gesellschafts-kritisch die »Rolle« der Frau in der zeitgenössischen amerikanischen Mittelstandsgesellschaft, wie es schon Betty Friedan getan hatte.

Die Vorstellungen von Money lagen zunächst eher am Rande, faszinierten aber zunehmend: wenn das biologische Geschlecht (insbesondere das weibliche) durch die kulturellen Rollenzwänge zu einem derartigen Gefängnis wurde, musste die Idee willkommen scheinen, dieser Geschlechterrolle durch Manipulation am biologischen Fundament entkommen zu können.

Am Anfang der Gender-Bewegung seit den 1970er Jahren standen im deutschen Sprachraum zwei Bücher mit programmatischen Titeln: »Der kleine Unterschied und seine großen Folgen« von Alice Schwarzer (1975) und »Wir werden nicht als Mädchen geboren, wir werden dazu gemacht« von Ursula Scheu (1977). Beide sind in der Fischer-Reihe »Die Frau in der Gesellschaft« erschienen.

Das erstere Buch der Journalistin Schwarzer erhebt keinen wissenschaftlichen Anspruch: Es stellt vor allem die Sexualbiographien von 16 Frauen dar und sucht daran aufzuweisen, dass der männliche Phallus und sein Eindringen für die weibliche Lust allenfalls eine marginale Rolle spielt – wobei sie sich nach dem Urteil einer Rezensentin teils »grotesker« Interviewmethoden bedient (von Behr 1975, 131). Schwarzer bezieht sich auf John Money und dessen Fall John/Joan. Sie rühmt ihn als eine der »wenigen Ausnahmen, die nicht manipulieren« (Schwarzer 1975, 192f.), wobei sie allerdings von den problematischen Implikationen der Geschichte noch nichts wissen konnte.

Methodisch substanzieller ist das Buch von Ursula Scheu (1977). Sie will zeigen, »wie gering die Rolle der Biologie ist. Menschen sind soziale Wesen, ihre Biologie ist heute vor allem Vorwand zur Zuweisung einer Geschlechtsidentität« (Scheu 1977, 8). Das ist der Punkt, an dem sich die Stoßrichtung der beiden hier nebeneinander gestellten Buchtitel berührt: Der biologische Unterschied zwischen Männern und Frauen ist vernachlässigenswert klein, das Hauptgewicht liegt auf den »sozialen Folgen« dieses »kleinen Unterschieds« und das heißt konkret: in den zugewiesenen sozialen Rollen. Wie Alice Schwarzer nahm auch sie auf die Forschungen von Money Bezug (Scheu 1977, 7f.).

Die Frage nach den Unterschieden bzw. Nicht-Unterschieden zwischen den Geschlechtern in Sozialverhalten und kognitiven Fähigkeiten, die schon frühzeitig vor allem von Hagemann-White (1984) aufgeworfen wurde, stellt sicherlich ein legitimes Thema der Geschlechterforschung dar, das von der Autorin kompetent, wenn auch mit einer erkennbaren Skepsis gegenüber biologischen Determinanten und einer Vorliebe für sozialisationstheoretische Erklärungsmodelle behandelt wird. Die neuere Genderforschung und -theorie (vgl. z.B. die Übersicht von Smykalla 2006) geht in der theoretischen Unterlegung genderbezogener Sachverhalte weit darüber hinaus: Sie »erfindet« eine gesellschaftliche Konstruktion des Geschlechts als Erörterungsgrundlage für geschlechtertypisches Verhalten. Dabei streift sie auch die hier interessierende spannende Frage: Konstruiert »die Gesellschaft« (wer immer das im Einzelnen sein mag) die beobachteten Differenzen oder ist es letzten Endes gar die feministische »Wissenschaft«, die diese angebliche gesellschaftliche Konstruktion ihrerseits konstruiert?

Judith Butler, die gegenwärtig wohl einflussreichste Wortführerin des Feminismus, hat ihrem Buch »Das Unbehagen der Geschlechter« (Butler 1991) eine Aufsatzsammlung »Körper von Gewicht« (Butler 1997) nachgeschickt, die anscheinend in besonderer Weise auf die deutsche Rezeption ihres erstgenannten Buches reagieren will. Deutschen Feministinnen sei es »wichtig gewesen, Frauen begrifflich nach ihrer ›Biologie‹ und ›Materialität‹ zu beschreiben« (Butler 1997, 9). Demgegenüber will Butler in diesem jetzigen Buch zeigen, inwiefern Körper auch in ihrem Ansatz zwar ohne naturale Materialität, aber dennoch »von Gewicht« sind. Gegenüber Feministinnen, die glauben, dass »Frauen ihren Körpern von Grund auf entfremdet werden, wenn sie die biologische Basis ihrer Besonderheit in Frage stellen«, will sie »deutlich machen, daß dieses ›Infragestellen‹ durchaus ein Weg zu einer Rückkehr zum Körper sein kann, dem Körper als einem gelebten Ort … sich kulturell erweiternder Möglichkeiten«. Sie will allerdings die körperliche Freiheit »höher ansetzen als die einschränkenden Wirkungen der Hetero-Normativität« (Butler 1997, 10f.) – welche letztere somit in Butlers Perspektive als der eigentliche Gegner figuriert, der besiegt werden muss.

Butler reibt sich immer wieder an Freud: »Wie können Identifizierungen so ablaufen, daß sie das produzieren …, was Freud ›das körperliche Ich‹ genannt hat?« (Butler 1997, 41). Oder wenig später: »In welchem Ausmaß ist das ›Geschlecht‹ eine erzwungene Produktion, ein Zwangseffekt, der die Grenzen dafür setzt, was sich als Körper qualifizieren kann … wobei jener Bereich durch einen heterosexualisierten Imperativ gesichert wird?« (Butler 1997, 49) – all dies der grammatischen Form nach Fragen, die de facto Behauptungen sind, Konstruktionen einer Wirklichkeit, für deren tatsächliche Existenz nirgends, soweit ich erkennen kann, auch nur der Schatten eines Beweises vorgelegt wird. Das ist die Freiheit des Konstruktivisten, der die Welt so konstruieren kann, wie sie ihm gefällt.

Die sonst bei Feministinnen als zu überwindende hochgeschätzte »Frauenrolle« kommt bei Butler (1997; 2004) anscheinend nicht vor, doch die Thematisierung des Geschlechts als einer »erzwungenen Produktion« hat in ihrer Argumentation einen ähnlichen Stellenwert.

Auch Butler (2004) nimmt in »Undoing Gender« auf den Fall David Reimer Bezug und interpretiert ihn in ihrem konstruktivistischen Kontext. Sie meint, David/Brenda (so der Name während der ihm/ihr aufgezwungenen weiblichen Existenz) sei zwischen widersprechenden normativen Vorgaben von Money (du bist ein Mädchen) und Diamond/Colapinto (du bist ein Junge) zerrieben, auf seinen (Butler sagt als konsequente Feministin: »ihren«) Körper sei eine Norm appliziert worden (Butler 2004, 59ff.).

Butlers Interpretation kann ich in diesem konkreten Punkt durchaus folgen. Es war sicher ein Kampf zweier gegensätzlicher Normalitätskonstruktionen, der auf dem Rücken von David Reimer ausgefochten wurde. Nur: kann diese Erkenntnis das letzte Wort sein? Ist schlechterdings »alles« Konstruktion, selbst die Biologie der Geschlechter?

Die Auseinandersetzung mit Butler (1997; 2004) wird letzten Endes nur als Auseinandersetzung über die Grenzen des Konstruktivismus geführt werden können. Denn Konstruktionen sind zwar dem menschlichen Denken wesensmäßig inhärent; sie sind aber, sofern sie nicht wahnhaft sind, immer Konstruktionen von etwas, an dem sie sich messen lassen müssen.

4. Die »neosexuelle Revolution«: Drittes Geschlecht, Transgender und so weiter

Wenden wir uns also Konkreterem zu. Die Fakten, mit denen Money und sein (heute noch aktiver) Gegenspieler Diamond befasst waren, haben in der Gegenwart ein überraschend großes Interesse gefunden. Im Zeitalter der »neosexuellen Revolution« erscheint der alte Streit um die inzwischen schon traditionellen Geschlechtsrollen antiquiert: Nicht mehr geht es darum, sich das Recht zu erstreiten, als Frau im traditionellen Sinn »männlich« zu agieren und als Mann »weibliche« Rollen zu übernehmen, sondern dieser angebliche Rollenkäfig als ganzer wird zur Disposition gestellt. LGBTQ (englische Abkürzung für lesbisch, schwul, bisexuell, transgender, queer) lautet das neue Emanzipations-Alphabet.

Gemeinsam ist allen diesen Neo-Sexualitäten die Negation eines Aspekts als »natürlich« behaupteter Eindeutigkeiten im Bereich von Sex und Gender. Insbesondere die Queer-Theorie geht davon aus, dass die geschlechtliche und die sexuelle Identität »gemacht« werden. Sie beruft sich auf »dekonstruktivistische« Vordenker wie Michael Foucault und Judith Butler. Der Kritik, es gebe »Materialität«, eine Existenz binärer Geschlechter wird häufig im Rückgriff auf Butler auf Butler entgegnet, alle wissenschaftlichen Erkenntnisse, auch die naturwissenschaftlichen, seien gesellschaftlich hergestellt (Voß 2008; 2011).

Volkmar Sigusch soll es gewesen sein, der die Begriffe »neosexuelle Revolution« (1998), »trans-« und »cissexuell« in die Welt gesetzt hat. »Es gibt immer mehr Menschen, die sich keinem der beiden großen Geschlechter, also männlich und weiblich, zuordnen wollen. Vielmehr wechseln sie zwischen den Geschlechtern hin und her, verhalten, fühlen und kleiden sich mal als Mann, mal als Frau, und zwar nicht gespielt, sondern absolut überzeugend. ... Ich habe dafür den Begriff ›liquid gender‹ eingeführt« (Sigusch 2015, 1). Seine jüngste Sprachschöpfung ist der »Cis-Gender«: »Wenn es ... so etwas wie Transgender gibt, muss es auch Cisgender geben, also Menschen, die ihre Geschlechtlichkeit als diesseits ihres körperlichen Geschlechts empfinden und leben, also die sogenannten Normalen« (ebd., 2).

»Das Verrückte am Transsexualismus ist, dass die Transsexuellen nicht verrückt sind. Ihre seelische Verfaßtheit ist kein ›Irrtum‹ der Natur, sondern ein Kunstwerk des Menschen« (Sigusch 2013, 185).

Siguschs Kunst-Vergleich will besagen: Die Transgender komponieren die Gender-Identität als ihre eigene individuelle Kreation; nichts daran soll von irgendwoher vorgegeben sein. Es liegt darin die Vorstellung einer enormen Erweiterung des individuellen Freiheits- und Gestaltungsspielraumes – eine Vorstellung, die in bescheidenerem Umfang auch schon der Rede von Gender und Geschlechterrollen und der strikten Trennung von Gender – und Sex inhärent ist: Sex mag immerhin »der Natur« geschuldet sein – aber dieser Bereich ist klein und unbedeutend. Gender hingegen ist das potenzielle Reich der freien Selbstgestaltung – wenigstens insoweit, als es gelingt, die Mechanismen der gesellschaftlichen Rollenfabrikation, die ihre Zuschreibungen als »naturgegeben« verkauft, durchschaubar zu machen und damit außer Kraft und Kurs zu setzen.

Aus der Sicht der Neo-Sexuellen ist die Psychoanalyse einem traditionellen Normalitätsdenken verhaftet, auch wenn Volkmar Sigusch, neuerdings einer ihrer Vorkämpfer und Propagandisten, gelegentlich »aufregend moderne« Freud-Zitate findet. Aus meiner Sicht hingegen läuft die Psychoanalyse etwas bemüht der Moderne bzw. Postmoderne hinterher; sie ist »für« alles, was heutzutage Rang und Namen hat, vom Feminismus über die Schwulen- und Lesbenbewegung bis hin zu den modernen transsexuellen »Kunstwerken«.

Es gibt nach wie vor nur wenige klinische Fallbeispiele. Eines wurde kürzlich auf dem DGPT-Kongress (2016) über »Körper-Sprachen« vorgetragen. »Herr Y. war 35 Jahre, als er sich vor drei Jahren, noch mit weiblichem Namen, bei mir meldete« (Gramatikov 2016, 265).

Wir erraten also: es handelt sich um einen ursprünglich weiblichen Geschlechtswechsel. Die Therapeutin spricht, geschlechtertheoretisch korrekt, von der gegenwärtigen Person als »er«. Dass sie ihn in der Stunde in der männlichen Form anredet, ist selbstverständlich, weil diese Anerkennung ihres neuen Geschlechts den Geschlechtswechslern zentral wichtig ist. Aber ist dieses Eingehen auf die vom Patienten gewünschte sprachliche Bezeichnung von anderer Qualität als wenn das fünfjährige Kind verlangt, von den Eltern als Indianerhäuptling, Lastwagenfahrer, Schiffskapitän oder was immer angeredet zu werden? Wir würden, wenn wir von diesem Kind mit Dritten reden, weiterhin seinen bürgerlichen Namen verwenden. Ob die Therapeutin mit der Benennung Probleme hatte, verrät sie uns nicht. Der Patient bestimmt offenbar unhinterfragt, wer er ist.

»Er war bereits jahrelang erfolglos in psychotherapeutischer Behandlung. Die Kollegin habe seine Schwierigkeiten mit seiner Geschlechtsrolle als Folge der Beziehung zu seiner Mutter verstanden« (Gramatikov 2016, 265).

Dieser biographisch reduktive war offenbar nicht der richtige Zugang, deshalb blieb die Behandlung »jahrelang erfolglos«. Was also dann?

Zunächst folgt ein winziges Stückchen biographischer Anamnese:

»Seine biografische Schilderung zeigt eine bis in seine frühe Kindheit reichende männliche Zugehörigkeit. Diese kann er als Kind in seiner Jungen-Clique ausleben. Mit Erreichen der Pubertät gilt er in der Clique als Mädchen und die unbeschwerte Zeit endet. Mit einer Freundin entwickelt er ein Rollenspiel, in dem er die männliche Position einnimmt. Für ihn sind diese Spiele die einzigen Momente, in denen er sich authentisch fühlen kann« (Gramatikov 2016, 265).

Damals war sie ja noch »sie« – also müsste die Erzählung in der »sie«-Form wiedergegeben werden? Oder ist das wie in totalitären Systemen: die Geschichtsschreibung folgt auch rückwirkend der aktuellen politischen Sprachregelung?

»Er entschließt sich zum Rollenwechsel und beginnt mit einem schrittweisen Outing: Zunächst die Freundinnen, dann folgt seine Familie, der Bekanntenkreis, schließlich sein berufliches Umfeld. Die Reaktionen sind überwiegend freundlich bis abwartend. Er meldet sich bei Internetforen zum Thema an, trifft sich mit anderen Transmännern und wartet auf den Beginn der Hormontherapie. Die Hormone erfüllen ihn mit Glück. Er beginnt, sich für seinen Körper zu interessieren, exploriert seine erwachende Sexualität. Es ist für ihn zunächst offen, ob er sich sexuell für Männer oder Frauen interessiert. Alles erscheint in einem neuen Licht. Seine zwanghafte Symptomatik lässt etwas nach. Er tritt jetzt nur noch als Mann auf und besteht darauf, dass andere ihn als Mann anerkennen« (Gramatikov 2016, 265).

»Er« braucht also von außen zugeführte Hormone, um sich »als Mann« fühlen zu können, Ich-Prothesen sozusagen. Die Therapeutin weist auf das Dilemma der körperlichen Eingriffe (Hormontherapie, Brustoperation) hin, rechtfertigt sie aber damit, dass »ein dauerhafter Wechsel in die richtige Geschlechtsrolle nur gelingen kann, wenn vom Körper keine falschen Signale mehr ausgehen« (Gramatikov 2016, 266).

Was ist hier »richtig«, was »falsch«, möchte man fragen. Als »richtig« wird offenbar angesetzt, was den (derzeitigen) bewussten Intentionen entspricht, »falsch« sind alle Körpersignale, die die Eindeutigkeit der bewussten Positionierung stören könnten. Das erinnert an die in der Bibel empfohlene Radikalkur: »So dich dein Auge ärgert, reiß es aus« (Matthäus 18:9).

Was die Therapie hier geleistet hat, war vor allem die Parteinahme für und die Bestärkung des Patienten/der Patientin in seinem/ihrem Bewusstseinsstandpunkt. Dies wird in der einschlägigen Transgender-Literatur offenbar auch als das vordringliche

Ziel psychotherapeutischer Behandlungen angegeben. Die Therapeutin beruft sich auf einen Aufsatz im International Journal of Transgenderism, in dem die Bedeutung der Psychotherapie in der dort zur Verfügung gestellten »ersten Anerkennung« gesehen wird. Also anerkennen, bestätigen, nichts in Frage stellen – so lautet die Devise, an die sich die Therapeutin getreulich gehalten hat. Psychoanalyse kann man das wohl kaum mehr nennen.

Eine bemerkenswerte Darstellung der wenigstens partiell erfolgreichen psycho-analytischen Behandlung eines 24-jährigen Studenten, der eine Geschlechtsumwandlung anstrebte, stammt von dem Tübinger Psychoanalytiker Reinhard Herold (2004). Es ging dem jungen Mann um die für ein befürwortendes Gutachten gesetzlich vorgeschriebene Psychotherapie.

Der Therapeut wurde sich im Laufe der ersten Gespräche innerlich immer sicherer, dass er die Operation nicht befürworten könne, weigerte sich aber trotz mancherlei Anfechtungen, dem Patienten das mitzuteilen. Die Therapie lief über sieben Jahre mit insgesamt allerdings nur 310 Stunden (Frequenz einmal wöchentlich). Mit der Zeit kam die Mutter des Patienten ins Spiel sowie seine zunehmend aggressiven Phantasien bei der Selbstbefriedigung, die ihn selbst daran zweifeln ließen, ob er eine Frau werden könnte. In den letzten drei Jahren ging es um seine Arbeitsstörung als »symptomatische Äußerung seiner depressiven Verweigerungshaltung«.

Fazit: »Herr T. hat sich bisher nicht operieren lassen, er lebt weiterhin als Mann, der sich als Frau fühlt«. Manchmal sei er wütend auf den Analytiker. »Hätte ich ihm keine Therapie angeboten, hätte er sich vielleicht operieren lassen. ... Vielleicht wäre er den Ärger so losgeworden« (Herold 2004, 357f.).

Der Titel des Beitrags signalisiert bereits den grundlegenden Unterschied zum zuvor berichteten Fall: Dort wird die Absicht zum Geschlechtswechsel als real genommen und ohne jedes Hinterfragen respektiert, ja sogar unterstützt, hier bringt die »abstinente« Haltung des Analytikers die zugrundeliegenden Phantasien zum Vorschein – was diesem zwar nicht unbedingt zu ungetrübtem Lebensglück verhilft, ihn aber doch davor bewahrt, sich körperlich irreversibel zu beschädigen.

Dass der Geschlechtswechsel im Kern eine zeitgeistgestützte Phantasie ist (vielleicht ist das ganze Konzept der Geschlechts*rolle* dazu erfunden worden, diese Phantasie als realisierbar erscheinen zu lassen!) – dazu ein letztes Beispiel, das aus eben diesem Grund kein klinisches ist, weil die betreffende Person die Sphäre der Phantasie, des »Konjunktivischen« nicht überschritten hat und wohl auch nicht überschreiten wollte.

In einem Interview mit der US-amerikanischen Lifestyle-Zeitschrift Variety (Setoodeh 2016) bekannte sich die szenebekannte Schauspielerin und Pop-Sängerin Miley Cyrus (23 Jahre alt) zu einer Identitätskrise, nachdem sie kurz vorher noch einen offenbar prominenten Musik-Preis gewonnen hatte. Ihr kamen Zweifel am Wert ihrer Identität als Pop-Star, »während Menschen hungerten und kein Dach über den Kopf hatten«. Auf diesem Hintergrund empfand sie ihre Glamour-Existenz als irgendwie hohl: »Ich trat auf, gekleidet wie ein Teddy-Bär und tanzte mit Teddy-Bären ... Es fühlte sich für mich an, wie wenn ich ein stumpfsinniges Leben lebte – wie wenn ich mir einen anderen Job suchen sollte«.

Einen anderen Job sucht sie sich zwar nicht, aber eine andere Geschlechtsrollen-identität. Sie wird im Interview gefragt, wie sie zur LGBTQ gekommen sei. Ihre Antwort: »Mein ganzes Leben lang habe ich meine Geschlechtsrolle (Gender) und meine Sexualität nicht verstanden«. Sie hasste auch das Wort »bisexuell«, weil es zwar die gesellschaftliche Normalitätskonstruktion sprengte, aber sie immer noch in eine Schublade steckte, sie wollte ganz »sie selbst« sein, wollte ihr Sex-Leben als »Kunstwerk« gestalten, wenn ich Siguschs Ausdruck darauf anwende.

> »Dann ging ich hier in L.A. ins LGBTQ-Zentrum und fing an, mir die Geschichten der Leute dort anzuhören. Besonders einen Menschen traf ich dort, der sich nicht als ›männlich‹ oder ›weiblich‹ … definierte. Dies war die erste genderneutrale Person, die ich jemals traf. Auf einmal verstand ich meine soziale Geschlechtsrolle (gender) besser, die nicht definiert war, und danach auch meine Sexualität«.

Eine irgendwie liebenswert »naive«, aber doch sensible und neugierige junge Frau kommt aus beinahe beliebigem Anlass ins Denken und geht auf die Suche, um etwas über sich selbst herauszufinden. Sie geht in dieses Zentrum mit dem Nonkonformis-ten-Alphabet. Dort trifft sie eine Person, die transgender lebt (wenn ich raten darf: von Natur aus eher männlichen Geschlechts?), die ihr die Augen öffnet für vieles, was sie bisher nicht verstanden hat.

Aber sie wird keineswegs zur Jüngerin eines Meisters. Ganz keck moniert sie, dass im LGBTQ-Alphabet noch ein wichtiger Buchstabe fehlte: das P für »pansexu-al«. Das sei nämlich ihr Buchstabe.

Eigentlich ein schönes Erweckungs- und Selbstfindungserlebnis, an dem C.G. Jung seine Freude gehabt hätte. Es hätte ihn vielleicht an das von ihm geliebte Enigma Bolognese erinnert, einen Alchimistenscherz in Form einer fiktiven Grabinschrift:

> »*Aelia Laelia Crispis*, nicht Mann noch Frau, noch Zwitter, noch Hure, noch Knabe, noch altes Weib, noch keusch, noch schamhaft, sondern alles« (Jung 1954, 56; Her-vorh.i.O.).

Das P für »pansexual« ist zwar nicht Mileys eigene Erfindung, wie ich ursprünglich dachte. Dennoch ist es ein Kürzel für eine Art Selbstschöpfung – aber auf einer rein imaginativen und mentalen Ebene. Ich denke, es würde diesem einfallsreichen und sprühenden jungen Wesen nicht im Traum einfallen, sich die Brüste abschneiden oder einen Ersatzpenis applizieren zu lassen wie ihre unglückselige Trans-Schwester im Geist, von der im ersten Beispiel die Rede war. Nein, Miley ist eben eine Künstlerin; sie braucht derartige Realitätsprothesen nicht; sie kann sich in Bezug auf ihre Ge-schlechtsrealität »alles« vorstellen: inzwischen sogar ihren momentan heiß geliebten Liam zu heiraten und womöglich ein Baby zu bekommen (Übers.d.V.).

Wenn ich diese drei Geschichten vergleiche: die erstere ist eine Geschichte aus-weglosen dumpfen Schmerzes und Leidens an sich selbst, in dem die Protagonistin sogar ihren eigenen Körper, den sie nicht als den ihren anerkennen kann, Gewalt anzutun bereit ist. Die zweite ist die Geschichte der »Phantasie eines Geschlechts-wechsels«, die im Verlauf der Analyse verstehen lernt, *dass* sie eine Phantasie ist. In der dritten schließlich bleibt alles von vornherein auf der Ebene der Phantasie, des Spiels mit Möglichkeiten, wenn man so will, der künstlerischen Kreativität. Die eigene Körperlichkeit wird nicht angetastet und bleibt unversehrt. Das »P« der Protagonistin, ihre »Pansexualität« ist gemäß Siguschs Postulat wirklich ihr »Kunstwerk«.

5. »Gender Identity« und das sprachlose Unbewusste

Der springende Punkt in der Auseinandersetzung mit der Money-Trias liegt im dritten der Begriffe: gender identity. Man findet diese Bezeichnung – anscheinend erstmals – in einer Pressemitteilung seiner John Hopkins Clinic, in der es heißt: »gender identity is your own sense or conviction of maleness or femaleness« (Money 1994, 77ff.). Diese sei bis zu einem gewissen Alter fließend.

Wenn ich also sage: »Ich bin ein Mann« – was setzt mich instand, das zu sagen? Natürlich an erster Stelle bestimmte Kognitionen: Ich brauche nur an mir hinunter zu schauen, um mich der biologischen Tatsachen zu vergewissern. Wenn ich es amtlich bestätigt haben will, empfiehlt sich ein Blick in meinen Pass.

Aber das Witzige ist: diesen Satz sagt man fast nie. Er benennt etwas, was eigentlich nicht benannt werden muss. Jeder weiß es implizit, keiner braucht es zu sagen, weil es »selbstverständlich« ist – außer bei einigen wenigen, denen es nicht hilft, an sich selbst hinunter zu schauen oder ihren Pass zu Rate zu ziehen. Ihr Gefühl sagt ihnen: das stimmt nicht, was ich da sehe oder lese – ich fühle es anders. In dieses »Ich fühle es anders« hinein zu leuchten, wäre Aufgabe der Psychoanalyse. Denn »wer« ist es, der diese Zuordnung von sich weist?

Lily Gramatikov (2016) hat im ersten Fallbeispiel auf das Hineinleuchten von vornherein verzichtet, weil es die UNO (und der Zeitgeist) verboten haben, hier weiter nachzufragen. Herold (2004) im zweiten Beispiel hingegen konnte bei seinem Patienten interessante Hintergrundmotivationen für dessen Urteil, er sei »eigentlich« eine Frau, zutage fördern. So liegt die Frage nahe, ob sich die Psychoanalyse womöglich selbst davon zurückgezogen hat, im Ringen um diesen Problemkomplex weiter mitzumischen. Wie sagte doch Herolds »erfahrener Analytiker«, den er um Rat fragte (sollte es etwa Wolfgang Loch gewesen sein?): »Auf sowas lässt man sich als Analytiker erst gar nicht ein«.

Wie wird aus den physiologischen Einflussfaktoren so etwas wie ein psychisches Konzept meiner selbst und meines Ortes in der Geschlechterwelt? Einen ersten Zwischenschritt auf dem Weg zu einer »Psychologie der physiologischen Einflussfaktoren« bildet der oben zitierte, etwas flapsig hingeworfene Schlusssatz des Diamond-Interviews: »Das wichtigste Geschlechtsorgan sitzt zwischen den Ohren und nicht zwischen den Beinen« (Diamond, Richter-Appelt 2008, 376). Dieser will damit vermutlich sagen, dass das Gehirn selbst schon einer geschlechtsspezifischen Prägung durch hormonale Einflüsse unterliegt, wie dies mehrfach nachgewiesen wurde (z.B. Brizendine 2007), so dass das Organ, das die eigene Gender-Identität beurteilen soll, selbst schon durch naturale Einflüsse vor-imprägniert und deshalb in seiner scheinbar kognitiven Selbstattribution einer solchen Gender-Identität gar nicht »frei«, sondern immer schon unter den Einflüssen seiner Vor-Imprägnierung »parteiisch« für (oder auch gegen) sein naturales Geschlecht sein wird.

All dies zusammengenommen ist Freuds vielzitierter und oft gescholtener Satz »Die Anatomie ist das Schicksal« (Freud 1924, 400) zu ungenau, weil der Ausdruck »die Anatomie« lediglich für eine Außenperspektive steht. Es geht jedoch psychoanalytisch um die Innenperspektive, um die wahrgenommene und *gefühlte Anatomie*: wie ich mich in und mit ihr oder (besser gesagt) in und mit meiner Biologie, Physiologie, Neuroendokrinologie usw. *fühle*. Die Brücke könnte besser ein anderer Freud-Satz schlagen, das Ich sei »vor allem ein körperliches« (Freud 1923, 253).

Wenn ich diesen zum Ausgangspunkt nehme, ergibt sich allerdings sogleich eine neue Schwierigkeit, die die Psychoanalyse bis heute nur unzulänglich reflektiert hat. Wenn nämlich das Ich vor allem ein leiblich gefühltes ist, entzieht es sich großteils der adäquaten Versprachlichung. Dieses »tiefere« Unbewusste erscheint im psychoanalytischen Diskurs allenfalls als das ontogenetische »Frühe«, aus dem die heute allgegenwärtigen »Frühstörungen« kommen, aber kaum jemals als das konstitutionell stets mitgegebene leibliche bzw. leibnahe Unbewusste, wie es z.B. bei Carus im Zentrum stand (den Freud anscheinend nicht besonders mochte; zur Verleugnung des Einflusses der romantischen Naturphilosophie auf sein Denken vgl. Sulloway 1982, 214f.). Diese Tradition wurde eher bei einigen frühen Jungianern (z.B. Heyer 1932) fortgeführt. Philipp Lersch (1956), der Altmeister der psychologischen Phänomenologie, behandelt es als die »Vitalperson« oder, in seinem Versuch, die psychoanalytische Sicht auf das Unbewusste über das »Verdrängte« hinaus zu erweitern, als den »bewußtlos-unbewußten Lebensgrund« (Lersch 1956, 80, 545ff.).

Mit diesem Bewusstlos-Unbewussten, vor allem im Hinblick auf das Sich-Selbst-Fühlen der Geschlechter, haben es diese abschließenden Überlegungen zu tun. Das Unbewusste war nach Freuds (1915) früher Konzeption ganz überwiegend das Verdrängte gewesen – also etwas, was schon einmal bewusst war und erst durch Verdrängung unbewusst geworden ist. Dieses aus der Sphäre des Bewussten stammende und nur durch Verdrängung unbewusst Gewordene ist relativ leicht der Sprache und damit dem Bewusstsein zurückzugeben. Auch das heute in der Psychoanalyse vieldiskutierte Embodiment (vgl. Leuzinger-Bohleber, Pfeifer 2016) geht, wenn ich es richtig sehe, über diese engere Vorstellung des Unbewussten und seines (Wieder-) Bewusstwerdens nicht hinaus.

In der zweiten Topik wurde die Vorstellung vom Unbewussten, wie Freuds Seelenskizze in »Das Ich und das Es« (Freud 1923, 252) zeigt, wesentlich erweitert: Der Raum des Unbewussten umfasst nunmehr das gesamte, von Groddeck übernommene »Es«: die Triebe, die archaische Erbschaft, also vieles, was nicht erst durch Verdrängung unbewusst geworden ist, sondern immer schon als Unbewusstes unerkannt mitgelebt hat, etwas, das nie Gegenstand des Bewusstseins und auch im Unbewussten nur durch seine Repräsentanzen vertreten war.

Indem der Geschlechterdiskurs unter dem Druck der feministischen Gendertheorien sich einseitig auf diese sogenannten Geschlechter-Rollen, d.h. auf das »sozial erzeugte« Geschlecht versteift und damit zugleich »das biologische« als irrelevant eliminiert hat (»gender ohne sex« nach Reimut Reiche 1997), hat er sich zugleich auf das Ich bzw. bewusstseinsnächste und zugleich das Äußerlichste an der Geschlechterdifferenz, sozusagen auf ihre Performance nach außen hin fixiert. In dem, was mich als Mann bzw. Frau *fühlen* lässt, dürfte indessen noch anderes, tiefer Unbewusstes, Leibnäheres ins Spiel kommen.

Dass die Psychoanalyse sich auf diese Frage kaum jemals eingelassen hat, wo das sprachlich Formulierbare und damit Wissbare endet, mag der Angst geschuldet sein, damit in einen Bereich zu geraten, in dem auch die Wissenschaft endet: Ein Erleben, das nicht »zur Sprache« gebracht werden kann, kann auch nicht »zur Wissenschaft« gebracht werden. »Quod non est in actis, non est in vita« lautet ein alter Juristengrundsatz. Und eben das ist auch hier das Problem. Das weiterhin sprachlose »Subjekt des Unbewussten« kommt in den »Akten« der Wissenschaft, eben weil es sprachlos ist, nicht zur Sprache. Dem bewusstseinsnäheren »Ich« der klassischen Psychoanalyse, jenem Ich, das in seinen angeblichen »Rollen« agiert, kommt damit sein Fundament abhanden, und es muss fürchten, mit dieser seiner Fundament-Losigkeit konfrontiert zu werden, wenn es sich auf die Suche nach den tieferen Wurzeln seiner Gender-Identität einlässt.

Das tiefere leibnahe Unbewusste ist »etwas, was man wirklich nicht weiß« (Freud 1905, 185). Darum wird das, was man weiß oder wenigstens zu wissen meint, wie z.B. die Geschlechterrollen und Geschlechterdifferenzen auf der bewusstseinszugänglichen sozialen Ebene mit einer Art von verbalem Overkill immer wieder und wieder uferlos diskutiert, um nur ja nicht an diese Grenze zu rühren, wo gesagt werden muss: es entzieht sich der diskursiven sprachlichen Mitteilung. Wohlgemerkt: der diskursiven.

Die poetisch metaphorische Sprache (in der Freud ein Meister war) vermag noch ein gutes Stück weiter in dieses Dunkel des Unsagbaren vorzudringen. Nehmen wir z.B. Freuds Metapher vom »gewachsenen Fels« (Freud 1937, 99) für das nicht mehr Analysierbare oder Wittgensteins (1958) mit der Freuds sehr ähnlichen Wendung vom »Spaten« der Reflexion, der sich »zurückbiegt«, wenn die »Begründungen erschöpft« sind, d.h. wenn er »auf dem harten Fels angelangt« ist – alles dies sind Verständigungen auf der metaphorischen Ebene an einer Grenze des Sagbaren.

Das Unbewusste generell, aber desto mehr, je »leibnäher« es lokalisiert ist, versuchte ich kürzlich zu zeigen (Bittner 2016), leidet im Hinblick auf seine Etablierung als Thema der Wissenschaft unter diesem leider unaufhebbaren Handicap: dass es gerade nicht sprachhaft verfasst ist, wie Lacan (1990) so hoffnungsvoll insinuieren wollte, sondern sich im Gegenteil weitestgehend der sprachlichen Fixierung entzieht. Das gilt auch und ganz besonders für die psychischen Korrelate dieser von Freud etwas flapsig so benannten »Anatomie« und ihrer von ihm behaupteten Schicksalshaftigkeit. Ich bin versucht Goethe zu bemühen:

»Wenn ihr's nicht fühlt, ihr werdet's nie erjagen« (Goethe 1808, 43).

Freilich: für die Wissenschaft taugt so etwas nicht.

In diesem leibnahen, vorsprachlichen Bereich der vitalen Empfindungen hat das »Subjekt des Unbewussten« seinen natürlichen Ort. Das »Ich« in Freuds klassischer

Konzeption ist dem gegenüber höchstens eine Art Ich-Vorbau (Bittner 1977, 19), nach Lacans (1990) radikalerer Konzeption gar so etwas wie eine Täuschung. Dieses Problem der Inkommensurabilität von »Ich« und »Subjekt« findet sich in anderer Begrifflichkeit in Musils Roman »Der Mann ohne Eigenschaften« (1930) wieder, den schon Dahrendorf (1959, 85) herangezogen hat, um die soziologische Rollentheorie daran zu konkretisieren. Den Menschen mit klar umrissenen und bestimmten »Eigenschaften« nennt Dahrendorf den »Rollenträger« (bei Musil wird er der »Landesbewohner« genannt), während der Mensch jenseits dieser gesellschaftlich attribuierten Eigenschaften bei Musil als der »Erdbewohner« figuriert.

Das nun ist Musils Thema: der Mensch als Erdbewohner ist »nichts als passive Phantasie unausgefüllter Räume, ... eben ein leerer, unsichtbarer Raum«, der »in Italien anders gefärbt und geformt« sein mag als in England (Musil 1930, 34) oder er ist, wie Musil an anderer Stelle schreibt, »zuinnerst eine hauchähnliche Masse, die sich an festen Berührungsflächen niederschlägt u[nd] fest wird« (Musil 1930, 252). Diese Verfestigung orientiert sich an den »paar Dutzend Kuchenformen ..., aus denen die Wirklichkeit besteht« (ebd., 591) – eben dem, was man wissenschaftlich »soziale Rollen« nennen könnte.

Dieser »Erdbewohner« scheint sich irgendwie verflüchtigt zu haben. Musils Zeitdiagnose: »es ist eine Welt von Eigenschaften ohne Mann entstanden, von Erlebnissen ohne den, der sie erlebt«. Die Auflösung der anthropozentrischen Perspektive, »die den Menschen für so lange Zeit für den Mittelpunkt des Weltalls gehalten hat«, sei nun »endlich beim Ich selbst angelangt« (Musil 1930, 150). Wie kann unter diesen Prämissen das Ich, die Person, der »Mann« hinter diesen Eigenschaften und Erlebnissen (und natürlich, so füge ich hinzu, auch die »Frau« hinter ihren feministisch zu Tode gerittenen Rollenproblemen!) sich wiederfinden? Musils Roman, sicherlich auch kulturkritisch, handelt im Kern von dieser Spurensuche nach dem entschwundenen, aufgelösten, unfassbar gewordenen Subjekt, das zugleich das Geschlechter-Subjekt ist. »Ich« – das ist ein Mann, eine Frau oder auch, in den doch aufs Ganze gesehen seltenen Fällen: etwas »dazwischen« – aber jedenfalls nichts, was von diesen Vorgaben aus dem Körperlichen abstrahierbar wäre.

Der »Landesbewohner« mit seinen diversen Eigenschaften und Charakteren, dem National-, Geschlechts- usw. -charakteren wird bei Musil (1930) dem »Erdbewohner« gegenüber gestellt, der letztlich übrigbleibt als etwas wie eine »verwaschene kleine Mulde«, die »Phantasie unausgefüllter Räume«. Dahrendorf, in seinem soziologischen Positivismus, war dies zu wenig und zu unbestimmt, zu zerfließend. Zu einigen psychoanalytischen Vorstellungen scheint es indessen nicht übel zu passen. Winnicott hält das, was er das »wahre Selbst« nennt, für nicht näher bestimmbar: es komme »von der Lebendigkeit der Körpergewebe und dem Wirken der Körperfunktionen, einschließlich der Herzarbeit und der Atmung« (Winnicott 1974, 193).

Was aber Winnicott vielleicht nicht bedacht hat: diese gestaltlose »Lebendigkeit der Körpergewebe« kann auch etwas Schreckenerregendes an sich haben. Ein Patient von mir hatte die Gewohnheit, in Selbstgesprächen in Tourette-Manier, oft ohne ersichtlichen Grund die Worte hervorzustoßen: Ich bin nicht ich. Bis zum Abschluss der Analyse konnte nicht geklärt werden, was es genau war, das hier negiert werden sollte. Sollte es heißen: das Ich, mit diesem Namen, Geburtsdatum usw. ist nur eine Rolle, die ich spiele, eine Konvention, der ich mich unterwerfe – »in Wirklichkeit« bin ich etwas ganz anderes, zerfließendes Sprachlos-Unbestimmtes?

Meine These: das Ich gerät an die Grenze des Zerfließens oder Zerbrechens, wenn es sich mit dem »gewachsenen Felsen«, d.h. mit dem biologisch Unabänderlichen konfrontiert sieht. Schon die biologischen Eltern mit ihren Genen sind der Inbegriff dessen, was man sich im Leben nicht aussuchen kann. Ähnlich faktisch gegeben sind (bis heute wenigstens noch) das Lebensalter und – was hier unser Thema ist – das biologische Geschlecht: männlich, weiblich und die wenigen Fälle von Intersexualität oder Unbestimmbarkeit des natürlichen Geschlechts.

Und auch hier greift ähnlich wie bei Freuds »Familienroman« (1909) oder Ranks »Mythos von der Geburt des Helden« (1909) der (kollektive) Heldenroman verschönernd ein: es entstehen Phantasien von der freien Geschlechtswahl, wenn schon nicht der Wahl des biologischen, so doch zumindest des sozialen Geschlechts. Eines der Vehikel dieser Phantasie ist die reifizierte Vorstellung einer Geschlechts*rolle*, die ich sozusagen nur auf Zeit (und womöglich gar gegen Honorar?) übernehme wie der Schauspieler sein vertragsmäßiges Engagement.

Hier führt sich die Metapher vom »Rollenspieler« selbst ad absurdum. Ebenso wenig wie ich mir meine leiblichen Eltern aussuchen konnte (und die Gene, die sie mir mitgegeben haben), ebenso wenig wie ich den Alterungsprozess zum Tod hin aufhalten kann, ebenso wenig kann der »Rollenspieler« Mann oder die »Rollenspielerin« Frau den »Vertrag« mit dem eigenen Leibfundament kündigen. Das sind die »Determinanten« des Ich, wie schon der lange vergessene Psychoanalytiker Felix Schottlaender (1959, 99) sie nannte. Die Verleugnung der Angst, sogar des Grauens vor all dem, dessen ich nicht Herr bin und aus dem ich lebenslang nicht herauskomme, diesem Unbestimmten und Unbestimmbaren, irgendwie Gestaltlosem auch – dieser verleugnete »horror vacui« lässt die Vorstellung frei wählbarer Geschlechterrollen und -identitäten so verlockend erscheinen.

6. Schluss: Das Grauen vor dem tieferen »Ich«

In seiner Luther-Biographie hat Martin von Cochem (1687) von einer dramatischen Episode im Zusammenhang mit der ersten Messe des jungen Martin Luther berichtet: Als er nach dem Sanktus den Kanon beginnen wollte, habe ihn ein solcher Schrecken erfasst, dass er vom Altar weggelaufen wäre, wenn ihn sein Prior nicht festgehalten hätte. Als er hernach das Evangelium des Tages lesen sollte, das von der Heilung des Besessenen von Gerasa handelte, habe er sich zu Boden geworfen und geschrien: »Ich bins nicht, ich bins nicht« (von Cochem 1687, 499); d.h. ich bin nicht dieser Besessene (Anm.d.V.).

Erikson (1970) hat in seiner Monographie über den jungen Luther diese Episode von dessen Verhältnis zu seinem Vater her interpretiert, der seinen Entschluss, Mönch zu werden, missbilligte und ihn lieber als Advokaten gesehen hätte. Dieser Deutung soll nicht widersprochen werden; doch sind solche Ereignisse in aller Regel mehrfach determiniert. Im Zusammenhang mit den gegenwärtigen Überlegungen liegt es näher, von der aktuellen, situativen Motiviertheit seines Ausrufs auszugehen. Priesterweihe und erste Messe besiegeln seine Übernahme der priesterlichen Funktion, in modernem Soziologendeutsch: die Übernahme der Priesterrolle. Sein Vater hätte für ihn die angesehene Rolle eines Advokaten präferiert. Im jungen Luther gibt es etwas Gestaltloses, sprachlich nicht Fixierbares, das sich gegen beides sträubt (dies wäre nach meiner Sicht der Kern dessen, was bei Erikson als »Identitätskrise« benannt wird; Erikson 1970, 29ff.).

Um diesem »Etwas« Gestalt zu geben, kommt ihm das Tagesevangelium zu Hilfe. Ist das nicht verrückt, dass ich beides zurückweise, mag er sich fragen: Bin ich etwa dieser Verrückte aus dem Evangelium, der von unzähligen Geistern »besessen« wird? Der Besessene, das ist einer, der eine ganz Legion von Stimmen in sich hört, der für keine gesellschaftlich akzeptierte Rolle taugt, der zwischen ihnen allen hindurch fällt in die Tiefen seiner inneren Archaik.

Ähnlich, stelle ich mir vor, mag auch Männer und Frauen der horror vacui packen, wenn sie sagen oder denken und fühlen: »ich bin ein Mann, eine Frau« oder im extremen Fall: »ich bin vielleicht etwas ganz anderes, etwas Drittes?« – ein Gefühl der Unsicherheit macht sich breit, das sie denken lässt: ich hab mir's nicht ausgesucht; ich weiß auch gar nicht, was das ist; ich kann nichts damit anfangen. Dann halten sie sich vielleicht an die gesellschaftlich vorgezeichneten Rollenbilder, oder sie schieben das ganze Thema von sich weg: ich bin's nicht, bin nicht dieser sich ins Gestaltlose auflösende Mann (oder diese Frau) »ohne (Rollen-)Eigenschaften«: ich bin nicht ich.

Literatur

Berger, P.L., Luckmann, Th. (1969): Die gesellschaftliche Konstruktion der Wirklichkeit. Eine Theorie der Wissenssoziologie. Fischer: Frankfurt/M.

Benedict, R. (1955): Urformen der Kultur. Rowohlt: Reinbek/H.

Bittner, G. (1977): Tarnungen des Ich. Studien zu einer subjektorientierten Abwehrlehre. Bonz: Fellbach

Bittner, G. (2016): Das Unbewusste – die große Unbekannte X. Königshausen + Neumann: Würzburg

Brizendine, L. (2007): Das weibliche Gehirn. Warum Frauen anders sind als Männer. Hoffmann & Campe: Hamburg

Butler, J. (1991): Das Unbehagen der Geschlechter. Suhrkamp: Frankfurt/M.

Butler, J. (1997): Körper von Gewicht. Die diskursiven Grenzen des Geschlechts. Suhrkamp: Frankfurt/M.

Butler, J. (2004): Undoing Gender. RoutLedge: New York. London. Online: https://www.allesevolution.wordpress.com/...judith-butler-in-undoing-gender-zu-david-reimer (Zugriff: 03.10.2017)

Colapinto, J. (2000): Der Junge, der als Mädchen aufwuchs. Walter: Düsseldorf u.a.

Setoodeh, R. (2016): Miley Cyrus on »The Voice«. Donald Trump and Coming Out. Variety, 11th Oct. 2016. Online: http://variety.com/2016/music/features/miley-cyrus-the-voice-donald-trump-vmas-woody-allen-coming-out-pansexual-1201884281/ (Zugriff: 06.02.2018)

Dahrendorf, R. (1959): Homo Sociologicus. Ein Versuch zur Geschichte, Bedeutung und Kritik der sozialen Rolle. Springer VS: Wiesbaden

de Beauvoir, S. (1948): Das andere Geschlecht. Rowohlt: Reinbek/H.

Diamond, M., Richter-Appelt, H. (2008): Das wichtigste Sexualorgan sitzt zwischen den Ohren. In: Zeitschrift für Sexualforschung 21 (Heft 4), 369-376

Erikson, E.H. (1970): Der junge Mann Luther. Eine psychoanalytische und historische Studie. Rowohlt: Reinbek/H., 1958

Erikson, E.H. (2005): Kindheit und Gesellschaft. Klett-Cotta: Stuttgart

Freud, S. (1905): Der Witz und seine Beziehung zum Unbewussten. In: Gesammelte Werke (G.W.), Bd. VI. Fischer: Frankfurt/M.

Freud, S. (1909): Der Familienroman der Neurotiker. In: Gesammelte Werke (G.W.), Bd. VII. Fischer: Frankfurt/M.

Freud, S. (1915): Das Unbewußte. In: Gesammelte Werke (G.W.), Bd. X. Fischer: Frankfurt/M., 263-303

Freud, S. (1923): Das Ich und das Es. In: Gesammelte Werke (G.W.), Bd. XIII. Fischer: Frankfurt/M., 235-289

Freud, S. (1924): Der Untergang des Ödipus-Komplexes. In: Gesammelte Werke (G.W.), Bd. XIII. Fischer: Frankfurt/M., 393-400

Freud, S. (1937): Die endliche und die unendliche Analyse. In: Gesammelte Werke (G.W.), Bd. XVI. Fischer: Frankfurt/M., 57-99

Friedan, B. (1966): Der Weiblichkeitswahn oder die Selbstbefreiung der Frau. Ein Emanzipationskonzept. Rowohlt: Reinbek/H.

Gramatikov, L. (2016): Der transsexuelle Körper und das Diktat der Geschlechter-dichotomie. In: Walz-Pawlita, S., Unruh, B., Janta, B. (Hrsg.): Körper-Sprachen. Psychosozial-Verlag: Gießen, 258-270

Hacking, I. (2000): The Social Construction of What? Harvard University Press: Cambridge Mass

Hagemann-White, C. (1984): Sozialisation: Weiblich – männlich? Leske + Budrich: Opladen

Herold, R. (2004): Phantasie eines Geschlechtswechsels. Zur Psychoanalyse der Transsexualität. In: Zeitschrift für Sexualforschung 17 (Heft 4), 323-358

Heyer, G.R. (1932): Der Organismus der Seele. Eine Einführung in die analytische Seelenheilkunde. Lehmanns: München.

Jappe, L. (2011): Selbstkonstitution bei Robert Musil und in der Psychoanalyse. Identität und Wirklichkeit im Mann ohne Eigenschaften. Wilhelm Fink: Freiburg/Br.

Jung, C.G. (1954): Mysterium Conjunctionis. Untersuchungen über die Trennung und Zusammensetzung der seelischen Gegensätze in der Alchemie. In: Gesammelte Werke (G.W.), Bd. 14. Walter: Olten und Freiburg/Br.

Lersch, Ph. (1956): Aufbau der Person. Ambrosius Barth: München

Leuzinger-Bohleber, M., Pfeifer, R. (2016): Embodiment – ein neuer Weg zum Unbewussten? In: Walz-Pawlita, S., Unruh, B., Janta, B. (Hrsg.): Körper-Sprachen. Psychosozial-Verlag: Gießen, 125-140

Mead, M. (1987): Jugend und Sexualität in primitive Gesellschaften, Bd. 3. dtv: München

Money, J. (1973): Gender Role, Gender Identity, Core Gender Identity: Usage and Definition of Terms. In: Journal of the American Academy of Psychoanalysis 1 (Heft 4), 397-402

Money, J. (1994): The concept of gender identity disorder in childhood and adolescence after 39 years. In: Journal Sex Marital Therapy 20 (Heft 3), 77-163

Money, J., Hampsson, J.L. (1955): An examination of some basic sexual concepts: The Evidence of human hermaphroditism. In: Bulletin of the John Hopkins Hospital 97, 301-310

Musil, R. (1930): Der Mann ohne Eigenschaften. Rowohlt: Reinbek/H.

Rank, O. (1909): Der Mythos von der Geburt des Helden. Turia + Kant: Wien

Reiche, R. (1997): Gender ohne Sex. Geschichte, Funktion und Funktionswandel des Begriffs»Gender«. In: Psyche 5 (Heft 9-10), 926-957

Schmidt, G. (2000): Tragödie als Schurkenstück. In: Der Spiegel 40, 252

Schottlaender, F. (1959): Das Ich und seine Determinanten. Ein Beitrag zum Problem der Neurosenentstehung. In: Schottlaender, F. (Hrsg.): Das Ich und seine Welt. Klett: Stuttgart, 99-116

Schwarzer, A. (1975): Der kleine Unterschied und seine großen Folgen. Frauen über sich. Beginn einer Befreiung. Fischer: Frankfurt/M.

Scheu, U. (1977): Wir werden nicht als Mädchen geboren – wir werden dazu gemacht. Zur frühkindlichen Erziehung in unserer Gesellschaft. Fischer: Frankfurt/M.

Shakespeare, W. (1995): Wie es euch gefällt. In: Shakespeare, Bd. 2. Zweitausendeins: Frankfurt/M., 201-262, 1598

Sigusch, V. (1998): Die neosexuelle Revolution. In: Psyche 52 (Heft 12), 1192-1234

Sigusch, V. (2013): Liquid Gender. In: Zeitschrift für Sexualforschung 26, 185-187

Sigusch, V. (2015): »Ich bin in Rage angesichts unserer Sexualkultur«. In: Süddeutsche Zeitung Magazin Heft 21. Online: SZ-magazin.sueddeutsche.de/texte/anzeigen/43140/2 (Zugriff: 03.10.2017)

Smykalla, S. (2006): Online: http://www.genderkompetenz.info (Zugriff: 03.10.2017)

Sulloway, F.J. (1982): Freud – Biologe der Seele. Edition Maschke: Köln-Löwenich

von Behr, S. (1975): Penetrieren unerwünscht – Rezension. Der Spiegel 37, 130-131

von Cochem, M. (1687): Außerlesenes History-Buch. Oder Außführliche, anmüthige, und bewegliche Beschreibung Geistlicher Geschichten und Historien. Bencard: Dillingen

von Goethe, J.W. (1808): Faust. Eine Tragödie. Cotta: Tübingen

Voß, H.-J. (2008): Wie für Dich gemacht: die gesellschaftliche Herstellung biologischen Geschlechts. In: Coffey, J., Ende, V.D., Köppert, K., Emerson, J., Klarfeld, R., Müller, D., Huber, J., Mann, L. (Hrsg.): Queer leben – queer labeln? (Wissenschafts-)kritische Kopfmassagen. Fördergemeinschaft wissenschaftlicher Publikationen von Frauen: fwpf Verlag, Freiburg, 153-167

Voß, H.-J. (2011): Geschlecht – Wider die Natürlichkeit. Schmetterling Verlag: Stuttgart

Winnicott, D.W. (1974): Reifungsprozesse und fördernde Umwelt. Kindler: München

Wittgenstein, L. (1958): Philosophische Untersuchungen. Suhrkamp: Frankfurt/M.

Prof. Dr. Günther Bittner
Lodenstraße 22, D-97209 Veitshöchheim
bittner.guenther@t-online.de

Josef Christian Aigner

Das Geschlechtsspezifische in pädagogischen Beziehungen – Die Aberkennung von Geschlecht und die Grenzen des Konstruktivismus

Summary

The gender-specific in educational relationships – the withdrawal of gender and the limits of constructivism

The paper deals with fundamental questions of gender differences and their significance in contemporary human and social sciences. From a psychoanalytic point of view, the possible motives and interests in the field of gender theories and the difficult conditions of gender relations are investigated. In this context domination and discrimination play an important role that can lead to the exclusion of gender differences. Using the example of our own research on the importance of gender in elementary pedagogy and the example of the effects of gender on boys and girls at school, there will be tried to illustrate the cultural significance of gender in educational fields of action.

Keywords: Gender and Sex, gender differences, Importance of Gender in Pedagogy

Zusammenfassung

Der Beitrag handelt von grundlegenden Fragen der Geschlechterdifferenz und ihrer Nivellierung in zeitgenössischen human- und sozialwissenschaftlichen Ansätzen. Aus psychoanalytischer Sicht wird den möglichen Motiven und Interessen im Bereich der Gendertheorien und der schwierigen Verhältnisse der Geschlechterverhältnisse nachgegangen. Dabei spielen Herrschafts- und Diskriminierungszusammenhänge eine wichtige Rolle, die zur Ausblendung von Geschlechterdifferenzen beitragen können. Am Beispiel eigener Untersuchungen zur Bedeutung des Geschlechts in der Elementarpädagogik und am Beispiel der Frage nach der Wirkung des Geschlechts auf Jungen und Mädchen in der Schule wird versucht, die kulturelle Bedeutung von Geschlecht in pädagogischen Handlungsfeldern zu verdeutlichen.

Schlüsselbegriffe: Gender und Geschlecht, Geschlechterdifferenz, Bedeutung von Geschlecht in der Pädagogik

Schon seit längerer Zeit frage ich mich, in wessen Interesse und warum es ein Anliegen sein kann, die Bedeutung von Geschlecht, seiner wie immer gearteten Begründbarkeit und die daraus ableitbare Geschlechter-Differenz im Rahmen der Sozial- und Humanwissenschaften zu nivellieren oder gar zu beseitigen – und dies über die landläufigen Relativierungen konstruktivistischer Ansätze, die auf eine soziale Überformung mitgebrachter Geschlechtlichkeit abzielen, hinaus.

1. Nivellierung von Unterschieden – wozu?

Die beschriebene Tendenz besagt, dass erstens Geschlechtsunterschiede eine lediglich sozial konstruierte Erscheinung und deshalb letztlich Fiktion seien, womit zweitens die Bedeutung des Geschlechts in pädagogischen Beziehungen grundlegend in Frage gestellt wird. Schülerinnen und Schüler ebenso wie Lehrerinnen und Lehrer sind demnach sozusagen in einem »quasi-intersexuellen« (manchmal meint man sogar: a-sexuellen) Raum zu denken und die auftretenden Unterschiede bis hinein in die körperliche Entwicklung seien sämtlich durch Zuschreibung und soziale Prägung erklärbar.

In einem zweiten bedeutenden Diskussionsstrang geht es folglich um die Bedeutung und Wirkung von Geschlecht in Erziehung und Bildung – etwa um die Frage nach männlichen oder weiblichen Lehrkräften und ihrer Wirkung auf Kinder in der Schule und in ähnlicher, noch wenig beforschter Weise um die Rolle weiblicher und männlicher KindergartenpädagogInnen, wozu ich mit einem Team von KollegInnen selbst einiges geforscht habe (Aigner, Rohrmann 2012). Hier bedeutet diese nivellierende Tendenz, dass es in pädagogischen Interaktionen in keiner Weise auf das Geschlecht der PädagogInnen ankäme, sondern einzig auf deren Professionalität. »Geschlechtsneutrale Professionalität« (Faulstich-Wieland 2002) ist dann auch der Schlüsselbegriff dieser Zugänge, wenngleich es vielen PraktikerInnen schwerfällt, tatsächlich von einer mehr oder weniger stark ausgeprägten Zweigeschlechtlichkeit pädagogischer Fachkräfte und von ihrer spürbaren Bedeutung für Kinder beiderlei Geschlechts im pädagogischen Alltag abzusehen. Aber der Alltag scheint – pointiert gesagt – nicht das Spezialgebiet der Gendertheorien zu sein.

Ein weiteres Problem, das in pädagogischen Interaktionen quasi eine reziproke Rolle im Verhältnis zur Weiblichkeit bzw. Männlichkeit von LehrerInnen oder Fachkräften spielt, ist das Geschlecht der Kinder selbst, ihre unterschiedliche bio-psychosoziale Entwicklung und das, was wir heute an unterschiedlichen Entwicklungsverläufen, schulischen und psychosozialen Merkmalen der Lebensbewältigung von Jungen im Vergleich zu Mädchen zu wissen meinen – sowie alles, was sich daraus an Konsequenzen auf der pädagogischen Handlungsebene ergeben könnte. Auf diese letzte Thematik kann im Rahmen dieses Beitrags nicht eingegangen werden (vgl. dazu Winter 2016).

2. Die Subjektivität der ForscherInnen und die Geschlechterdifferenz

Bei der eingangs aufgeworfenen Frage nach den Motiven, denen die Befassung mit der Nivellierung bzw. Dekonstruktion von Geschlechterdifferenz geschuldet scheint, geht es – wie genau genommen immer in der Wissenschaft – auch um subjektive Emotionen und die damit zusammenhängenden Einfärbungen des Blicks auf einen Forschungsgegenstand. Davon hören die sich »objektiv« wähnenden Wissenschaften gar nicht gern. Psychoanalytisch orientierten ForscherInnen aber sollte es nicht fremd sein, diese Reflexion anzustellen. Ich erinnere mich in diesem Zusammenhang an das leider stark in Vergessenheit geratene Werk von Georges Devereux »Angst und Methode in den Verhaltenswissenschaften« (1976). Devereux formuliert darin eine elaborierte und radikale Theorie der Verwicklung der Forschenden in den Forschungsprozess und -gegenstand, in deren Mittelpunkt die Gegenübertragung der Forschenden einen unverzichtbaren Erkenntnisgewinn brächte – und vice versa Erkenntnisverluste, ließe man sie außer Acht. Damit korrespondierten dann Gegenübertragungswiderstände, »die sich als Methodologie tarnen« und vielfältige Verzerrungen der Erkenntnis bewirkten (1976, 17), wofür Devereux unzählige Beispiele bringt.

Dabei geht es Devereux um die affektive Verstrickung einer ForscherIn »mit dem Phänomen, das er [sie] untersucht«, und das »ihn [sie] oft an einer objektiven Einstellung hindert« (Devereux 1976, 25; Anm.d.V.). Diese Verstrickung verhält sich »im allgemeinen umgekehrt proportional zu seiner Objektivität diesem Phänomen gegenüber« (ebd., 26). Wichtig scheint mir folglich, dass derart emotional bedingte Verzerrungen – ich würde heute auch sagen: Ideologisierungen – schon vom Zugang auf einen Gegenstand her dort besonders zu erwarten sind, wo dieser Angst, »subjektive Verwundbarkeit«, Abwehrhaltungen usw. auszulösen in der Lage ist (ebd., 67f.). Ich meine, dass diese Dimension in den Diskussionen um Geschlechterdifferenz, Gender, Weiblichkeit und Männlichkeit sowie deren Form- und Konstruierbarkeit meistens überhaupt nicht bedacht wird und doch eine große Rolle spielt.

Was ich damit an Fragen aufwerfen will, bezieht sich darauf, ob und wie unser Nachdenken über Männlichkeits- und Weiblichkeitsvorstellungen, unsere Bemühungen, uns um die Geschlechterunterschiede zu kümmern oder aber sie weitgehend zu negieren, von solchen Bedürfnissen, Ängsten, Ideologien geprägt sind und wie sie die Ergebnisse – in diesem Fall verschiedene Gender-Zugänge – dann beeinflussen. Wenn ich mir etwa das oft recht selbstverständlich von den Lippen gehende Bekenntnis zum radikalen Konstruktivismus (oder der Dekonstruktion von Zweigeschlechtlichkeit) vergegenwärtige, dann frage ich mich folgerichtig, welche tieferen Bedürfnisse, ja vielleicht auch welche Ängste sich hinter diesem Interesse verbergen. Welches Bedürfnis lässt sich also, wenn alles am Menschen ohne jede Rücksicht auf Vorgaben zum Konstrukt erklärt wird, vermuten? Um welche gigantomanisch-narzisstische Dimension des Wunsches nach dem Motto »Wir machen uns und unsere Geschlechtlichkeit selbst!« könnte es sich dabei handeln? Ebenso gilt auf der anderen Seite für Positionen, die starr an traditionellen Formen des Mann-/Frauseins festhalten, dass es sich hier um Ängste vor oder Widerstände gegen die Auflösung vermeintlicher Sicherheiten handeln könnte, die dann im Bekenntnis zu einer biologistischen Betrachtung der Geschlechter gipfeln. Darauf komme ich später noch zurück.

3. Bio-psycho-sozial?

Bei den geschilderten Versuchen, Geschlecht in seiner (sogar als fließend gedachten) Differenziertheit als Mann und Frau oder als Mädchen und Junge sozusagen »ungeschehen« zu machen, stellt sich auch die Frage, ob mittlerweile das Verständnis des Menschen als eines bio-psycho-sozialen Wesens abgelöst worden ist (vgl. Beier,

Loewit 2011). Denn »bio-« ist unter den geschilderten Umständen eigentlich kein Thema mehr und löst sich in der Dominanz performativer Zuschreibungen von Geschlecht auf. Und auch »psycho-« – also die Ebene der Verarbeitung sozialer Definitionsmacht im Individuum – wird in den vornehmlich soziologischen (oder gar soziologistischen) gendertheoretischen Abhandlungen kaum mehr eingehend erörtert. In der Debatte um eine angeblich starre Geschlechterdichotomie (die wahrlich sozial »konstruiert« ist, weil heute niemand Ernst-zunehmender mehr starre Dichotomien vertritt) beziehungsweise um die Auflösung starrer Zweigeschlechtlichkeitsmuster scheinen viele – besonders Vertreterinnen eines »starren« Sozialkonstruktivismus – davon nichts mehr wissen zu wollen.

Nun ist auf einmal alles nur mehr »sozial« und durch erzieherische und gesellschaftliche Prägung – »Performation«, wie Butler (1990, 25) sagen würde – bedingt. Zugleich werden AutorInnen, die sich auf eine Berücksichtigung biologischer Ausgangspositionen von Geschlecht beziehen, vor dem Hintergrund der konstruktivistischen Thesen in den Bereich eines mehr oder weniger finsteren Biologismus verwiesen oder gar gänzlich ignoriert. So etwa Bischof-Köhler (2008), die – ohnehin unter Betonung der großen Plastizität und Veränderbarkeit vorgegebener Anlagen – die Unterschiedlichkeit der Mädchen- und Jungenentwicklung aufzuzeigen versucht. »Evolutionstheoretische« Bemühungen zur Erklärung bestimmter Verhaltensweisen (obwohl sie letztlich ja auch »sozialkonstruktivistisch« verstanden werden könnten) gelten in diesem Diskurs erst recht als abwegig, ebenso wenn es sich um den Versuch der Begründung von Geschlechtsunterschieden durch hormonelle Einflüsse handelt. So gehören Erklärungen bestimmter Verhaltensweisen durch Androgene oder Testosteron zu den Hauptärgernissen konstruktivistischer Auffassungen und werden meist auch durch das Vorkommen einzelner Abweichungen von gewissen Regeln wegdiskutiert.

Zudem wird häufig der Einwand laut – was in bestimmten Bereichen ja durchaus stimmen mag –, dass es zwischen Mädchen und Jungen auch beträchtliche Unterschiede innerhalb der Geschlechter gibt. Dies widerlegt allerdings noch nicht, dass bestimmte geschlechtstypische Verhaltensweisen statistisch gesehen, also hinsichtlich der erwartbaren Wahrscheinlichkeit ihres Auftretens, doch bei dem einen Geschlecht stärker beobachtbar sind als beim anderen, sodass bestimmte Merkmale des Verhaltens und Erlebens relativ klar mit dem einen Geschlecht korrelieren, während sie beim anderen kaum oder selten beobachtbar sind. Oder wie Bischof-Köhler (2008) es formuliert: »Angeborene Geschlechtsunterschiede zwingen uns zu nichts und verwehren uns keine Option. Aber sie bewirken, dass es Fühlen und Handeln gibt, das den meisten Männern und Frauen unterschiedlich leichtfällt« (Bischof-Köhler 2008; zit.n. Raether 2013, 1).

4. Erziehungswissenschaft, Psychoanalyse und Genderdiskurs

Der der feministischen Soziologie entstammende Gender-Diskurs kann hier natürlich aus Platzgründen nicht annähernd ausgebreitet und -diskutiert werden. Er gewinnt jedenfalls durch seine Anwendungen auf bestimmte soziale und pädagogische Phänomene auch in der Erziehungswissenschaft zunehmend Dominanz, sodass auch die Psychoanalytische Pädagogik nicht umhin kann, sich damit auseinander zu setzen.

Dabei fällt auf, dass Auseinandersetzungen zu pädagogischen Fragen nur mehr dem sozialen Geschlecht, also eigentlich doing gender, gewidmet sind. Das macht im Gegenzug die Beachtung von Sex im Rahmen von Psychoanalyse, Erziehungswissenschaft und Psychoanalytischer Pädagogik mehr oder weniger unsichtbar und verdrängt ihn aus dem Diskussionszusammenhang. Der Frankfurter Psychoanalytiker Reimut Reiche (1997) hat dazu schon vor 20 Jahren in einem relativ wenig beachteten Psyche-Aufsatz vor dem Verschwinden von Sex (und aus psychoanalytischer Sicht: der Triebtheorie) unter dem Einfluss dieser Gender-diskurs-Dominanz gewarnt:

> »Überall wo *gender* semantisch etabliert ist, darf von *sex* nur noch dann gesprochen werden, wenn auf die biologische oder anatomische Basis des Geschlechts Bezug genommen wird. Falls solche Bezogenheit überhaupt noch anerkannt wird. In einigen Diskursen ist *gender* zur Leitfigur avanciert und hat, epistemologisch betrachtet, die alte Hauptmetapher *Trieb* verdrängt. Das gilt besonders für diejenigen geistes- und sozialwissenschaftlichen Diskurse, die von der Psychoanalyse berührt sind. Das sogenannte Verhältnis von Psychoanalyse und Gesellschaft läuft in diesen Diskursen zunehmend über *gender* und nicht mehr über *Trieb*« (Reiche 1997, 926; Hervorh.i.O.).

Reiche (ebd.) verweist auch darauf, dass damit das leiborientierte Interesse an der Sexualität stark zurückgegangen sei, wie es etwa die Psychoanalytikerin Judith Kestenberg (1968), die den Gender-Begriff überhaupt noch nicht verwendete, sehr fruchtbringend entwickelt hat (vgl. etwa Kestenbergs Begriff der »inner genitality«). Stattdessen entwickelte sich ein verstärktes Interesse für Selbst- und Identitätsfragen, wie sie heute auch die Debatte um Geschlecht und Sexualität beherrschen. Reiche zieht für sich den Schluss daraus:»Wo von gender gesprochen wird, wird das sex verdrängt – Verdrängung hier zunächst physikalisch und semantisch und gar nicht psychoanalytisch verstanden« (ebd.).

Diese Zweiteilung des Diskurses in Sex und Gender ist – auch im Englischen – historisch relativ neu, hat dann aber schnell die geschlechterpolitische Bühne erobert und wird auch in der Pädagogik allerorten bereitwillig und sogar mit dem Nimbus unhinterfragbarer Selbstverständlichkeit reproduziert. Man könnte daraus den Eindruck gewinnen, meint Reiche (ebd., 930), als hülfen diese Annahmen dabei, die komplexen psychoanalytischen Grundannahmen von der Bisexualität zu vermeiden und – so könnte man ergänzen – die schwierigen Zusammenhänge mit biologischen Gegebenheiten des Geschlechtlichen lieber zu umgehen. Fragen des Sex blieben damit samt dem komplexen Phänomen der Bisexualität und dem verfänglichen Terrain der Sexualbiologie (und der Triebtheorie) besser ausgegrenzt, wonach nur mehr Aspekte des Gender weiterverfolgt werden (vgl. ebd.).

Insgesamt kann man jedenfalls von einer Diskursführerschaft des Gender-Konstruktivismus sprechen (vgl. etwa Quindeau 2008a; Faulstich-Wieland 2002; Wilz 2008), die auch Fragen der Erziehung und Bildung nachhaltig beeinflusst. Dies führte nach Reiche (1997) auch dazu, dass es auf einmal gar kein Sex mehr gab, auch nicht

als »Körpergeschlecht«, sondern nur noch Gender als sozial konstruiertes. Wer hingegen – und das dauert bis heute an – die Auffassung einer Körpergebundenheit von
Geschlechtsunterschieden vertritt, der gilt auch in Reiches Wahrnehmung als »chau-
vinistisch, altmodisch oder pseudoreligiös« (Reiche 1997, 947).

Die Existenz körperlicher Geschlechtsunterschiede und – damit zusammenhän-
gend – die Zweigeschlechtlichkeit grundlegend zu negieren und sie (gemeinsam mit
der Heterosexualität und Heteronormativität[1]) als den alles entscheidenden Ausgangspunkt von Herrschaft des männlichen über das weibliche Geschlecht anzusehen, der
beseitigt gehört, ist selbst eine Konstruktion, die sich in zahlreiche Widersprüche
verwickelt (allein schon die »Frauenfrage«, wenn es das weibliche und männliche
Geschlecht ja eigentlich nicht gibt) und die außerhalb ideologisch darauf abhebender
Kreise – und schon gar nicht in therapeutischen Belangen – auf wenig Verständnis
stößt (vgl. dazu auch Aigner 2017b).

5. Körperlosigkeit – Geschlecht – Herrschaft

Die Vernachlässigung der Bedeutung der körperlichen Dimension des Geschlechts
kritisiert auch die Frankfurter Psychoanalytikerin und Sexualwissenschaftlerin Sophi-
nette Becker (2013): Auch sie bemängelt, dass die Gender-Theorien und ihre konstruktivistischen Erklärungen so gut wie nichts an Unterschiedlichkeiten – v.a. körperliche – übriggelassen hätten. Daraus erklärt sie auch die sich abzeichnenden und gesellschaftspolitisch teils bedenklichen re-biologisierenden Gegenbewegungen, die zu
allen möglichen tatsächlich rückschrittlichen und antiemanzipatorischen Erklärungen
geschlechtsspezifischen Verhaltens geführt hätten und diesen neue Prominenz verlie-
hen. Diese Art konstruktivistischer Diskurs jedenfalls, so Becker, »hat die Geschlechterdifferenz völlig entkörperlicht. Übrig geblieben ist nur Sprache, Diskurs, symbolische Konstruktion und ›doing gender‹, das heißt Darstellung, Inszenierung, Performance des Geschlechts« (ebd., 9).

Becker (2013, 9) bekennt sich dagegen – und hier schließe ich mich an – zu einem
begrenzten Konstruktivismus und betont, dass sie natürlich konstruktivistische Perspektiven nicht generell infrage stellen wolle, sondern dass ihre Kritik »*nur bestimm-*

---

[1] In Kritik an Judith Butler (1990): So »anerkennt Butler nur einen Generator von Macht,
Zwang und Materie: *Hetero*. Diese Trope wird mit unterschiedlichen Komposita zusam-
mengefügt und wandert dann als *Hetero-Normativität*, Zwangsheterosexualität, heterosexuelle Hegemonie, Heterosexualisierung, heterosexuelle Regimes, heterosexistisch,
heterosexualisiert und Umsturz der Heterosexualität ... durch den Text« (Reiche 1997,
949; Hervorh.i.O.). Und weiter heißt es: »Es ist nicht mehr die ›Kultur‹ (Freud), die unserem Luststreben Einschränkungen auferlegt und darum Unbehagen bereitet; es ist auch
nicht mehr deren politökonomische Präzisierung als ›Gesellschaft‹ (Freudomarxisten von
Reich bis Marcuse); und schon gar nicht eine als ›Patriarchat‹ diagnostizierte Kultur
(konventioneller Feminismus vor der gender-konstruktivistischen Wende). Quelle des
Unbehagens ist das Hetero« (ebd., 950).

ten *Übertreibungen des Geschlechterkonstruktivismus, insbesondere im Hinblick auf Voluntarismus, Konfliktlosigkeit, Körperlosigkeit*« gälte (ebd., Hervorh.d.V.).

Nach vielen Diskussionen mit VertreterInnen des im akademischen Bereich themenführenden gendertheoretischen Spektrums kommt es mir vor, als ob die Gründe für die Außerachtlassung – oder sollten wir besser sagen: Vermeidung? – von Geschlechterdifferenz darin liegen, dass »Differenz« und Unterschied – wie schon angedeutet – häufig in eins gesetzt werden mit der Gefahr oder Möglichkeit des »Beherrscht Werdens« des einen zum Vorteil des anderen Geschlechts und auch zur Diskreditierung anderer Unterschiedlichkeiten oder Minderheiten. Daraus folgt klarerweise eine Vorsicht bzw. Ablehnung der Betonung einer oder mehrerer Differenzen zwischen den Geschlechtern und auch bestimmten sexuellen Uneindeutigkeiten, Vorlieben und Orientierungen. Der Geschlechtsunterschied gerät in Gefahr, generell dämonisiert zu werden, als ob »Unterschied« sozusagen essentiell »Unterdrückung« bedeutete und jemand, der sich darauf bezieht, politisch Bedenkliches im Schilde führen müsse (vgl. auch Aigner 2017a, 19ff.). Dies ist aber – mit Verlaub – eine Vorannahme, die nicht zwingend auf Geschlechterdifferenz an sich zurückgeführt werden kann – bestenfalls unter bestimmten gesellschaftlichen Verhältnissen – und deshalb selbst unter Ideologieverdacht gerät.

Zudem erscheint mir dieses Bestreben, wenn es denn allen Widersprüchen zum Trotz aufrechterhalten wird, auch Ausdruck einer tiefen Unsicherheit zu sein, wie ein egalitäres Zusammenleben dieser Geschlechter und vor allem wie die Integration der Abweichungen, die Jahrhunderte oder Jahrtausende lang diskriminiert wurden, gesellschaftlich herzustellen wäre. Denn leichter ist es natürlich, die mannigfachen Spannungen und Schwierigkeiten der Geschlechterordnung, jene mit den Abweichungen von der mehrheitlichen gesellschaftlichen Geschlechterausprägung oder jene mit der Integration besonderer sexueller Neigungen derart zu »lösen«, dass man nichts mehr als gegeben annimmt und damit alles unterschiedslos voraussetzt: Wo keine Abweichung und keine wesentlichen Unterschiede mehr existieren (sondern nur »many genders«), dort gibt es auch keine Integrationsprobleme.

6. Psychoanalytische Grundlagen

Nun wird auch oft behauptet, dass die klassischen Entwicklungstheorien früherer Theoretiker mehr oder weniger bewusstlos den patriarchalen Stereotypien aufgesessen und sie auch als wissenschaftliche Annahmen konstituiert und perpetuiert hätten. Zumindest für den Bereich der Psychoanalytischen Pädagogik und ihrer entwicklungstheoretischen Grundlagen von Freud an stimmt das mitnichten: Freud hatte – eingedenk bestimmter Widersprüche, in die er als im Hochpatriarchat sozialisierter Forscher verstrickt war – mit seiner Theorie der Bisexualität im theoretisch-konzeptionellen Sinn schon sehr früh alles andere als eine bipolare Stereotypie von Weiblichkeit und Männlichkeit vertreten. Im Gegenteil, er geht schon zu einem Zeitpunkt, als dafür keinerlei positive fachliche Resonanz zu erwarten war, sehr kritisch, aber doch auch teilweise zustimmend auf die offenbar damals schon vorhandenen

Bemühungen von Feministinnen nach »Gleichstellung« der Geschlechter ein, wenn er meint:

> »Durch den Widerspruch der Feministen, die uns eine völlige Gleichstellung und Gleichschätzung der Geschlechter aufdrängen wollen, wird man sich in solchen Urteilen nicht beirren lassen, wohl aber bereitwillig zugestehen, daß auch die Mehrzahl der Männer weit hinter dem männlichen Ideal zurückbleibt und daß alle menschlichen Individuen infolge ihrer bisexuellen Anlage und der gekreuzten Vererbung männliche und weibliche Charaktere in sich vereinigen, so daß die reine Männlichkeit und Weiblichkeit theoretische Konstruktionen bleiben mit ungesichertem Inhalt« (Freud 1925, 266).

Ja, Freud holt später noch kräftiger aus und schreibt, »daß das Verhältnis, in dem sich Männliches und Weibliches im Einzelwesen vermengt, ganz erheblichen Schwankungen unterliegt«, wir angesichts dieser Vermengungen geradezu »irrewerden« könnten und es demnach so ist, dass es nicht einfach Männlichkeit und Weiblichkeit gibt, »sondern jedesmal beides, nur von dem einen so viel mehr als von dem anderen« (1933, 546). Hier sind also schon deutlich Mischungsverhältnisse, das jeweils eine im psychischen Haushalt des Anderen und die »Normalität« dieser bisexuellen Anlage – aber eben als Anlage, nicht als konstruiert – hervorgehoben.

Wenngleich die NachfolgerInnen Freuds auf diesem Gebiet – wie auch auf anderen – oft hinter den Diskussions- und Theorielevel des Gründers der Psychoanalyse zurückgefallen sein dürften und oft recht stereotyp mit Geschlechterzuschreibungen und deren Begründung umgingen, kann doch behauptet werden, dass eine differenzierte psychoanalytische Entwicklungstheorie das Problem der binären Geschlechterkonstitution und seiner gesellschaftlichen Folgen für das Geschlechterverhältnis bereits von Anbeginn an kritisch im Blick hatte (die Zeit dafür aber offenbar »noch nicht reif« war).

Später hat zum Beispiel Irene Fast (1996) versucht, die Geschlechterdifferenzierung im Lauf der kindlichen Entwicklung durch die psychische Verarbeitung des Geschlechterunterschieds zu begründen und »nicht durch biologische Veränderungen der phallischen oder klitoralen Empfindungen« (Fast 1996, 137); aber auch das setzt zumindest diesen Geschlechtsunterschied als körperlichen voraus. Und dies scheint mir auch etwas ganz Entscheidendes zu sein: Kinder und Heranwachsende haben andere körperliche Voraussetzungen, an denen sich, woran sich dann, wie ErzieherInnen und Kinder-PsychotherapeutInnen zuhauf berichten könnten, zahlreiche Wahrnehmungen und Phantasien aufhängen. Diese sind natürlich mit kulturellen Mustern und Klischees verwoben und haben mit der Wahrnehmung weiblicher und männlicher Rollenmuster, väterlicher und mütterlicher Eigenschaften und Verhaltensweisen und der Identifikation damit zu tun. Aber sie sind zunächst einmal der Differenz im Körperlichen als anstoßgebende Entität zu verdanken. Die Differenz wird dabei als Entwicklungsprozess gefasst.

> »Der Geschlechtsunterschied ist mit einer Entwicklung gleichzusetzen, die von der narzißtischen Annahme, daß ihm sämtliche sexuellen und geschlechtlichen Eigen-

schaften zugänglich sind, hin zur Wahrnehmung der Grenzen führt, die durch die reale Beschaffenheit und die Funktionsweise seines Körpers gesetzt werden« (Fast 1996, 73).

Auch hier haben wir ihn wieder, den Körper, der sozusagen psychosexuell in vielfältiger Weise ausformbar, aber nicht ersetzbar oder beliebig manipulierbar ist. Es würde freilich zu weit führen, den gesamten Diskurs über die dekonstruktiven Bemühungen hinsichtlich der Geschlechterdifferenz hier wiederzugeben oder zu diskutieren. Stellvertretend sei noch die Psychoanalytikerin Ilka Quindeau (2008a, 2008b) referiert, die stärkere Differenzfestlegungen zwischen Männern und Frauen verwirft und vorschlägt, stattdessen von einer »Geschlechterspannung in jedem und jeder Einzelnen von uns« zu sprechen. »Denn eine solche Vorstellung ist weniger reduzierend und einschränkend, sie legt den Einzelnen weniger darauf fest, in einem normativen Sinne (genügend) männlich oder weiblich zu sein, sondern unterstützt die Vielfalt des Sexuellen und des Geschlechtlichen« (2008b, 224).

So weit, so gut, da können wohl viele EntwicklungstheoretikerInnen zustimmen; allerdings scheinen mir Quindeaus Vorstellungen, wonach wir etwa auch bei Fragen der »inner genitality«, die Kestenberg (1968, 152) formulierte, ruhig von einer Identität weiblicher wie männlicher Eigenarten ausgehen könnten, wenn die Männer ihre innere Genitalität nicht aus Gründen kultureller Prägung weitgehend abgewehrt hätten, stark überzogen (Quindeau, Dammasch 2014). Auch hier scheint mir im Gegensatz dazu zu gelten, dass die unterschiedlichen Voraussetzungen, die der Biologie des Männlichen und Weiblichen entstammen (etwa die Gebärfunktion), auch wenn sie je nach sozialen Verhältnissen und Einflussnahmen unterschiedlich erlebbar sind, so doch von entscheidender Bedeutung sind.

Bleiben wir kurz beim Beispiel der von Quindeau betonten, nicht nur auf Frauen beschränkten »Innergenitalität« (Quindeau, Dammasch, 2014, 46f.), die es bei Männern zweifellos auch (aber anders) gibt: Es wird schon so sein, dass diese Regung bei Männern im Gefolge anerzogener Abwehr von Innerlichkeit generell abgewehrt wird – aber: es ist dennoch für Männer schlicht etwas Anderes als für Frauen, innere und äußere Genitalien zu integrieren, was in der körperlichen Dimension, Lage und Morphologie der Genitalien begründet ist. Die Prostata – mit Verlaub, alternde Männer wissen, wovon ich rede – mit inneren Empfindungen auszustatten, ist neben der auf die Penis-Äußerlichkeit fixierenden männer-typischen Sozialisation auch vom Körperbild und dem daraus resultierenden Erleben her anders bzw. schwieriger als die seelische Integration jener inneren Organe, die angesichts der Morphologie der Frau zugänglicher und – in diesem Fall – weniger verborgen sind.

Dies soll genügen, um die Diskussion entlang der psychoanalytischen Entwicklungstheorie zur Geschlechtsentwicklung anzudeuten. Ich gehe also davon aus, dass wir es bei aller Vielfalt, die kulturelle Überformungen bewirken können und die niemand Ernstzunehmender heute bestreitet, doch grosso modo mit einer körperlichen Zweigeschlechtlichkeit zu tun haben, die aber recht unterschiedliche Ausprägungen, Zwischenformen, auch Leidensformen und verschiedenste Folgen für die seelische und soziale Entwicklung haben kann. Ich spreche deshalb mit Volkmar Sigusch von einem »geschlechtlichen Dimorphismus, der einen Dipsychismus samt Geschlechter-spannung bedingt« (2005, 27). Diese beiden Leitlinien – »Dimorphismus«, der ver-mittelt über weitgehend erzieherisch-kulturell bedingte Einflüsse in sozialen Bezie-hungen psychisch verarbeitet werden muss, führt zu einem prozesshaft zu verstehen-den »Dipsychismus« sexueller Identitäten, die sehr unterschiedlich sein können, aber auf eine grundlegende, dynamisch verstandene Zweigeschlechtlichkeit ohne Klischees und ohne Herrschaftsanspruch zurück-gehen.

7. Was Männer und Frauen, Mädchen und Jungen in pädagogischen Situationen Unterschiedliches tun

Wenden wir uns nun der »forschungspraktischen« Dimension der Geschlechtsunter-schiede in pädagogischen Handlungsfeldern zu. Freilich kann auf dieser Ebene nicht über die im ersten Teil diskutierte Frage konstruierter oder vorgegebener Geschlech-terdifferenzen entschieden werden. Aber auch auf dieser Ebene wurden ja, wie schon geschildert, immer wieder Thesen hypostasiert, wonach das Geschlecht im Rahmen professioneller pädagogischer Tätigkeiten keine Rolle spiele.

Dagegen sind wir im Zusammenhang mit meinen eigenen Forschungen zur Be-deutung von Männern und Vätern (vgl. Aigner 2013) in entwicklungspsychologischer und pädagogischer Hinsicht auch der Frage nachgegangen, was sie grundlegend von Frauen bzw. Müttern unterscheidet. Dabei hat uns nach ausgedehnten Vaterfor-schungsinitiativen auch die Bedeutung von Männern in der öffentlichen Erziehung und ihre Wirkung auf Kinder interessiert. Ausgangspunkt war die Überlegung, dass, wenn Männer im familiären Beziehungsgefüge von vielfältiger Bedeutung sind (iden-tifikatorisch, grenzsetzend, triangulierend usw.), ihnen auch im Beziehungsgefüge öffentlicher Erziehung eine analoge oder zumindest anderweitig bedeutsame Rolle zukommt. Aber welche und wie?

Ohne die Vaterrolle bruchlos auf andere Erziehungskonstellationen übertragen zu können, bleiben doch gewisse in diese Richtung weisende »Übertragungsbedeutun-gen«, die Männer von Seiten der Educandi/ae treffen und betreffen können. So erzähl-te einer unserer elementarpädagogischen Interviewpartner in unserer großen gesamt-österreichischen Kindergartenpädagogen-Studie (Aigner, Rohrmann 2012), dass es Kindern besonders in regressiven Zuständen wie Müdigkeit oder bei aufgeregten Begrüßungen schon mal passieren könne, dass sie den Erzieher als »Papi« titulieren:

> »Immer wieder wird davon berichtet, dass die Kinder zu einem männlichen Betreuer ›Papa‹ sagen. Ein Pädagoge spricht explizit davon, dass er für ein Kind der Ersatzpapa sei (TZ03: 25). Ein anderer berichtet: ›Heut bin ich wieder reingekommen, und dort schreien sie halt im Sprechchor: ‚Papa Papa Papa' das ist dann eher, sag ich jetzt, wenn

eine Frau hereinkommt, dann werden sie nicht ‚Mama Mama Mama' schreien« (TZ05: 788-792) (Aigner, Rohrmann 2012, 279).[2]

Ähnliches berichten auch Brandes et al. (2016) aus den Interviews mit männlichen Erziehern in ihrer sogenannte »Tandem-Studie«: »Die Übernahme einer väterlichen Rolle – insbesondere für Jungen und für die Kinder alleinerziehender Mütter – ist in den Interviews die am häufigsten vorgenommene Rollenzuschreibung« (Brandes et al. 2016, 150). Wir selbst konnten auch feststellen, dass besonders solche Jungen bemerkenswerte Reaktionen auf die Präsenz männlicher Fachkräfte zeigten, die im Alltag und zu Hause kaum von einer präsenten Vaterfigur profitieren konnten. Dies wurde von einem unserer Interviewpartner so ausgedrückt, dass er je nach Interaktionsverhalten erkennen könne, ob es bei einem Kind Vaterdefizite zu Hause gäbe oder nicht (Aigner et al. 2013, 95).

Darüber hinaus kamen wir auf mehrere Ergebnisse, die eine Bereicherung der elementarpädagogischen Welt durch teilnehmende männliche Fachkräfte als jene, die andere Inhalte und Themen als Frauen repräsentieren, aufzeigen: dabei fanden wir – ganz im Gegensatz zur Nivellierung der Bedeutung der Geschlechter – immer wieder nennenswerte Unterschiede, die sich – wie schon im Theorieteil dieser Arbeit betont – vielfach auf die Körperlichkeit des Kontaktes beziehen: so gehen Kinder Männer als Pädagogen anders an, vermuten dort Platz für »wildere« Aktivitäten als am Körper der Frau (Mutter). Aber auch zärtlich anlehnende Haltungen von Buben an männliche Pädagogen konnten wir beobachten, sodass von einer einseitig stereotypen Wirkung dieser Fachkräfte nicht die Rede sein kann. Auch die Erfahrungen der männlichen Fachkräfte selbst entsprechen diesen Beobachtungen. Und selbst deren weibliche Kolleginnen bestätigen Tendenzen wie die, dass männliche Kollegen den Kindern eine »längere Leine« ließen, risikofreudiger mit bestimmten Spiel- oder Experimentiersituationen umgehen und einen größeren und auch impulsiveren Bewegungsradius bewirkten (Aigner, Rohrmann 2012, 152f.). Männer spielen darüber hinaus mehr und lieber im Freien, lassen auch eher Kampfspiele oder -sportarten zu, beschäftigen sich eher wenig mit Basteln oder ähnlichen feinmotorischen Dingen (ebd., 150f.). Man kann gut sagen, dass diese »Elemente« eine Bereicherung des Kindergartenalltags darstellen, die in der ansonsten noch sehr stark »mütterlich« geprägten Kindergartenwelt wenig vorhanden sind.[3]

---

[2] Angaben wie »(TZ05: 788-792)« beziehen sich auf die Interview-Nummerierung in dieser Publikation.

[3] Dieses Vorfinden einer weit verbreiteten recht traditionalistisch-mütterlichen »Kultur« im Kindergarten macht auch das Argument hinfällig, durch das Hinzukommen von männlichen Fachkräften würde die Schere in Richtung traditioneller Geschlechterstereotypen weiter aufgehen: am größten ist diese Schere nach unserer Auffassung wohl da, wo Kinderbetreuung einfach Frauensache ist und Männer so gut wie nicht vorhanden sind. Und auch die »geschlechtersensible Ausbildung«, die uns oft beim Werben für mehr Männer warnend entgegengehalten wurde, ist nicht nur für männliche, sondern auch für weibliche Fachkräfte nach wie vor dringend angesagt (vgl. auch Aigner et al. 2014).

Brandes et al. (2016) kommen im Hinblick auf die Unterschiede zwischen ErzieherInnen weiblichen und männlichen Geschlechts zu etwas »weicheren« Aussagen, d.h. die Bedeutung des Geschlechts des Erziehungspersonals in Kindergartensituationen trat hier in manchen Belangen zwar auch, aber weniger deutlich auf. Es ist anzunehmen, dass dies am Setting – nämlich »gestellten« Situationen mit ganz bestimmter Aufgabenstellung – lag, in denen also die professionelle Reaktion im engeren Sinne im Vordergrund stand und weniger alltägliche spontane Reaktionen.

»Hinsichtlich von Standards pädagogischen Verhaltens lässt sich keinerlei Einfluss des Geschlechts nachweisen. Dagegen zeigen sich Unterschiede zwischen männlichen und weiblichen Fachkräften, wenn man Vorlieben und Neigungen hinsichtlich Materialien, Themen und Spielprinzipien in den Blick nimmt« (Brandes et al. 2016, 167).

So konnte auch diese ForscherInnen-Gruppe wie die unsere einige interessante unterscheidbare Merkmale, die eher bei männlichen Fachkräften feststellbar sind, verorten, etwa (auch von den Kindern aus) die »Vorliebe von Jungen zu gröberen Materialien, grobmotorischen Aktivitäten und Wettkampf«, während weibliche Fachkräfte eher »der Neigung von Mädchen für feinmotorische Aktivitäten und darstellendes Spiel« entgegenkommen (ebd., 169). Damit lässt sich ungeachtet der theoretischen Klärung, ob das nicht auch andersrum sein könnte, feststellen, »*dass es offenbar unter einigen Aspekten durchaus relevant ist, ob den Kindern ein Mann oder eine Frau als pädagogische Fachkraft gegenübertritt*« (ebd.; Hervorh.d.V.).

Man kann aber trotz des langsam ansteigenden gesellschaftlichen Bewusstseins für den erzieherischen Einfluss von Männern und Vätern auf Jungen und Mädchen feststellen, dass immer noch ein erheblicher empirischer Forschungsbedarf hinsichtlich der geschlechtsbezogenen Aspekte kindlicher Entwicklung besteht, insbesondere im Hinblick auf die interaktiven Bezüge zwischen Fachkräften und Kindern (oder auch zwischen LehrerInnen und SchülerInnen), die in vielen empirischen Studien völlig außen vor bleiben.

8. Die Ebene geschlechtsspezifischer Interaktionen

Freilich sind auch dies keine Belege für ein Vorhandensein »des« »typischen« männlichen Verhaltens in diesem pädagogischen Handlungsfeld. Alle Variationsbreiten und auch kulturspezifische Eigenheiten männlichen Verhaltens und Empfindens sind vorzufinden und zu reflektieren. Aber wenn innerhalb eines Kulturkreises etwa männliches Spielverhalten in relativ kohärenter Weise beschrieben ist, die deutliche Unterschiede zum weiblichen Spielverhalten aufweist, dann kann von zumindest für diese Kultur von »typisch männlich« bzw. »typisch weiblich« gesprochen werden. Rendtorff (1999) hat darauf hingewiesen, dass Geschlecht letztlich immer nur kulturell denkbar ist und niemals vorkulturell existieren kann; es sei »am Körper befestigt«, könne aber ohne Eintritt in eine symbolische Ordnung, die die Kultur bereitstellt, gar nicht erlebt werden. Deshalb erübrige sich eigentlich die Frage nach der »Ursprünglichkeit« von Männlichem oder Weiblichen, nicht aber die nach der Differenz selbst (Rendtorff 1999, 59).

Es handelt sich also um keine universellen Erklärungen, wie »der Mann« in pädagogischen Bezügen angeblich ist, sondern um eine Erklärung, die für die Arbeit mit Kindern und Jugendlichen im Rahmen unserer Kultur zutrifft – weshalb wir auch bewusst von »kulturell männlich« und »kulturell weiblich« sprechen. Dies bedingt dann folglich auch unterschiedliche Muster pädagogischer Beziehungen zwischen Pädagoginnen und Pädagogen auf der einen und Kindern auf der anderen Seite (Aigner, Rohrmann 2012, 13f.).

Was uns noch wichtig anzumerken erscheint, ist, dass die meisten bisherigen Studien fast ausschließlich auf das mittels Interview oder Fragebogen (qua Selbstbericht) erhobene bewusst wahrgenommene Verhalten von männlichen und weiblichen Fachkräften zielten, während die konkrete wechselseitige Interaktionspraxis mit Kindern samt der in sie eingehenden nicht bewussten Verhaltens- und Empfindungsweisen nicht oder kaum berücksichtigt wurde. Das Forschungsinteresse unserer Innsbrucker Pilotstudie zur Wirkung männlicher Kindergartenpädagogen (»Wirkungsstudie Innsbruck – W-INN«) bestand nun darin, erste differenzierte Hinweise auf die geschlechtsspezifische Wirkung von Erzieherinnen und Erziehern (erhoben an gemischtgeschlechtlichen und rein weiblichen Fachkräfteteams) auf die Kinder in Kitas zu sammeln, die auch unbewusste Tendenzen aufzeigen. Dabei wurde die potenzielle Bedeutung der Fachkräfte unterschiedlichen Geschlechts jeweils für Jungen und Mädchen speziell in den Blick genommen.

Es ging also auch um solche Verhaltens- und Erlebensweisen in Alltagsinteraktionen, die quasi »ohne es zu merken« Platz greifen. Die dabei im Mittelpunkt stehende Übertragungs-Gegenübertragungs-Dynamik beinhaltet selbstverständlich auch kulturell-männliche und kulturell-weibliche Haltungen, Erlebnisweisen und Zuschreibungen, die im interaktionellen Austausch wirksam werden. Die Annahme war, dass ein pädagogisches Beziehungsgefüge von nur Frau-Kind-Beziehungen mit hoher Wahrscheinlichkeit andere und auch ein geringeres Spektrum abdeckende Verhaltens- und Erlebensweisen beinhaltet als eines, in dem die Präsenz von Männern in pädagogischen Prozessen und Interaktionen gegeben ist. Dabei waren nicht nur, aber doch auch die sich entfaltenden Beziehungen von Buben und männlichen Pädagogen – besonders im Vergleich zu rein weiblich geführten Gruppen – von Interesse.

Die Studie lieferte schließlich – neben Parallelen zu den Ergebnissen anderer Studien – Hinweise darauf, dass es zwar keine signifikanten Bevorzugungen des einen oder anderen Geschlechts von Kindern in Abhängigkeit vom Geschlecht der Fachkraft gibt, dass es jedoch z.B. eine gewisse Tendenz mancher weiblicher Fachkräfte gibt, sich häufiger Mädchen zuzuwenden; dass andererseits männliche Kindergartenpädagogen vorallem gegenüber Buben eine in verschiedenen Dimensionen wirksam werdende erhöhte Bedeutung besitzen, z.B. indem sie die soziale Mobilität in von männlichen Kindergartenfachkräften angeleiteten Gruppen für Jungen deutlich erhöhen konnten, als dies in von weiblichen Kolleginnen geleiteten Gruppen beobachtbar ist; dass männliche Pädagogen offenbar speziell Jungen stärker dazu zu animieren scheinen, Extrovertiertheit und externalisierendes Verhalten zuzulassen. Sichtbar wurde auch, dass Buben in verschiedenster Hinsicht (Blick- und Körperkontakte, Streben nach ungeteilter Aufmerksamkeit etc.) häufiger die Nähe männlicher Erzieher suchen, während sie mit dem weiblichen Personal etwas häufiger in Konflikt geraten. Auch dass Jungen sich Unterstützung bei explorativem Verhalten, bei bestimmten Aufgaben und Spielen deutlich häufiger bei männlichen als bei weiblichen Fachkräften suchten, kam zutage. Interessant war auch, dass Jungen im Vergleich zu Mädchen deutlich häufiger den Eltern daheim von der männlichen Fachkraft erzählten (vgl. Aigner et al. 2013).

Insgesamt kann nach den Ergebnissen dieser Studie, die explizit die Interaktionen im pädagogischen Handlungsfeld einschließlich nicht intendierter Verhaltensmerkmale im Zentrum ihres Interesses hatte, von einem deutlichen »Buben-Männer-Effekt« gesprochen werden, der im Einzelnen allerdings noch durch größere Stichproben und detailliertere Studien abgesichert werden müsste. Männliche Fachkräfte im Kindergarten, so können wir schließen, erweisen sich damit als eine vor allem, aber nicht nur für Buben wirksame Diversifizierung und Anreicherung des Beziehungsalltags im Kindergarten.

9. Der verengte Blick auf messbare Leistungsmerkmale und seine gendertheoretischen Fehlschlüsse

Was in verschiedenen empirischen Studien weiterhin auffällt, ist, dass hier meistens nur relativ oberflächlich messbare Effekte der Geschlechterkonstellation (z.B. Schulerfolge) Gegenstand der Untersuchung waren – und daraus aber weitreichende Schlüsse gezogen wurden, die meines Erachtens nur genderideologisch und nicht wissenschaftlich begründbar sind. Am Beispiel des Streits um die Bedeutung von Männern als Lehrer möchte ich das abschließend zeigen.

So hat Helbig (2010)[4] in seiner viel zitierten Studie untersucht, ob das Fehlen männlicher Lehrer unter Umständen den Schulerfolg von männlichen Schülern negativ beeinflusste. Er kommt schließlich zu keinem eindeutigen Ergebnis, obwohl manches auf höhere Schwierigkeiten der Jungen im Fall weiblicher Lehrkräfte hinzuweisen scheint:

> »Die Ergebnisse zeigen, dass Jungen in Schulen mit vielen Lehrerinnen minimal schlechter in Mathematik bewertet werden und infolgedessen auch seltener für das Gymnasium empfohlen werden, als an Schulen mit weniger Lehrerinnen. Mädchen haben hingegen höhere Lesekompetenzen in Schulen mit vielen Lehrerinnen« (Helbig 2010, 93). Und es »wirkt sich ein höherer Anteil weiblicher Lehrkräfte nicht direkt auf

---

[4] Schon der Titel von Helbigs Beitrag – »Sind Lehrerinnen für den geringeren Schulerfolg von Jungen verantwortlich?« – verweist wieder auf eine geschlechterpolitische Dynamik, als ob jemand, der wegen des zunehmenden Fehlens männlicher Lehrer um den Schulerfolg der Jungen fürchtet, weibliche Lehrerinnen beschuldigen wollte, dass Schüler schlechter abschneiden.

die Gymnasialempfehlung von Jungen aus, sondern vermittelt über die Notenvergabe« – allerdings werden «an Schulen mit überdurchschnittlich vielen weiblichen Lehrkräften Jungen seltener auf das Gymnasium überwiesen werden als an Schulen mit weniger weiblichen Lehrkräften, ein solcher Zusammenhang ist für die Mädchen nicht zu beobachten« (ebd., 106).

Helbig schließt selbst aus diesen teils widersprüchlichen, teils jedenfalls nicht eindeutigen Ergebnissen, dass sie den Ruf nach mehr männlichen Pädagogen in der Schule in keiner Weise rechtfertigten. Freilich fehlen dabei – wie bei soziologischen Studien dieser Art meistens – jedwede entwicklungspsychologischen oder sozialisationstheoretischen Aspekte, die eine Beantwortung dieser Frage weit über den Begründungszusammenhang messbarer Schulerfolge hinaus ausdehnen müssten[5] – was wir auch tun wollen.

Man müsste – anstatt wie Helbig (2011) undifferenzierte »Feminisierungs«-Vorwürfe zu diskutieren – besser fragen, warum die Forderung und der Wunsch nach mehr Männern im pädagogischen Alltag sowohl von LehrerInnen wie Eltern, ja auch von der Schulpolitik immer wieder erhoben wird, die allesamt meinen, dass es gut wäre, mehr männliches pädagogisches Personal zu haben. In der Weise, die wir als gendertheoretischen bzw. -ideologischen Fehlschluss bezeichnen möchten, meint Helbig nämlich schließen zu müssen: »*Der Ruf nach Männern im Lehrerberuf ist das historische Erbe hegemonialer Männlichkeit, obligatorischer Heterosexualität und Homophobie, die sich fortsetzt in der Sorge vor einer Feminisierung von Jungen*« (ebd., 98; Hervorh.d.V.).

Das ist dann doch ein überraschender »Schnellschuss«, meine ich: Hat der Autor für diese zeitgeschichtlich-politische »Diagnose« auch empirische Ergebnisse vorzuweisen, wie er sie für die Schulerfolgsuntersuchung vorlegt? Oder werden hier nicht Eltern, PädagogInnen und VertreterInnen der Schulpolitik Motive unterstellt, die aus dem Arsenal soziologischer Genderforschung stammen und an der Grenze zur politischen Ideologie anzusiedeln sind? Wir meinen, dass es hier – ähnlich wie bei der Frage des Verlassens einer bio-psycho-sozialen Grundlegung menschlichen Seins zugunsten konstruktivistischer Auffassungen – um wissenschaftlich nicht zu entscheidende Behauptungen geht, die zumindest teilweise einer genderideologischen Ausrichtung angehören und deshalb nicht weiter untersucht werden können.

Ähnliche Ideologeme zeigen sich bei der Beurteilung unterschiedlicher Laufbahnchancen für Mädchen und Jungen: wie Helbig etwa schildert, »erhalten Mädchen häufiger eine Gymnasialempfehlung als Jungen. 42% der Mädchen werden für das Gymnasium empfohlen, aber nur 32% der Jungen« (ebd., 102). Abgesehen davon, dass ein derartiger »gap« (wie er sich auch bei Universitätsabschlüssen findet) im

---

[5] Helbig (2011) wirkt beispielsweise in solchen Fragen m.E. reichlich naiv, wenn er meint, sogar etwaige psychische Probleme von Jungen durch die Notengebung feststellen zu können: »Sollte das Fehlen der Männer in der Schule aber zu psychischen Problemen der Jungen führen, dann sollte sich dies im Verhalten der Jungen widerspiegeln und sich in der Notengebung durch die Lehrer wiederfinden. Dass dies nicht der Fall ist wurde im vorherigen Abschnitt gezeigt« (ebd., 27).

umgekehrten Fall wohl nicht so kommentarlos hingenommen würde, werden solche Nachteile für Jungen oft in der Weise relativiert, dass gesagt wird, diese hätten dann ohnehin in der Phase des Berufseinstiegs wieder Vorteile.

Dies ist ein gutes Beispiel für die Problematik der zu kurz greifenden zahlenmäßigen »Objektivierung« von Geschlechterverhältnissen. Als Erziehungswissenschaft-lerInnen, respektive als Psychoanalytische PädagogInnen interessiert uns nicht nur diese messbare Realität der prozentuellen Schulabgangs- oder Berufseinstiegschancen, sondern viel mehr, was es unter Umständen mit den Jungen (respektive den Mädchen) macht, wenn sie in Noten oder Aufstiegsempfehlungen wesentlich hinter den Mädchen nachhinken! Selbst für jene, die auf diesem Parkett Geschlechterkämpfe austragen, könnte ja die Überlegung interessant sein, ob solche Nachteile dazu führen, z.b. besonders maskuline Tendenzen bei Jungen zu fördern, um sich als cool und leistungsverweigernd zu geben usw. Dies alles kann dann auch greifbare Folgen für die Ausprägung bestimmter Geschlechtscharaktere oder -identitäten zeitigen, die pädagogisch sehr relevant sind. Dies nur als kleines Beispiel.

Insgesamt kann also – wiederum speziell aus psychoanalytisch-pädagogischer Sicht – gesagt werden, dass die Interaktion zwischen SchülerInnen und LehrerInnen oder zwischen Kindergartenkindern und ErzieherInnen in ihrer Komplexität, ihren bewussten und unbewussten Begleiterscheinungen Gegenstand der Forschung sein und werden muss, um tatsächlich etwas über die Auswirkungen geschlechtsspezifischer Einflüsse im Feld von Erziehung und Bildung aussagen zu können.

Resümee – Folgerungen

Man kann nach dieser kurzen Revue durch manche Besonderheiten und Widersprüche des gendertheoretischen Konstruktivismus und durch einige beispielhafte Ergebnisse zu geschlechtsdifferenten Aspekten des professionellen pädagogischen Verhaltens und Handelns feststellen, dass Geschlecht doch eine wichtige Einflussgröße professioneller Interaktionen in der Arbeit mit Kindern und Heranwachsenden darstellt. Die Psychoanalytische Pädagogik hatte bislang vielleicht einen zu sorglosen Blick auf das Problem Geschlechterdifferenz; diese muss heute neu überdacht und in ihrer Bedeutung relativiert werden, ohne den theoriegeleiteten Ansatz einer grundlegenden Zweigeschlechtlichkeit, wie er in der psychoanalytischen Entwicklungstheorie vertreten wird, aufzugeben.

So stellt Barbara Rendtorff (2004) hinsichtlich des Umgangs mit dieser Differenz fest, dass sie wie jede Unterschiedlichkeit eine *Fremdheit* und *Beunruhigung* bewirke (vgl. auch die Andeutungen zu Devereux [1976] in diesem Aufsatz), die erziehungswissenschaftlich ernst genommen werden sollten. »Geschlecht ist Differenz«, meint Rendtorff, weshalb dies auch »zum bevorzugten Feld von Definitionen, Leugnungs- und Bewältigungsstrategien« würde (Rendtorff 2004, 110). Sowohl die Geschlechtstypisierung mit bestimmten rigid-bipolaren männlichen und weiblichen Eigenschaften, als auch die »Löschung von Geschlechterdifferenz« unterstützen letztlich den hierarchisierenden Effekt der Geschlechterordnung: ersteres mittels stereotypisierender Klischees, letzteres mittels Wegschauen und damit auch Ignoranz möglicher unterschiedlicher Voraussetzungen, die zu berücksichtigen einer egalitären professionellen Umgangsweise von Pädagoginnen und Pädagogen mit Kindern beiderlei Geschlechts angemessen wäre.

Literatur

Aigner, J.C. (2013): Der ferne Vater. Zur Psychoanalyse von Vatererfahrung, männlicher Entwicklung und negativem Ödipuskomplex. Psychosozial-Verlag: Gießen

Aigner, J.C. (2017a): Männlichkeit – ein neuer dunkler Kontinent in der Psychoanalyse? In: Dammasch, F., Metzger, H.-G.: Männlichkeit, Sexualität, Aggression. Zur Psychoanalyse männlicher Identität und Vaterschaft. Psychosozial-Verlag: Gießen, 19-34

Aigner, J.C. (2017b): Männlichkeit und männliche Sexualität als das Andere, Fremde – wovor Genderforscher/-innen Angst haben könnten. In: Franz, M., Karger, A. (Hrsg.): Männliche Sexualität und Bindung. Vandenhoeck & Ruprecht: Göttingen, 291-312

Aigner, J.C. (2016) (Hrsg.): Der andere Mann. Ein alternativer Blick auf die Entwicklung, Lebenslagen und Probleme von Männern heute. Psychosozial-Verlag: Gießen

Aigner, J.C., Rohrmann, T. (2012) (Hrsg.): Elementar. Männer in der pädagogischen Arbeit mit Kindern. Barbara Budrich: Opladen

Aigner, J.C., Burkhardt, L., Huber, J., Poscheschnik, G., Traxl, B. (2013): »W-INN – Wirkungsstudie Innsbruck. Zur Wirkung männlicher Kindergartenpädagogen auf Kinder im elementarpädagogischen Alltag«. Männerpolitische Grundsatzabteilung am Bundesministerium für Arbeit, Soziales und Konsumentenschutz: Wien

Aigner; J.C., Huber, J., Traxl, B., Burkhardt, L. (2014): Geschlecht als Einflussgröße professioneller Interaktionen in der Frühpädagogik: zur Bedeutung von männlichen Fachkräften in Kitas. In: Erziehung und Unterricht (Heft 5-6), 378-386

Becker, S. (2013): Bisexuelle Omnipotenz als Leitkultur? Sexuelle Verhältnisse im gesellschaftlichen Wandel. Psychoanalyse im Widerspruch 25 (Heft 49), 7-25

Beier, K.M., Loewit, K. (2011): Praxisleitfaden Sexualmedizin. Von der Theorie zur Therapie. Springer: Berlin u.a.

Bischof-Köhler, D. (2008): Geschlechtstypisches Verhalten von Jungen aus evolutionstheoretischer und entwicklungspsychologischer Perspektive. In: Matzner, M., Tischner, W. (Hrsg.): Handbuch Jungen-Pädagogik. Beltz: Weinheim u.a., 18-33

Brandes, H., Andrä, M., Röseler, W., Schneider-Andrich, P. (2016): Macht das Geschlecht einen Unterschied? Barbara Budrich: Opladen u.a.

Butler, J. (1990). Das Unbehagen der Geschlechter. Suhrkamp: Frankfurt/M.

Devereux, G. (1976): Angst und Methode in den Verhaltenswissenschaften. Ullstein: Frankfurt/M. u.a.

Fast, I. (1996): Von der Einheit zur Differenz. Psychoanalyse der Geschlechtsidentität. Fischer: Frankfurt/M.

Faulstich-Wieland, H. (2002): Frauen und Studium – Frauenstudium in der Erziehungswissenschaft. In: Otto, H.-U., Rauschenbach, T., Vogel, P. (Hrsg.): Erziehungswissenschaft: Lehre und Studium. UTB: Stuttgart, 173-184

Freud, S. (1925): Einige psychische Folgen des anatomischen Geschlechtsunterschieds. In: Sigmund Freud Studienausgabe, Bd. V, Fischer: Frankfurt/M., 253-266

Freud, S. (1933): Die Weiblichkeit. In: Neue Folge der Vorlesungen zur Einführung in die Psychoanalyse. Sigmund Freud Studienausgabe, Bd. I, 544-565

Glaser, E., Klika, D., Prengel, A. (Hrsg.): Handbuch Gender und Erziehungswissenschaft. Klinkhardt: Bad Heilbrunn

Helbig, M. (2010): Sind Lehrerinnen für den geringeren Schulerfolg von Jungen verantwortlich? In: Kölner Zeitschrift für Soziologie 62, 93-111

Helbig, M. (2011): Es sind nicht die Lehrerinnen. Empirische Belege zum Geschlecht der Lehrkraft und dem Schulerfolg der Kinder. In: Bulletin (Heft 37), 20-31

Kestenberg, J. (1968): innen und außen – männlich und weiblich. In: Eickhoff, F.-W., Loch, W. (Hrsg.) (1993): Jahrbuch der Psychoanalyse 31. frommann-holzboog: Stuttgart, 151-188

Quindeau, I. (2008a). Psychoanalyse. Fink: Paderborn

Quindeau, I. (2008b): Verführung und Begehren. Die psychoanalytische Sexualtherapie nach Freud. Klett-Cotta: Stuttgart

Quindeau, I., Dammasch, F. (2014): Männlichkeiten. Wie weibliche und männliche Psychoanalytiker Jungen und Männer behandeln. Klett-Cotta: Stuttgart

Raether, E. (2013):»Keine falschen Schlüsse ziehen«. Und was sagt die Biologie? Ein Gespräch mit der Psychologin Doris Bischof-Köhler über die großen Unterschiede. In: Zeit-Magazin, 06.06.2013. Online: http://www.zeit.de/2013/24/-genderforschung-evolutionsbiologie (Zugriff: 02.01.2018)

Reiche, R. (1997): Gender ohne Sex. Geschichte, Funktion und Funktionswandel des Begriffs»Gender«. In: Psyche 51 (Heft 9-10), 926-957

Rendtorff, B. (1999): Geschlecht als Kategorie – soziale, strukturelle und historische Aspekte. In: Rendtorff, B., Moser, V. (Hrsg.): Geschlecht und Geschlechterverhältnisse in der Erziehungswissenschaft. Springer: Heidelberg u.a., 9-68

Rentdorff, B. (2004): Theorien der Differenz. Anregungen aus Philosophie und Psychoanalyse. In: Glaser, E., Klika, D., Prengel, A. (Hrsg.): Handbuch Gender und Erziehungswissenschaft. Klinkhardt: Bad Heilbronn, 102-112

Sigusch, V. (2005): Strukturwandel der Sexualität in den letzten Jahrzehnten. In: Lemmen, K., Schepers, J., Sweers, H., Tillmann, K. (Hrsg.): Sexualität wohin? Hinblicke. Einblicke. Ausblicke. Deutsche Aids-Hilfe: Berlin, 7-28

Wilz, S.M. (2008) (Hrsg.): Geschlechterdifferenzen – Geschlechterdifferenzierungen. Ein Überblick über gesellschaftliche Entwicklungen und theoretische Positionen. VS Verlag: Wiesbaden

Winter, R. (2016): Der werdende Mann. Jungen und ihre Problemlagen heute. In: Aigner, J.C. (Hrsg.): Der andere Mann. Ein alternativer Blick auf die Entwicklung, Lebenslagen und Probleme von Männern heute. Psychosozial-Verlag: Gießen, 37-58

Univ.-Prof. Dr. Dr. h.c. Josef Christian Aigner
Weiherburggasse 27i, A-6020 Innsbruck
josefchristianaigner@gmail.com
Tel.: 0043 – 512 – 257431

Frank Dammasch

Entwicklungsprozesse des männlichen Kindes und Jugendlichen. Gespräch mit einer psychoanalytisch gebildeten Studentin[6]

Summary

Developmental processes of the male child and adolescent. Conversation with a psychoanalytically educated student

After a discourse on the defining factors of gender identity, the psychosocial development of the boy in the field of tension between sex and gender, nature and culture along the Freudian phases in drive theory is illuminated. This illustrates that the central conflict of early male development is located in the field of tension between primary female and secondary male identification. Early incest fantasies and castration fears lead, especially when the father is not emotionally present, to the overcompensation and stereotyping of the heterosexual male and to the defence of the feminine which can lead to inner conflicts especially in adolescence.

Keywords: boy development, male fears, meaning of the father

Zusammenfassung

Nach einem Diskurs über die Prägungsfaktoren geschlechtlicher Identität wird die psychosoziale Entwicklung des Jungen im Spannungsfeld von Sex und Gender, Natur und Kultur entlang der freudschen triebtheoretischen Phasen ausgeleuchtet. Es wird deutlich, dass der zentrale Konflikt der frühen männlichen Entwicklung im Spannungsfeld von primärer weiblicher und sekundärer männlicher Identifikation liegt. Frühe Inzestphantasien und Kastrationsängste führen insbesondere bei einem nicht emotional präsenten Vater zur Überkompensation und Stereotypisierung des heterosexuell Männlichen und zur Abwehr des Weiblichen, was besonders in der Adoleszenz zu inneren Konflikten führen kann.

Schlüsselbegriffe: Schlüsselbegriffe: Jungenentwicklung, männliche Ängste, Vaterbedeutung

Geschlechtsidentität zwischen biologischer und sozialer Formung

---

[6] Da ich als Leser die Lebendigkeit und Anschaulichkeit guter Interviews schätze, habe ich versucht, meine theoretischen Überlegungen in ein Zwiegespräch mit einer fiktiven psychoanalytisch vorgebildeten Studentin zu fassen. Eine ältere, unbearbeitete Fassung dieses fiktiven Dialogs war die Grundlage für eine Debatte mit meiner Kollegin Ilka Quindeau, die uns in dem gemeinsamen Buch »Männlichkeit – Wie weibliche und männliche Psychoanalytiker Jungen und Männer behandeln« (Quindeau, Dammasch 2014) als ausführliche theoretische Einleitung diente.

In der wissenschaftlichen Literatur zur Geschlechterentwicklung werde ich mit einer verwirrenden Vielfalt konfrontiert. Auf der einen Seite stehen die kritischen Soziologen, die alle Persönlichkeitsprägungen den gesellschaftlichen Bedingungen zuschreiben, auf der anderen Seite stehen die Biologen und Mediziner, die von der zentralen Rolle der Gene, Chromosomen und Hormone bei der Prägung der Geschlechtsidentität überzeugt sind. Wie sehen Sie die Formungsbedingungen der Geschlechtsidentität?

Die Psychoanalyse verortet sich seit Freud als eine Wissenschaft, die den Menschen in seiner wechselseitigen Abhängigkeit von der Natur und von der Kultur betrachtet. Genauer gesagt: Das Subjekt entwickelt sich im Spannungsfeld seiner biologischen Anlagen und seiner sozialen Prägungen.

So wie Freud betrachten wir das Tier im Menschen, denn immerhin teilen wir ja bis zu 99 Prozent (Bonobo-Affen) unserer genetischen Ausstattung mit den Primaten, wozu auch die evolutionsbiologische Prämisse gehört, die Art zu erhalten. Aber wir wissen auch: Das Tier in uns – oder sagen wir besser: unsere Triebnatur – wird sozial geformt durch die frühen Erfahrungen mit unseren Bezugspersonen. Die menschliche Fähigkeit, die Außenwelt in sich aufzunehmen und spezifisch zu formen, führt zu einer erstaunlichen autoplastischen Anpassungsfähigkeit an die unterschiedlichsten Umweltbedingungen und gleichzeitig zur alloplastischen Anpassungsfähigkeit, unsere Umwelt entsprechend unserer inneren Realität zu formen. Hinzu kommt unsere Gewissensbildung, die zumindest die Veräußerlichung unserer Triebnatur mitbestimmt. Der Frankfurter Psychoanalytiker Alfred Lorenzer (1981; 1983) nannte die Grundbausteine der menschlichen Subjektivität »Interaktionsformen«, weil die Psyche sich aus den Interaktionserfahrungen mit den wichtigen Bezugspersonen formt. Diese Interaktionsformen lösen sich im Laufe der Entwicklung aus dem Bedürfnis-Befriedigungs-Zirkel. Wir werden immer mehr fähig, uns Befriedigungserlebnisse und Objekterfahrungen zu imaginieren. Wir können uns das Abwesende vorstellen und in der Sprachentwicklung auch benennen. Durch diese Fähigkeit, Symbole zu bilden, die basal mit dem Potential und der Plastizität unseres Gehirns zusammenhängt, können wir kulturelle Werte und unterschiedliche Kulturen erschaffen. Auf unser Thema bezogen: Das männliche Geschlecht wird wesentlich durch die Biologie geprägt, durch Gene und Hormone, aber welche Ausprägung, welche symbolischen Interaktionsformen mit der geschlechtlichen Triebnatur dann verbunden werden, das bestimmen die kulturellen und gesellschaftlichen Verhältnisse, in denen wir uns bewegen. Die Normen und Werte der spezifischen Gruppe und Gesellschaft und deren Männlichkeits- und Weiblichkeitsbilder werden durch die spezifischen Interaktionserfahrungen mit Vater, Mutter, Geschwistern, ErzieherInnen und LehrerInnen an uns herangetragen. Auf bewusster und unbewusster Ebene. Welcher Wert den spezifischen Kategorien von Männlichkeit jeweils beigemessen wird, bestimmt der Wertekanon der aktuell bestimmenden Wirtschafts- und Gesellschaftsordnung bzw. deren unterschiedliche Milieus oder Religionsgemeinschaften.

Das klingt theoretisch plausibel. Ging aber Sigmund Freud nicht von einer grundsätzlichen Bisexualität des Menschen aus?

Freud (1930, 465) hat uns gelehrt, dass der »Mensch ein Tierwesen von unzweideutig bisexueller Anlage ist«. Allerdings trachte der Mensch zwar danach, männliche und weibliche Triebwünsche zu befriedigen, dennoch könnten sie bezogen auf ein Sexualobjekt einander stören, wenn es »nicht gelingt, sie auseinander zu halten und jede Regung in eine besondere, ihr angemessene Bahn zu leiten« (Freud 1930, 466).

Im Kontext der Objektbeziehungspsychologie können wir Freuds Konzept der Bisexualität zum Verständnis einer reifen Geschlechtsidentität etwa so erweitern: Eine reife Geschlechtsidentität basiert auf dem im Körperbild verankerten sicheren Gefühl der Konstanz der eigenen Geschlechtlichkeit, welche gleichzeitig die Integration von männlichen und weiblichen Objektrepräsentanzen in das Selbstbild ermöglicht. Eine stabile Geschlechtsidentität mit der Möglichkeit eines flexiblen Changierens zwischen weiblichen und männlichen Selbstanteilen ist immer auch ein Produkt gelungener Triangulierung.

Gilt denn diese Vorstellung einer reifen Geschlechtsidentität für beide Geschlechter?

Im Prinzip ja, nur stellen wir in der sozialen Realität fest, dass die Entwicklung zu einer dergestalt modernen Geschlechtsidentität für den Jungen ein sehr viel schwierigeres Unterfangen zu sein scheint als für das Mädchen. Sigmund Freud sah in der Überkompensation des Männlichen den stärksten Übertragungswiderstand des Mannes, und Ralph Greenson (1968) betonte, dass sich Männer ihrer Männlichkeit weit unsicherer sind als Frauen ihrer Weiblichkeit. Das Gefühl der Sicherheit der Konstanz der eigenen männlichen Geschlechtszugehörigkeit erscheint extrem labil, was zu zahlreichen, häufig auch aggressiven Überbetonungen von Männlichkeit führen kann.

Erleben Sie dies denn auch in ihrer kindertherapeutischen Praxis?

Insbesondere unruhige oder aggressive Jungen sind häufig mit der Absicherung ihrer labilen Männlichkeit beschäftigt. Dies tun sie häufig dadurch, dass sie eigene weibliche Anteile weit von sich weisen. Dass der Kampf gegen das Weibliche auch mit der Instabilität des eigenen genitalen Körperbildes zu tun haben kann, zeigte mir der elfjährige Jonas:
Der Patient lebt bei seiner alleinerziehenden Mutter. Er macht einen eher femininen Eindruck, hat aber ausgeprägte Köpfungs- und Zerstückelungsphantasien, die er zeichnerisch darstellt. In der Schule spielt er gerne Theater. Als wir darüber ins Gespräch kommen, ob er später mal gerne zum Film gehen wolle, vielleicht Schauspieler werden wolle, schaut er mich entrüstet an und sagt vorwurfsvoll: »Niemals!« Ich frage nach dem Grund: »›Da muss ich ja auch Frauenrollen spielen‹. ›Ja, und was ist daran so schlimm‹? ›Da muss ich einen Rock anziehen‹. ›Ja und‹? ›Vom Kopf her finde ich das eigentlich nicht so schlimm, aber vom Gefühl her, hier im Bauch, das geht nicht. Ich kann kein Mädchen spielen, ich bin doch ein Junge‹« sagt er fast fle-

hentlich. Im weiteren Gespräch kommen wir dann zu den »Schottenröcken«, und er kann mir schließlich anvertrauen, dass ein Rock ja unten offen sei und man von unten aufgespießt werden könne, z.b. in früheren Kriegen, wo ein Bajonett auf den Gewehrmündungen gesteckt habe.

Sicher haben wir es hier mit einer sehr ausgeprägten körperlich spürbaren Angst vor der genitalen Verweiblichung zu tun, die sich in destruktiven Penetrationsängsten ausdrückt. Aber auch bei anderen unruhigen Jungen, die oft ohne Vater groß werden, zeigt sich eine starke, oft aggressive Gegenbesetzung gegen die weiblich-mütterlichen Seiten. Genauer gesagt kämpfen Jungen und auch männliche Jugendliche häufig gegen das Gefühl emotionaler Abhängigkeit, weil sie das doch zwangsläufig unbewusst mit den Erlebnissen der frühen Mutter-Kind Dyade in Berührung bringt – also einer Zeit, wo sie noch nicht männlich waren, sondern nur absolut abhängiger Säugling in einem weiblich mütterlichen Kosmos.

Nun sind wir bei den frühen Entwicklungsbedingungen des Jungen angekommen. Sie hatten anfangs vom Wechselspiel zwischen körperlicher Reifung und psychosozialer Entwicklung geredet. Wie gestaltet sich nun die Entwicklung des Jungen aus psychoanalytischer Perspektive?

Die Erfahrungen des kleinen Kindes werden einerseits von seinem körperlichen Bedarf einschließlich der Bindungsbedürfnisse bestimmt, andererseits aber von den sozialen und psychischen Beziehungsmustern, die Mutter und Vater an das Kind herantragen. Die Interaktionsmatrix der Eltern wird auch durch deren Begehrensstruktur einschließlich der spezifischen Geschlechterzuschreibungen mitbestimmt. So löst die Aussicht, einen Jungen zu bekommen, schon in der Schwangerschaft bei den Eltern neben allgemein menschlichen und kulturspezifischen auch geschlechtsspezifisch bewusste Vorstellungen, aber auch unbewusste Phantasien aus. In der Mutter werden die eigenen Männlichkeitsbilder aktiviert. Dieses innere Männerbild setzt sich zusammen aus den Erlebnissen z.B. mit dem eigenen Vater, dem Bruder, dem ersten Freund, dem Vater des Kindes, aber auch aus der Identifikation mit dem Blick der eigenen Mutter auf das Männliche. Anders als bei der Tochter, wird bei der Geburt eines Sohnes in der Erlebniswelt der Mutter zwangsläufig eine trianguläre ödipale Struktur aktiviert. Ilka Quindeau (Quindeau, Dammasch 2014, 23) weist darauf hin, dass die unbewussten Zuschreibungen, die »rätselhaften Botschaften« im Sinne Laplanches, ein »ganzes Konglomerat von geschlechtsbezogenen Selbst- und Objektrepräsentanzen umfassen, die das Kind unausweichlich introjiziert, wenn es als Junge (bzw. als Mädchen) bezeichnet wird«. Diese ödipale Begehrensstruktur der Mutter bleibt im unbewussten Hintergrund des sinnlichen Wechselspiels der Mutter-Kind-Dyade. Die Mutter sieht in ihrem Sohn also bewusst primär den bedürftigen abhängigen Säugling und nicht den kleinen Mann.

Bei einer traumatisierten, z.B. sexuell missbrauchten Mutter besteht allerdings die Möglichkeit, dass sie schon früh in ihrem kleinen Kind den zukünftigen heterosexuellen Mann sieht. Hierzu ein Beispiel aus einer Familienbeobachtungsstudie. Dort konnten wir eine Mutter beobachten, die permanent damit beschäftigt war, ihren dreijährigen Sohn zu kontrollieren und zu ermahnen. Kaum etwas konnte er richtig machen. Ihr Erziehungsverhalten war der Mutter nicht bewusst. In Tiefeninterviews erfuhren wir zu unserer Überraschung, dass die Mutter ganz stolz auf ihn sei, weil er sich schon früh als heterosexuell interessiert zeigte. Die Mutter erzählte wohlwollend: »Wenn er eine hübsche junge Frau sieht, dann läuft er ihr hinterher. Ja, letztens ist eine halbnackte Dame nach rechts abgebogen und wir sind geradeaus gegangen. Da ist er ihr hinterher gelaufen, und ich sagte zu ihm: ›Hallo, wir gehen da lang‹. ›Aber dieses hübsche Mädchen ist doch da lang gegangen‹. Solche Sprüche schon von Anfang an. Er war sechs Monate, ein halbes Jahr alt, da hat er schon Frauen nachgeschaut und ihnen schöne Augen gemacht«. Wir sehen in diesem Beispiel, wie diese Mutter schon im Kleinkind den heterosexuell agierenden Mann erkennt. Dass dies auch die Mutter-Kind-Interaktion in einer übergriffigen Weise für den Sohn frühzeitig sexualisiert, ist ihr nicht bewusst. In einem späteren Gespräch konnte sie von ihren eigenen frühen Erfahrungen mit der sexuellen Übergriffigkeit eines Verwandten erzählen. Ihr wurde nun vage bewusst, dass ihr stark kontrollierendes, gleichwohl vergebliches Reglementieren des Verhaltens ihres Sohnes mit eigenen traumatisierenden Erfahrungen mit übergriffiger Männlichkeit zu tun haben könnte. Aufgrund der eigenen bedrängenden Zuschreibungen an ihren Sohn, konnte sie nur unzureichend die abhängige Bedürftigkeit und die Bindungswünsche ihres kleinen Kindes sehen und befriedigen.

Sie gehen also davon aus, dass neben der Körperlichkeit es vor allem die unbewussten Einschreibungen von Mutter und Vater sind, die aus dem Kind einen Jungen machen?

Wie gesagt, als Analytiker sehen wir den Sozialisationsprozess als eine dynamische Interaktion zwischen Natur und Kultur. Interessant ist der Blick, den Eltern auf die Geschlechterentwicklung ihrer Kinder haben. Seit 2010 führe ich gemeinsam mit Marian Kratz (zur Methode: Dammasch, Kratz 2014) an der Fachhoch-schule Frankfurt ein fortlaufendes Forschungsprojekt durch mit dem Titel: »Die frühen Beziehungsmuster von Jungen«. In den inzwischen mehr als 100 Familienbeobachtungen und Interviews mit den Eltern zeigte sich entgegen unserer Erwartung, dass die Mehrheit der Mütter und Väter kulturübergreifend meinen, dass die Geschlechtsidentität einschließlich der spezifischen Verhaltensweisen ihrer Söhne im Kern biologisch geprägt sei. Mehrere Mütter und Väter gaben an, dass sie vor der Geburt der Kinder eigentlich davon ausgingen, dass geschlechtsspezifisches Verhalten durch Erziehung geformt würde, dass sie aber im Laufe der Entwicklung ihrer Kinder doch immer stärker zu der Überzeugung gekommen sind, dass »viel wohl auch genetisch« oder »hormonell« festgelegt sei. Eine typische Aussage einer Mutter zu der Frage, ob es Unterschiede zwischen Mädchen und Jungen gäbe, lautet: »Also bevor ich Kinder hatte, hätt' ich ›Nein‹ gesagt. Seitdem ich Kinder habe, sag ich: ›Ja‹«.

Ein Vater sagt: »Ich war früher der festen Überzeugung, dass sich Jungs für Autos interessieren und, äh, Mädels für Puppen, ist ausschließlich Erziehung. Und das glaub' ich inzwischen nicht mehr so. Also, da ist irgendwie auch noch was eingebrannt, sag ich jetzt mal, von Anfang an«.

Wir können Ergebnisse aus soziologischen Studien also bestätigen, dass eine Paarbeziehung in der Realität des Elternseins eine Bewegung hin zu traditionellen Rollenvorstellungen durchmacht. Ob dies nun kulturell konstruiert ist oder schlicht auf der Konfrontation der Eltern mit der bio-psycho-sozialen Wirklichkeit ihres Sohnes und ihrer Tochter zu tun hat, möchte ich offen lassen. Jedenfalls konnten wir bei unseren Beobachtungen der Eltern-Kind-Interaktionen in jeder Familie geschlechtsspezifische Stereotype bei der Auswahl der Spielsachen, im Spielverhalten, in der Art der Beziehungsgestaltung schon im zweiten Lebensjahr feststellen. Zugleich beklagen aber mehrere deutsche Elternpaare, dass sie sich von der in den Spielzeugläden vorhandenen Auswahl und der »schrecklichen« Geschlechterzuschreibung in Rosa für Mädchen und Blau für Jungen unausweichlich in eine stereotype Richtung gedrängt fühlen. Im Kindergarten werden geschlechtsspezifische Vorlieben bei Spiel- und Beziehungsverhalten ab etwa vier Jahren deutlich. Forschungen mit bindungstheoretischem Hintergrund zeigen, dass insbesondere Kinder mit unsicherer Bindung zu geschlechtsstereotypen Verhaltensmustern neigen. So tendieren Jungen mit unsicherer Bindung eher zu einem männlich-aggressiven, während Mädchen mit unsicherer Bindung eher zu einem weiblich-passiven Verhaltensmuster tendieren (Turner 1991, 1475).

Aber das Kind wird doch nicht nur durch die innere Repräsentanzenwelt und Geschlechterzuschreibung der Eltern zu einem Jungen, oder?

Festzuhalten bleibt: Die Beziehungsmuster und Vorstellungen vor allem der Mutter bestimmen genauso wie das spezifische Temperament und die Körperlichkeit die verinnerlichten Interaktionsformen des Sohnes. Im psychischen Innenraum der Mutter wird bei der Interaktion mit dem Sohn eine heterosexuelle ödipale Triade aktiviert. Welche Qualität diese frühe triadische Erfahrung hat, hängt wesentlich von der libidinösen Besetzung und Repräsentanz des Vaters und dessen Männlichkeit ab. Die Identifikation des Jungen mit seiner Männlichkeit und mit dem Vater wird zunächst geprägt durch das innere Männer-Vater-Bild der Mutter.

Aber etwa ab dem sechsten Lebensmonat beginnt das Kind auch zum ersten Mal seine körperliche Geschlechtlichkeit wahrzunehmen. Phyllis und Robert Tyson (1997, 281f.) schildern eine Szene aus der Säuglingsbeobachtung:

»Der kleine Junge, der nackt in seinem Bettchen liegt, spielt erst mit Armen und Beinen, um sich dann aufzusetzen und mit den Füßen zu strampeln. Mit seiner Ferse berührt er dabei mehrere Male sein Genitale. Er schielt nach unten, ganz offensichtlich um zu sehen, was diese Empfindung ausgelöst hat. Wegen seines vorstehenden Bäuchleins kann er nichts entdecken und er beginnt, mit seinem Nabel zu spielen, den er nach innen drückt. Als er auch seinen Bauch eindrückt, bemerkt er plötzlich seinen Penis. Ganz langsam berührt er ihn mit seinem Finger und wirft der Mutter einen strahlenden Blick zu. Während der nächsten Minuten wiederholt sich dieses Spiel mehrere Male: Der Junge krabbelt weg, setzt sich auf, drückt sein Bäuchlein nach innen und berührt, etwas unsicher, seinen Penis. Es dauert nur wenige Minuten, bis er erkennt, daß der Penis tatsächlich Teil seines Körpers ist und zu ihm gehört.«

Wir sehen auch hier, wie sich eine Körperwahrnehmung mit der Beziehung zur Mutter verbindet. Der kleine Junge strahlt seine Mutter an, und wahrscheinlich strahlt die Mutter zurück, denn der Junge wiederholt das Spiel mit seinem Penis mehrmals. Die positive Spiegelung im Blick der Mutter wird in das Selbstbild als penistragender Junge integriert und gehört von nun an zum Kern seiner unbewussten Geschlechtsidentität. Die Art und Weise, wie die Mutter das Genital des Jungen und damit seine Andersartigkeit anerkennt, prägt die Art und Weise der libidinösen Besetzung und dessen Integration in das Körperbild. Also der Kern der männlichen Geschlechtsidentität setzt sich zusammen aus der Körperlichkeit des Sohnes und den Affektabstimmungen durch die Mutter.

Nun ist wie so häufig die Mutter für die ganze Entwicklung des Kindes verantwortlich? Und der Vater? Immerhin ist er doch der Repräsentant des Männlichen in der Familie. Ist ein Sohn nicht mehr noch als eine Tochter auf die aktive Anteilnahme des Vaters am Erziehungsprozess angewiesen?

Auch wenn wir es uns anders wünschen mögen, bleibt die Mutter in der großen Mehrzahl der Familien die primäre Bezugsperson für das Kind, und der Vater kommt sekundär hinzu. Allerdings gibt es eben, wie gerade beschrieben, einen Vater-in-der-Mutter, der zu einer frühen Triangulierung im psychischen Innenraum der Mutter beiträgt. Dies entzerrt die enge Zweierbeziehung schon früh. Gerade der Junge ist mehr noch als das Mädchen darauf angewiesen, dass die Mutter ein libidinös besetztes Vater-Männer-Bild in sich trägt. Denn der Junge braucht den Vater früher als das Mädchen, um sich aus der primären Identifikation von der Mutter zu lösen. Der amerikanische Psychoanalytiker Ralph Greenson (1968) hat die These vertreten, der Junge müsse sich von der Mutter und ihrer Weiblichkeit ent-identifizieren, um seine männliche Identität entwickeln zu können. Greensons These (1968) bestimmte jahrzehntelang die psychoanalytische Theorie zur männlichen Identitätsbildung. Erst in jüngster Zeit gibt es daran Kritik unter anderem von Ilka Quindeau (Quindeau, Dammasch 2014). Ich selbst bin der Auffassung, auch aufgrund meiner klinischen Erfahrung mit den vielen Söhnen alleinerziehender Mütter, dass Greenson hier einerseits schon ein zentrales Phänomen beschrieben hat. Andererseits halte ich seine Terminologie für wenig plausibel. Denn die Verinnerlichung so intensiver primärer Beziehungserfahrungen mit der Mutter kann man nicht einfach auflösen – des-identifizieren. Eine solche radikale Ent-Identifizierung würde auch zu einer narzisstischen Störung des Kindes führen. Im gesunden Entwicklungsverlauf wird der Junge der primären Mutterbeziehung, die auch Teil der Selbstrepräsentanz geworden ist, nur dadurch ihre magische Allmacht entziehen, indem ihr eine stabile libidinöse Vaterbeziehung zur Seite gestellt wird. Und hier kommt die Bedeutung des anwesenden Vaters und der Triangulierung ins Spiel.

Wie kann sich der Junge denn aus der Mutterbindung lösen? Reicht nicht schon die Wahrnehmung der körperlichen Andersartigkeit aus, um eine größere Distanz als das

Mädchen zur Mutter zu haben? Braucht er da wirklich den sinnlich anwesenden Vater als trennenden Dritten, der die Triangulierung innerhalb der Familie ermöglicht?

Der männliche Penis, wenn er psychisch zum Phallus werden darf, ist das körperlich konkrete Symbol für das Eigene und für die Trennung von der Mutter. Die Wahrnehmung der Differenz zwischen den Geschlechtern stellt einerseits einen Verlust der Einheitsillusion mit der Mutter dar und ist andererseits eine der ersten identitätsbildenden kollektiven Ordnungsschemata von Welterfahrung. Im zweiten, mehr noch im dritten Lebensjahr beginnt der Junge den anderen in der Familie konkret als männlichen Dritten zu erfahren. Der Vater wird zum aufregend begehrten, dyadischen Beziehungs- und Spielpartner und unterstützt dadurch die allmähliche Loslösung von der Mutter, hilft den Kampf in der Wiederannäherungskrise (Mahler 1986) zu entzerren. Mithilfe der Imitation und der frühen Identifikation mit dem Vater kann das Kind auch das Hilflosigkeitsgefühl gegenüber einer als mächtig wahrgenommenen Mutter bearbeiten. Es kommt zu einer »homoerotischen, identifikatorischen Liebe« (Benjamin 1993).

Triebdynamisch ist der Vater im familialen Dreieck auch deshalb wichtig, weil er als liebevolle Bezugsperson da ist, auch wenn die Mutter gehasst wird. Die Formung und Modulation vor allem der analen Trennungswut hängt auch mit der Möglichkeit zusammen, zwischen Mutterbindung und Vaterbindung wechseln zu können.

Auf der Ebene des Körpererlebens nimmt der Junge nun die Andersartigkeit von der Mutter wahr. Die frühe Differenzerfahrung in der Beziehung zur Mutter wird dann zum progressionsfördernden Entwicklungsanreiz, wenn der Junge einen Vater findet, der liebevoll mit ihm, aber auch mit seiner Mutter verbunden ist. Die unausweichliche Erfahrung der Fremdheit mit der Mutter wird milde und bekommt im weiteren Entwicklungsverlauf durch den Vater eine Bedeutung und einen identitätsstiftenden Namen: Männlichkeit. Jungen brauchen früher als Mädchen den männlichen Dritten – zur Spiegelung ihres männlichen Selbstanteils. Jungen brauchen die positive Spiegelung ihrer Differenz von der Weiblichkeit der Mutter durch den Vater. Sie suchen vor allem ein basales Gemeinsamkeitsgefühl mit dem Vater, der das sich entwickelnde Männliche seines Sohnes schätzt und dabei hilft, es im »*Penis-Penis-Dialog*« (Herzog 1998) zu formen. Ich veranschauliche das am Beispiel aus einer Psychotherapie eines kleinen Jungen:

Karl, sieben Jahre alt, Sohn einer alleinerziehenden Mutter und eines depressiven Vaters, lieb und aggressionsgehemmt, bringt mir zu meiner Überraschung zwei unterschiedlich große Wasserspritzpistolen zu einer Sitzung mit. Vorsichtig zeigt er sie mir zur genaueren Untersuchung. Ich deute seine Zögerlichkeit als Angst vor meiner Reaktion, weil er nicht sicher sei, ob er hier ein Junge mit Pistole sein dürfe. Zu seiner Überraschung schlage ich ihm schließlich vor, sie mit Wasser zu füllen, das Fenster zu öffnen und zu schauen, wie weit sie in den Garten schießen können. Karl ist freudig überrascht, fast begeistert von meinem Vorschlag, ist er schon im Badezimmer und füllt die Pistolen. Seine Voraussage über die Fähigkeit seiner Waffe, unheimlich weit schießen zu können, muss er mit deren realer Begrenztheit abgleichen, was ihm nicht leicht fällt. Er hält lange fest an seiner Größenvorstellung, eigentlich könne die

Pistole viel weiter schießen. Ich helfe ihm dabei, seine Schießtechnik zu verbessern. Schließlich macht er Zielübungen in einen Blumentopf auf der Terrasse. Sein Zielen wird immer besser und er wirkt richtig ein bisschen Stolz auf seine wachsende phallisch spielerische Kompetenz im freundlichen Angesicht des Therapeuten-Vaters. Diese Episode vertieft unsere Beziehung und sein Engagement, mir von sich und seinen inneren Konflikten auch sprachlich zu berichten.

Körperlich konkret erfährt der Junge den Vater nicht nur als einen ihm gleichen – den Penisträger, sondern erfährt auch, dass dessen Muskeltonus, dessen Lust an der liebevoll aggressiven Auseinandersetzung, am Balgen, am körperlichen sich Messen, am Boxkampf, eine andere ist als bei der Mutter. In unseren eigenen Familienbeobachtungs-Studien konnten wir immer wieder beobachten, dass Väter insgesamt spielerischer, motorischer, aggressiver und kämpferischer mit ihren Kindern umgehen. Ihre raue Art des Spielens formt interaktiv die Affekte und Triebimpulse der kleinen Jungen. Stimulation und Begrenzung sind die beiden Pole, die der Sohn im motorisch kämpferisch lustvollen, leidenschaftlich herausfordernden Spiel mit dem Vater verinnerlicht. Der Junge lernt im spielerischen Gegenüber und im imitierenden Gleichsein auch das Zielen – mit dem Fußball, mit der Pistole, mit dem Schwert und mit dem Penis in das Pissoir. So wird ungestüme, ausufernde Motorik in der sinnlich konkreten Interaktion mit dem Vater zu konstruktiver Rivalitätsaggression geformt, die im Verlauf der Entwicklung weiter differenziert und ausgebaut wird und – wenn alles gut geht – in symbolischen Spielen transformiert werden kann.

Dabei ist die wohlwollende Begleitung und das Protegieren des andersartigen, männlich-spielerischen Dialogs durch die Mutter essentiell für die Bildung einer flexiblen Geschlechtsidentität, die die Integration männlicher und weiblicher Anteile beinhaltet. Die Wertschätzung der männlichen Differenz des Vaters durch die Mutter begründet dabei genauso die Entwicklung einer reifen Triangulierung wie die Wertschätzung der mütterlichen Beziehungsmuster durch den Vater. Die Wahrnehmung, dass das Mütterliche bzw. Weibliche auch im Inneren des Vaters einen anerkannten Raum hat, bereitet das Feld vor für die Integration weiblicher und männlicher, mütterlicher und väterlicher Objektrepräsentanzen in die männliche Identität.

Nun haben Sie sich auf ein sehr klassisches Familienmodell bezogen. Im Grunde ist da die Mutter die hauptsächlich anwesende Pflegeperson und der Vater der abwesende klassische Ernährer, der aus der Außenwelt kommt. Sicherlich ist diese Familienform auch heute noch die statistisch größte, aber daneben gibt es doch immer mehr Familien, in denen beide Eltern arbeiten und das Kind eher gleiche Eltern-fürsorge erfährt. So wie dort die Funktion der Mutter eine andere ist, so ist auch der Vater in seiner trennenden Funktion weniger bedeutsam?

Der Wunsch, dass Mutter und Vater gleiche Beziehungs- und Pflegemuster an das Kind herantragen, mag ein modernes Konzept sein, deckt sich aber kaum mit der Familienrealität, zumal es ja wie gesagt im Prozess der Elternwerdung selbst in den deutschen bildungsnahen Schichten zu einer Retraditionalisierung klassischer Rollenmuster kommt. Auch in der Moderne bleibt die Mutter nach wie vor die primäre

Bezugsperson. Dies hat sicherlich auch etwas mit der körperlichen Nähe und der einfachen biologischen Realität zu tun, dass das Kind neun Monate ein Teil des mütterlichen Organismus ist und nachgeburtlich noch die intensive Nähe an der Mutterbrust erlebt hat. Zwar ist man in den staatlichen Bildungsplänen bemüht, das ungebundene, sich selbst optimierende Individuum zu erschaffen und sich zur Steigerung der Arbeitsproduktivität im Kapitalismus von Bindungen und der Abhängigkeit des kleinen Kindes konzeptionell zu lösen, aber dies geht nicht ohne Brüche in der Kindesentwicklung. Das scheinbare Ende des Patriarchats und seiner sicheren Begrenzungen führt einerseits zu einer Liberalisierung auch der persönlichen Beziehungsmuster, erhöht aber andererseits das Angstniveau und die Arbeitsanforderungen an die individuelle psychische Ausbalancierung. So ist zwar zu beobachten, dass es in bildungsnäheren Schichten zu einem Rollenwandel des Vaters gekommen ist. Er übernimmt stärker als früher auch fürsorglich versorgende Funktionen und wird daher früher als bisher für das Kleinkind bedeutsam. Dennoch: Auf der unbewussten Ebene der Phantasien und Beziehungsmuster bleibt die Mutter die primäre und der Vater die sekundäre Beziehungsperson für das kleine und das große Kind. Es ist vor allem die Lösung aus der Abhängigkeit von der inneren frühen Mutter, die eine oft nicht enden wollende Arbeitsanforderung an die Psyche bei Jungen und Mädchen darstellt. Der Grundkonflikt zwischen Abhängigkeits- und Autonomiewünschen bleibt eine Entwicklungshürde im intrapsychischen Raum.

Sie haben noch gar nichts über die ödipale Phase des Jungen erzählt. Für Sigmund Freud war das doch die eigentliche Zeit, in der der Junge zum Jungen wird, in der er das erotische Begehren nach der Mutter entdeckt. Bisher sah es ja so aus, als wäre der Vater nur eine liebenswerte Identifikationsfigur für den Sohn. Für Freud ist aber doch der Todeswunsch des Sohnes gegen den Vater so bedeutsam, weil er ihn als Rivalen um die Liebe der Mutter erlebt. Die phantasierte Bedrohung durch die väterliche Kastration ist doch die eigentliche Klippe bei der männlichen Identitätsbildung.

Das stimmt, aber bevor der Junge sich erlauben kann, die Konkurrenz mit dem Vater einzugehen, muss er die libidinöse Besetzung seiner phallischen Orientierung erfahren und verinnerlichen. Die wohlwollende Anerkennung der Männlichkeit durch die Mutter und die motorisch körperlichen und sinnlich-symbolischen Spiele mit dem Vater stärken präödipal im Sohn das Gefühl, zum Kollektiv der Männer zu gehören. Die gemeinsame Nutzung der gesellschaftlich zur Verfügung gestellten geschlechtsstereotypen Spielzeugangebote wie Pistolen, Schwerter, Bälle, Baukräne, Autos, symbolisch-phallische Figuren und Spielkarten aller Art stärken das Gefühl, zur Gruppe der Jungen zu gehören. Exhibitionistisches, stolzes Zeigen des Penis bzw. symbolisch des Schwertes oder des Gewehres oder der Muskelkraft stärken den phallischen Narzissmus des Jungen. Er fühlt sich stark und großartig als Junge. Das ermöglicht ihm den Abschied von der omnipotenten bisexuellen Körperillusion, gleichzeitig männlich und weiblich sein zu können. Durch die frühe Identifikation mit der Mutter und der Vorstellung allumfassender Großartigkeit geht der Junge ebenso wie das Mädchen unbewusst davon aus, beide Geschlechter in sich zu vereinen. So kann er auch Phantasien darüber haben, wie die Mutter ein Baby zur Welt bringen zu können. Die Realisierung der Begrenzung auf ein Geschlecht bedeutet auch, von der Vorstellung der Gebärfähigkeit Abschied nehmen zu müssen. Der Gebärneid beim Jungen wie der Penisneid beim Mädchen sind die unbewussten Überbleibsel dieser kindlichen Allmachtsvorstellung, die Optionen beider Geschlechter zu besitzen. Der Verlust der Mutter und der Weiblichkeit wird durch die ödipale Größenphantasie ersetzt, die Mutter durch einen Riesenphallus ganz ausfüllen zu können. Es ist der Vater, der die phallisch-inzestuöse Größenphantasie des Sohnes durch seine Anwesenheit, die erwachsene Liebe der Mutter zum Mann und die sinnlich erfahrbare Überlegenheit einzugrenzen hilft. Die Beziehung zum Vater ist nun auch durch Rivalität und Ambivalenz gekennzeichnet. Hier ist die gesunde Entwicklung des Sohnes auch auf die Reife der männlichen Identität des Vaters angewiesen.

»Damit der Sohn die männliche Stärke seines Vaters verinnerlichen und akzeptieren kann, muss dieser die Rivalität in geordnete Bahnen lenken und seinen Wunsch, den eigenen Sohn zu übertrumpfen, hintanstellen« (Diamond 2010, 101).

Die Identifizierung mit dem geliebten, großartigen Vater und seinem Phallus bietet, wenn alles gut geht, einen angemessenen Ersatz für den Verlust der bi-sexuellen Größenphantasie, die auch die Einheit und Gleichheit mit der Mutter beinhaltet hatte. Kleine Jungen sind von nun an häufig mit der Darstellung und Sicherung ihrer phallischen Männlichkeit beschäftigt.

Die Bedeutung des Vaters bei der männlichen Identitätsbildung ist mir nun sehr nachvollziehbar. Aber viele Jungen leben ja ohne Vater, nur mit ihrer alleinerziehenden Mutter zusammen, heißt das zwangsläufig: Die haben keine Chance, eine stabile reife männliche Identität zu entwickeln.

Der soziale Umstand, bei einer alleinerziehenden Mutter groß zu werden, sagt alleine noch nicht zwangsläufig etwas darüber aus, welche libidinöse Besetzung die Männlichkeit in dieser Familie hat. Auch muss das Zusammenleben von Mutter und Sohn nicht unbedingt bedeuten, dass der Vater auch psychologisch gesehen ausgeschlossen ist. Die Gründe für die Vaterabwesenheit können vielfältig sein. Im Wesentlichen kommt es darauf an, ob die Mutter eine gute innere Beziehung zum Mann bzw. zum Vater hat, also ob sie innerlich eine stabile heterosexuelle ödipale Struktur ausbilden konnte. Wenn dies der Fall ist, dann wird sie lang-fristig dafür sorgen, dass ihr Sohn wieder mit einem auch für sie bedeutungsvollen Mann in sinnlich erfahrbaren Kontakt kommt und der Versuchung widerstehen, den eigenen Sohn als Partnerersatz zu missbrauchen.

Allerdings sind Söhne von alleinerziehenden Müttern aufgrund einer inneren labilen Vaterrepräsentanz intrapsychisch stärker mit der Angst vor der Vereinnahmung durch die frühe Mutter und dem damit einhergehenden Verlust ihrer labilen Männlichkeit beschäftigt. Ich gebe hierzu ein markantes Beispiel aus meiner kinderanalytischen Arbeit:

Der sechsjährige Marco, ohne Vater aufgewachsen, bringt zu seinen Therapiesitzungen immer wieder Wrestling-Kämpfer-Figuren mit und fordert mich immer von neuem dazu auf, Kämpfe durchzuführen. Dabei ist es ihm weniger wichtig, wer von uns beiden nun der Gewinner ist. Es ist ihm einfach wichtig, dass wir beide gemeinsam diese phallischen Helden benutzen und in kunstvollen Kämpfen aggressiv miteinander spielen. Eines Tages frage ich ihn, warum er wohl immer diese Kämpfer mitbringe. Mir falle auf, dass dabei auch niemals Frauen eine Rolle spielen. Ohne Worte läuft er zum Szenokasten und holt eine vergleichsweise kleine Frauenpuppe daraus. Die Frau steigt in den Ring und kämpft gegen alle drei Wrestling-Kraftprotze gleichzeitig, legt alle auf die Matte und verlässt als Siegerin den Ring. Er schaut mich an und sagt zu meiner Verblüffung: »Jetzt weißt du, warum keine Frauen mitkämpfen dürfen«.

Ein Junge muss sich in der phallischen Phase sowohl von der Weiblichkeit als auch von der präödipalen Mutter trennen, weil sie so übermächtig in ihm präsent ist, genau genommen, weil sein unbewusster regressiver Wunsch nach Wiedervereinigung so stark ist. Die Angst, wieder in die primäre Identifikation zurück zu fallen, den noch gar nicht so ganz in Besitz genommenen Penis als Phallus – das Merkmal der Männlichkeit und der Trennung von der Mutter – gleich wieder zu verlieren, ist die zentrale Angst, die primäre Kastrationsangst des Jungen, die bei vaterlos aufwachsenden besonders ausgeprägt ist. Besonders aktiviert wird die Kastrationsangst auch durch konkret körperliche Erfahrungen wie z.B. eine Phimoseoperation oder eine rituelle Beschneidung, wenn sie in diesem sensiblen Alter stattfindet. Die im türkischen oder iranisch-islamischen Kulturkreis übliche Beschneidung in der ödipalen Phase, die als Initiationsritual sowohl die Unterwerfung unter den Vater als auch die Aufnahme in die Männergesellschaft bedeutet, aktiviert beim Jungen Kastrations- und Verweiblichungsängste, die dann kompensatorisch möglicherweise durch die Fixierung an stereotype Männlichkeitsvorstellungen kollektiv abgewehrt werden. Aber auch ohne Beschneidungserfahrung ist die Angst des Jungen am ausgeprägtesten, der keine stabile Identifizierung mit einem mit der Mutter verbundenen Vater in seinem Inneren bilden konnte. Eine schwache Vaterrepräsentanz verstärkt den psychischen Druck des Jungen, sich vom Weiblichen lösen zu müssen, um seine fragile männliche Identität zu sichern. Zudem bietet eine schwache Vaterrepräsentanz keinen Schutz vor der Bedrohung durch die eigenen ödipalen Inzestphantasien.

Das heißt, die sinnlich unmittelbaren Erfahrungen mit dem Vater werden verinnerlicht und bilden eine innere Vaterrepräsentanz, die dem Jungen einerseits bei der Lösung des Selbst von der Mutterrepräsentanz hilft und andererseits das eigene Selbst sozusagen stabiler, phallisch männlich macht. Das hört sich etwas mechanisch und theoretisch an. Wie sieht es denn in der Beziehungspraxis für den Jungen aus?

Die ödipale Phase im engeren Sinne, die ja die Liebe des Sohnes zur Mutter, nun aber als kleinem Manne, aktiviert und die libidinöse, spielerisch spiegelnde Männlichkeitsbeziehung zum Vater in ein Rivalitätsverhältnis überführt, kann vom Jungen nur dann erfolgreich durchschritten werden, wenn er sich von der präödipalen, mächtigen Mutter trennen, seine phallische Identität mithilfe des männlichen Dritten annehmen und seine Mutter schließlich als ödipal begehrenswerte Frau neu entdecken kann. Thomas

Ogden (1995) hat die männliche Schwierigkeit beim Übergang in die ödipale Phase formuliert:

>Der Eintritt in eine erotische und romantische Beziehung mit der ödipalen Mutter ist mit großer Angst verbunden, zum Teil, weil letztere der omnipotenten präödipalen Mutter unheimlich ähnlich ist« (Ogden 1995, 148).

Im gelungenen Fall erkennt der Vater das Begehren seines Sohnes an, macht ihm aber auch einen »Strich durch die Rechnung«. Er zeigt ihm in zahllosen verbalen, spielerischen und körperlich lustvollen, aber auch aggressiven Konflikten die Begrenztheit seiner Männlichkeit, aber nährt in ihm auch die Hoffnung, dass er später ein potenter großer Mann sein wird. Die Erfahrung der symbolischen Kastration durch den Vater, die den Sohn psychisch am Leben lässt, ist notwendig, damit der Junge seine reale Größe und Potenz anerkennen lernt. Von nun an wird er auch außerhalb der Familie eine Freude an körperlich ausgetragenen Rivalitätskämpfen entwickeln. In lustvollen, meist motorisch-körperlichen Kämpfen mit den gleichaltrigen Rivalen wird er seine Männlichkeit spüren und libidinös weiterentwickeln. Im Kindergarten und im Kinderhort entwickeln Jungen im Spiel eine ausgeprägte eigene, von den Mädchen zu unterscheidende Kultur. Während sich Mädchen häufig im Rollenspiel mit Familienthemen (Mutter, Vater, Kind) beschäftigen, sind bei Jungen körperlich ausagierte lustvolle Rivalitätsthemen der Schwerpunkt des Spiels. Jungen bilden in ihren Gruppen relativ stabile Dominanzhierarchien aus, denen sich alle unterordnen, während Mädchen eher situativ ihre Gruppenstruktur und Hierarchie aushandeln (detailliert zur Geschlechtsspezifität in Kindergruppen: Maccoby 2000). Körperliche Kontakte der Jungen müssen immer auch die Möglichkeit der sofortigen Trennung beinhalten. Das Rangeln und Kämpfen von Jungen in der Latenzzeit dient sowohl der liebevollen Beziehungsförderung als auch der autonomiesichernden Abgrenzung. Gleichzeitig dient sie dem Kräftemessen zur Herstellung der sozialen Rangordnung in der Jungengruppe. Die körperliche Stärke und Sportlichkeit bestimmt selbst bei Gymnasiasten in erheblichem Umfang den Status eines Jungen in der Gruppe bzw. in der Klasse.

Sie sehen also die Bedeutung des Vaters nicht nur als Symbol oder Signifikanten, sondern ganz konkret in seiner sinnlich körperlichen Präsenz zur Formung der Männlichkeit in seinen lustvollen Aspekten einerseits, aber auch in seinen notwendigen ödipalen Beschränkungen des Omnipotenzgefühls.

Jungen, die nicht gelernt haben über den sinnlichen und symbolischen Kampf und die schließliche Identifikation mit dem Vater ihre ödipale Begrenztheit anzuerkennen, wird es schwerfallen, sich von dem unbewussten Wunsch nach der identifikatorischen Wiedervereinigung mit der präödipal allmächtigen Mutter zu lösen. Dieser primäre Inzestwunsch muss allerdings massiv abgewehrt werden, weil er anders als beim Mädchen im Kern die Geschlechtsidentität des Jungen bedroht.

Die psychologische Bedeutung des Vaters bei der reifen Identitätsentwicklung des Sohnes besteht darin, dem Sohn dabei zu helfen, unter den wohlwollenden Augen der

Mutter seine männliche Andersartigkeit anzuerkennen und libidinös zu besetzen. Bei der Lösung des ödipalen Konfliktes identifiziert sich der Junge nicht nur mit der Männlichkeit des Vaters, sondern auch mit dem Blick des Vaters auf die Mutter und deren Weiblichkeit. Über die Identifikation mit den inneren Objektrepräsentanzen des Vaters kann der Sohn wieder einen gefahrlosen Zugang zu seinen frühen Erfahrungen mit der Mutter finden und so wieder zu einer integrierenden Identität kommen, die männlich ist, ohne das Weibliche abwehren zu müssen.

Soweit zur frühen männlichen Entwicklung, aber in der Pubertät und Adoleszenz werden diese eingespielten Geschlechtermuster bzw. die Geschlechtsidentität insgesamt doch wieder neu verhandelt, oder?

Was Freud (1923, 253) mit dem Satz »Das Ich ist vor allem ein körperliches« für die Persönlichkeit allgemein formuliert, gilt für den Pubertierenden und Adoleszenten im Besonderen. So wird das Gehirn des Jugendlichen mit einer zwanzigfachen Erhöhung des Testosterons überflutet, was einerseits die körperlichen Veränderungen (Wachstum des Penis, der Körperbehaarung, der Muskeln, den Stimmbruch) stimuliert und andererseits Ursache für die Steigerung der sexuellen und aggressiven Triebspannung ist (Brizendine 2010, 32f.). Nur sehr selten kommen männliche Jugendliche zwischen 13 und 16 Jahren in die psychoanalytische Praxis. Sobald sie nicht mehr von ihren Eltern angemeldet und gebracht werden, meiden Jungs Gespräche über ihre inneren Ängste und Wünsche. Sie meiden intensive psychoanalytische Beziehungen. Der Drang zur Veräußerlichung, die Gegenbesetzung weiblicher Identifikationen und die Angst vor der Regression in die Objekt-abhängigkeit sind meiner Erfahrung nach drei zentrale männliche Themen, die sich als geschlechtsspezifischer Widerstand sowohl gegen das therapeutische Arbeitsbündnis (Regression im Dienste des Ich) als auch gegen die Intensivierung der Übertragungsbeziehung richten können. Sie stellen einen schwer zu überwindenden Widerstand gegen eine psychodynamisch orientierte Beziehungsarbeit dar, weil sie der Flucht vor dem psychischen Innenraum dienen, der für männliche Jugendliche primär mit Weiblichkeit verbunden ist.

Es ist ja bekannt, dass männliche Jugendliche sehr viel seltener zum Psychotherapeuten gehen als weibliche Jugendliche, und das liegt sicher nicht daran, dass sie gesünder sind.

Zu Beginn der Pubertät wird die Kastrationsangst wieder aktiviert, die mit der Angst vor der Macht der weiblich-mütterlichen Selbstanteile verbunden ist, die zuvor durch die Fixierung auf geschlechtshomogene Gruppen abgewehrt wurde. Die Angst, kein »richtiger« Mann zu werden, die Bedrohung durch die befürchtete und gewünschte Regression auf die frühe Phase der primären Identifikation mit der Mutter, bestimmt die innere Psychodynamik und die Abwehr. Durch die Erhöhung der körperlichen und psychischen Triebspannung geraten die alten erprobten Konfliktlösungsmechanismen unter Druck. Die aufkeimenden sexuellen Phantasien sind sowohl lustvoll wie unbehaglich, enthalten sie doch direkt oder indirekt inzestuöse Vorstellungen als Relikte der ödipalen Besetzungen. Der Junge stellt sich möglicherweise die Sexualität mit einer reifen Frau, der Nachbarin oder der Lehrerin vor. Er entdeckt die Masturbation als eine ideale Möglichkeit der Triebregulation und der handgreiflich lustvollen Versicherung, tatsächlich ein Mann zu sein. Die an die Oberfläche drängenden Inzestphantasien werden als bedrohlich erlebt und lösen bewusste oder unbewusste Schuldgefühle aus. Für den Jungen mit einer sicheren und begrenzenden inneren väterlichen Repräsentanz werden die Inzestphantasien sich bald an Ersatzobjekte binden und eine relativ kurze Episode bleiben und sodann durch die Stabilität des durch die Introjektion des väterlichen Gesetzes gestärkten Über-Ichs ins Unbewusste verdrängt. Für den Jugendlichen, der allein mit der Mutter lebt, ohne stabil begrenzende Vaterpräsenz, kann die Grenze zwischen phantasiertem Inzest und realem Inzest eine brüchige sein. An anderer Stelle (Dammasch 2012) habe ich von einem 11-jährigen Sohn einer alleinerziehenden Mutter berichtet, dessen unbewusste Inzestphantasien ihn mit psychoseähnlichen Ängsten vor der Rache einer überwältigenden Vaterfigur einerseits und der Angst vor der Nicht-Abgrenzung von der bedrohlichen Frau, einer Nachbarin, nicht mehr schlafen ließ. Ein anderer Patient zeigte die fehlende Stabilität des Inzesttabus im Alter von 14 Jahren, als er seiner alleinerziehenden Mutter von seiner sexuellen Vorliebe für weibliche Unterwäsche erzählte. Die Mutter, bei der das Inzesttabu offensichtlich nicht stabiler Teil des Über-Ichs war, schlug daraufhin vor, es doch einmal mit ihrem eigenen Slip auszuprobieren, ob es wirklich so erregend sei. Die Sexualphantasien des Patienten wurden durch dieses realisierte Sexualerlebnis mit der Mutter in spezifischer, zwanghafter Weise geformt. Fehlende eindeutige Grenzsetzungen von bedeutungsvollen Erwachsenen erschweren oder verunmöglichen es dem Jugendlichen, eigene, nicht inzestuöse Sexualphantasien zu entwickeln. Sie rauben dem Jungen einen Teil seiner Sexualität, indem sie seinen Phantasieraum einengen.

Auch hier ist also die Präsenz eines männlichen Dritten von großer Bedeutung, damit sowohl die regressiven Wünsche nach Rückkehr in die frühe Zeit der Einheitsillusion als auch die Liebe zur Mutter nicht gefährlich werden kann?

Gerade in der Pubertät ist die Anwesenheit des Vaters für Jungen von existenzieller Bedeutung. Aufgrund der Aktivierung ödipaler Phantasien und ihrer Verknüpfung mit der männlich erregenden Genitalität braucht es eine personale Bestätigung des Inzesttabus, damit der Jugendliche seine Phantasien von der Mutter auf andere Objekte übertragen kann. Zudem können auch regressive Vorstellungen, weiblich werden zu können, die in der präödipalen Phase noch lustvoll spielerisch bisexuelle Omnipotenzphantasien waren, frühe Kastrationsängste aktivieren. Ängste, der eigene Penis würde nicht groß genug werden oder die Brust könnte so groß werden wie ein weiblicher Busen oder auch homoerotische Beziehungswünsche labilisieren das narzisstische Gleichgewicht. Eine zentrale Angst des Jugendlichen ist die, nicht normal zu sein. Normative Männlichkeitsvorstellungen, die durch Medien und Peergroup noch verstärkt werden, bilden für viele Jugendliche das Maß ihres inneren Wertesystems auf der Trieb- und Körperebene. Entsprechend werden die Schamgefühle vor den eigenen weiblichen Anteilen größer. Die sexuellen Phantasien, die aufgrund der Testosteronüberflutung häufig und intensiv sein können, lösen bewusste und unbewusste Schuldgefühle aus. Oft ist den Jugendlichen bewusst, dass ihre erregenden Sexualphantasien mit den allgemeinen Vorstellungen sozialer Erwünschtheit nicht in Übereinstimmung zu bringen sind. Neben der Auseinandersetzung und Reibung mit dem Vater kommt der altersgleichen Peergroup eine wichtige stabilisierende Funktion für die männliche Identität zu. Die Jungengruppe übernimmt nun anstelle des zunehmend entidealisierten Vaters die Aufgabe, den Sohn von der Mutter und ihrer Weiblichkeit fernzuhalten. Die Kastrationsangst der Jugendlichen wird durch die kontraphobische Entwertung des Weiblichen und durch die gegenseitige Versicherung, besonders phallisch zu sein, nur notdürftig im Zaum gehalten.

Nun spielt in der heutigen Zeit das Internet und vor allem die Internetpornografie bei der Entwicklung vor allem von männlichen Jugendlichen eine große Rolle.

Zunächst kommt der Junge nicht darum herum, sexuelle Phantasien mit erregenden wie auch ängstigenden Inhalten zu entwickeln. Dabei hat die Masturbation als Probehandlung erwachsener Sexualität und als Amalgamierung prägenitaler Triebanteile mit genitaler Triebabfuhr für die männliche Sexualentwicklung eine herausragende Bedeutung.

> »Die Masturbation bewirkt normalerweise neue Verschiebungen, Verbindungen und Abgrenzungen gedanklicher Bilder und ihrer Besetzungen, stabilisiert daher Objekt- und Selbstrepräsentanz, und ermöglicht so die Einstellung zur Genitalität« (Blos 1973, 184f.).

Die privaten »perversen« Phantasien werden, auch wenn sie durch die Internetpornographie kollektiviert und spezifisch geformt werden, aufgrund des noch nicht modifizierten Über-Ichs als sehr peinigend und schambesetzt erlebt. Die kontrollierbaren Sexualphantasien, die Masturbation und der Orgasmus können den unvermeidbaren inneren Konflikt erleichtern und zur Entspannung führen, wenn ein zunehmend reifer werdendes flexibles Über-Ich die prägenital perversen Gedanken modulieren hilft und den Sexualakt als genussvolles, von der Realität der Objekte deutlich unterschiedenes Erleben anerkennt.

Wichtig ist, dass nicht nur beim Mädchen das Gewissen durch die Repräsentanz der Mutter mitbestimmt wird, auch das Über-Ich und Ich-Ideal des Jungen beinhaltet Aspekte mütterlicher Werte und Normen, die die männliche Sexualität kritisch sehen und den inneren Konflikt verstärken können. Bei der Masturbation schaut in der bewussten oder unbewussten Phantasie sozusagen die Mutter immer über die Schulter und wird oft als streng kritisierend erlebt. Eine real dominierende Mutter, die alleine bestimmt was sozial erwünscht ist und was nicht, kann so auch über die Introjektion eines anal-sadistischen Über-Ichs die Fähigkeit des Jungen erschweren, seine perversen Sexualphantasien zu integrieren und unter das Primat der Genitalität zu bringen. Wie im ödipalen Konflikt kann in der Spätadoleszenz vor allem die Identifikation mit dem Vater und dessen genügend guter Beziehung zur Mutter dabei helfen, aus dem adoleszenten Dschungel von Inzestphantasien und Abwehr, erregend perversen Sexualphantasien und Schuld- und Schamgefühlen herauszukommen und sie schließlich idealtypischerweise zu einer integrativen männlichen Identität und Sexualität weiter zu entwickeln.

Ich verstehe, dass die Entwicklung des Jungen zu einem psychosexuell reifen Mann doch einige Hürden überwinden muss.

Die für eine reife sexuelle Liebesbeziehung unvermeidliche Verknüpfung der phallischen Sexualität mit frühen Verschmelzungserfahrungen, die Verbindung von erregender Lust und libidinöser Bindung, von Sinnlichkeit und Zärtlichkeit, von Liebe und phallisch eindringender Aggression stellt für die Entwicklung der männlichen Sexualität eine schwierig zu meisternde Aufgabe dar. Dass diese Integrationsaufgabe vielen Männern nur unzureichend gelingt, hat Freud aus triebtheoretischer Perspektive beschrieben. Die für viele Männer bedrohliche Integration inzestuöser Phantasien in die reife Sexualität wird vermieden durch die Trennung vom sinnlich-begehrten Objekt auf der einen Seite und dem idealisierten zärtlichen Objekt auf der anderen Seite. Die sprichwörtliche Spaltung des Frauenbildes in *Hure* und *Madonna* ist ein Zeichen für den männlichen Konflikt bei der Integration der frühen Mutter mit der sexuell begehrenswerten Frau. Sigmund Freud (1910) fasst diesen männlichen Konflikt aus triebdynamischer Perspektive zusammen:

> »Die zärtliche und die sinnliche Strömung sind bei den wenigsten unter den Gebildeten gehörig miteinander verschmolzen; fast immer fühlt sich der Mann in seiner sexuellen Betätigung durch den Respekt vor dem Weibe beengt und entwickelt seine volle Potenz erst, wenn er ein erniedrigtes Sexualobjekt vor sich hat, was wiederum durch den Umstand mitbegründet ist, dass in seine Sexualziele perverse Komponenten eingehen, die er am geachteten Weibe zu befriedigen sich nicht getraut. Einen vollen sexuellen Genuss gewährt es ihm nur, wenn er sich ohne Rücksicht der Befriedigung hingeben darf, was er zum Beispiel bei seinem gesitteten Weibe nicht wagt. Daher rührt dann sein Bedürfnis nach einem erniedrigten Sexualobjekt, einem Weibe, das ethisch minderwertig ist, dem er ästhetische Bedenken nicht zuzutrauen braucht, das ihn nicht in seinen anderen Lebensbeziehungen kennt und beurteilen kann. Einem solchen Weibe widmet er am liebsten seine sexuelle Kraft, auch wenn seine Zärtlichkeit durchaus einem Höherstehenden gehört« (Freud 1910, 85).

Das ist eine äußerst provokative Sicht und könnte auch als eine grundsätzliche Frauenfeindlichkeit des Mannes verstanden werden. Ist der Übergang in eine integrierte Heterosexualität für den männlichen Jugendlichen tatsächlich so schwierig?

Sigmund Freuds Erkenntnisinteresse zielte nicht auf das sozial Erwünschte, das er in seiner Strukturtheorie dem Über-Ich bzw. dem Ich-Ideal zuordnen würde, sondern primär auf die Aufdeckung der bedrängend erregenden, dem Lustprinzip unterworfenen Triebkräfte Sexualität und Aggression – also auf den »Stachel des Nicht-

Identischen« wie Alfred Lorenzer (1972) formulierte. Das scheint auch heute noch recht revolutionär, insbesondere im modernen Genderdiskurs, der von der Utopie einer totalen Vergesellschaftung eines körperlosen Subjekts träumt, also einem »Gender ohne Sex« wie es Reimut Reiche (1997) so süffisant formuliert. Sexuelle Erfahrungen sind aber intensiv physischer Art, bilden sich zwar auch aus Repräsentationen früher Beziehungsmuster, die wir im Kontext der allgemeinen Verführungstheorie von Laplanche (2017) verstehen können; sie aber alleine auf soziale Konstruktion zu reduzieren, würde unsere sinnliche Erotik von der Verwurzelung im körperlichen Erleben abtrennen. Der englische Psychoanalytiker Peter Fonagy geht der Frage nach, wie sich die innere Repräsentation von Sexualität aus Affektabstimmungserfahrungen bilden kann. Er kommt zu dem Schluss, dass sexuelles Erleben aufgrund des Inzesttabus systematisch aus den frühen emotionalen Abstimmungen der Mutter mit ihrem Kind herausgehalten wird und dadurch quasi ein unsozialisierter, fremd erregender Selbstanteil bleibt. »Inkongruente Spiegelung unterbricht Selbstkohärenz, schafft ein Gefühl der Inkongruenz in Bezug auf das Psychosexuelle« (Fonagy 2017, 205). Mir erscheint es sehr wahrscheinlich, dass gerade die Erregung des kleinen Jungen stärker als die des Mädchens aus dem emotionalen Spiegelungsprozess mit der Mutter herausgehalten wird und daher zu einem triebdynamisch aufgeladenen, fremden Selbstanteil wird. Nach Fonagys Überlegungen entsteht in der Adoleszenz das starke Bedürfnis, diesen erregenden Selbstanteil physisch wie psychisch in einer nahen Beziehung zu externalisieren und im Anderen unterzubringen. Fonagy beschreibt anhand der Analyse eines männlichen Jugendlichen anschaulich dessen Aufregung, erstmals ein Mädchen geküsst zu haben »bei der er sich selbst drinnen fühlen konnte« (Fonagy 2017, 193). Diese Erfüllung des Wunsches, im anderen ganz drinnen zu sein, kann aber auch frühe Ängste aktivieren, sein Selbst im Anderen zu verlieren. Dies kann entsprechend zu Abwehrmaßnahmen gegen die Angst führen, die eine integrierte Liebesbeziehung verhindern. Ich nehme an, dass eine mögliche Abwehrmaßnahme gegen diese männliche Angst die von Freud beschriebene Spaltung ist zwischen dem erniedrigten Sexualobjekt einerseits und der idealisierten Frau-Mutter andererseits. Ich gehe mit Fonagy davon aus, dass die erregende männliche Sexualität letztlich immer auch etwas Fremdes bleibt, das im Rahmen der psychischen wie physischen Im-anderen-drinnen-sein-Erfahrungen innerhalb einer vertrauensvollen Zweierbeziehung integriert werden kann und seine Bedrohlichkeit verliert. Paradoxerweise ist es aber gut möglich, dass die wachsende Bindung in einer Liebesbeziehung, also der voranschreitende psychosexuelle Integrationsprozess, sich abschwächend auf die männliche sexuelle Triebenergie auswirkt.

Literatur

Benjamin, J. (1993): Phantasie und Geschlecht. Psychoanalytische Studien über Idealisierung, Anerkennung und Differenz. Stroemfeld: Frankfurt/M. u.a.
Blos, P. (1973): Adoleszenz. Eine psychoanalytische Interpretation. Klett: Stuttgart

Brizendine, L. (2010): The male brain. New York: Broadway Books: New York

Dammasch, F. (2012): Vaterlose Jungen zwischen Größenphantasien und Verfolgungsangst. In: Dammasch, F. (Hrsg.): Jungen in der Krise. Brandes & Apsel: Frankfurt/M., 127-144

Dammasch, F., Kratz, M. (2014): Tiefenhermeneutisch orientierte Familienbeobachtungsstudien und narrative Interviews im Modul des Forschenden Lernens an der FH-Frankfurt. In: Gerspach, M., Eggert-Schmid Noerr, A., Dörr, M., Naumann, T.M., Niederreiter, L. (Hrsg.): Psychoanalyse lehren und lernen an der Hochschule. Kohlhammer: Stuttgart, 317-335

Diamond, M.J. (2010): Söhne und Väter. Eine Beziehung im lebenslangen Wandel. Brandes & Apsel: Frankfurt/M.

Fonagy, P. (2017): Eine genuin entwicklungspsychologische Theorie des sexuellen Lustempfindens und deren Implikationen für die psychoanalytische Technik. In: Metzger, H.-G, Dammasch, F. (Hrsg.): Männlichkeit, Sexualität, Aggression. Psychosozial-Verlag: Gießen, 192-220

Freud, S. (1910): Beiträge zur Psychologie des Liebeslebens. In: Gesammelte Werke (G.W.), Bd. VIII. Fischer: Frankfurt/M., 66-91

Freud, S. (1923): Das Ich und das Es. In: Gesammelte Werke (G.W.), Bd. XIII. Fischer: Frankfurt/M., 237-289

Freud, S. (1930): Das Unbehagen in der Kultur. In: Gesammelte Werke (G.W.), Bd. XIV. Fischer: Frankfurt/M., 419-506

Greenson, R.R. (1968): Die Beendigung der Identifizierung mit der Mutter und ihre besondere Bedeutung für den Jungen. Klett-Cotta: Stuttgart

Herzog, J.M. (1998): Frühe Interaktionen und Repräsentanzen: Die Rolle des Vaters in frühen und späten Triaden; der Vater als Förderer der Entwicklung von der Dyade zur Triade. In: Bürgin, D. (Hrsg.): Triangulierung. Der Übergang zur Elternschaft. Schattauer: u.a., 162-178

Laplanche, J. (2017): Die allgemeine Verführungstheorie und andere Aufsätze. Brandes & Apsel: Frankfurt/M., 1988

Lorenzer, A. (1972): Zur Begründung einer materialistischen Sozialisationstheorie. Suhrkamp: Frankfurt/M.

Lorenzer, A. (1981): Das Konzil der Buchhalter. DVA: Frankfurt/M.

Lorenzer, A. (1983): Sprache, Lebenspraxis und szenisches Verstehen in der Psychoanalyse. In: Psyche 37 (Heft 2), 97-115

Maccoby, E.E. (2000): Psychologie der Geschlechter. Sexuelle Identität in den verschiedenen Lebensphasen. Klett-Cotta: Stuttgart

Mahler, M.S. (1986): Symbiose und Individuation. Psychosen im frühen Kindesalter. Klett-Cotta: Stuttgart

Ogden, Th.H. (1995): Frühe Formen des Erlebens. Springer: Wien u.a.

Quindeau, I., Dammasch, F. (Hrsg) (2014): Männlichkeit – Wie weibliche und männliche Psychoanalytiker Jungen und Männer behandeln. Klett-Cotta: Stuttgart

Reiche, R. (1997): Gender ohne Sex. Geschichte, Funktion und Funktionswandel des Begriffs »Gender«. In: Psyche 51 (Heft 9/10), 926-957

Turner, P. J. (1991): Relations between Attachment, Gender and Behavior with Peers in Preschool. In: Child development 62 (Heft 6), 1475-1488

Tyson, Ph., Tyson, R.L. (1997): Lehrbuch der psychoanalytischen Entwicklungspsychologie. Kohlhammer: Stuttgart

Prof. Dr. Frank Dammasch
Frankfurt University of Applied Sciences
Nibelungenplatz 1, D-60318 Frankfurt am Main
dammasch@fb4.fra.uas.de

Hans-Geert Metzger

Neue Familienformen und Reproduktionsmedizin – Ein psychoanalytischer Zugang

Summary
New forms of family and reproductive medicine - a psychoanalytic access
Abstract: The author sees reproductive medicine in the context of a societal ideology of unlimited availability. Artificial fertilization is a typical example of medical-technical manipulation. These manipulations should be integrated into the family context by a coherent narration which is understandable for the children. With the thesis of an ubiquitous idea of the procreation as a heterosexual primal scene a psychoanalytical access is being formulated which contrasts the reproductive techniques with the unconscious fantasy life of the child. In view of the development of reproductive medicine the text ends with the question of limitations of narcissistic fantasies of omnipotence.

Keywords: sexuality, reproductive medicine, fantasies of omnipotence, triangulation, sexual primal scene

Zusammenfassung
Der Autor sieht die Reproduktionsmedizin im Kontext einer gesellschaftlichen Ideologie der unbegrenzten Verfügbarkeit. Künstliche Befruchtungen sind ein prototypisches Beispiel medizinisch-technischer Manipulationen. Diese Manipulationen müssten durch ein für die Kinder schlüssiges Narrativ in den familiären Kontext integriert werden. Mit der These einer ubiquitären Vorstellung der Zeugung als einer heterosexuellen Urszene wird ein psychoanalytischer Zugang formuliert, der die Reproduktionsmedizin mit dem unbewussten Phantasieleben der Kinder kontrastiert. Der Text schließt mit der sich an die Entwicklung der Reproduktionsmedizin anschließenden Frage nach der Begrenzung narzisstischer Allmachtsfantasien.

Schlüsselbegriffe: Sexualität, Reproduktionsmedizin, Allmachtsfantasien, Triangulierung, sexuelle Urszene

1. Das Selbst und die Anderen

Begrenzungen und ihre Auflösung sind zu einem gesellschaftlich dominanten Thema geworden. Insbesondere durch die Prozesse der Globalisierung, durch den weitgehend entfesselten Wirtschaftsliberalismus, aber auch durch die Infragestellung der Grenzen in der Migrationspolitik und durch die Ausdehnung geschlechtlicher Identitätskonzepte und ihre Bedeutung für die Veränderung der Familie stellen sich neue gesellschaftliche Fragen nach der Bedeutung von Struktur, Begrenzung und der Dynamik von Wandlungsprozessen.

Was vor nicht allzu langer Zeit im Bereich der Ökonomie, der Nationalität oder der Sexualität noch klar war, ist zunehmend infrage gestellt worden. Im Bereich der Ökonomie hat die Globalisierung zu einer Auflösung einengender Grenzen im Warenverkehr geführt. Daraus resultieren Arbeitsprozesse, die zu dem Leitbild des flexiblen Menschen und zu dem Abbau des Sozialstaats geführt haben. Auch digitalisierte Daten sollen jederzeit und überall verfügbar sein. Diese Prozesse haben im Kontext des technologischen Fortschritts zu einer *Ideologie einer möglichst unbegrenzten Verfügbarkeit* geführt.

Weil diese Prozesse nicht ausreichend in einem gesellschaftlichen Prozess diskutiert und problematisiert wurden, ist das Vertrauen in die gestaltende Kraft demokratischer Prozesse geschwächt worden. Populismus und Nationalismus haben ein diffuses Unbehagen aufgegriffen und sind zum sichtbaren Ausdruck einer Gegenbewegung geworden. Sicherheit und Übersichtlichkeit sollen durch den Rückgriff auf alte Identitätskonzepte und Begrenzungen zurückgewonnen werden, was natürlich ein untaugliches Konzept ist, weil Globalisierung sich nicht zurückentwickeln lässt. Aber diese Kritik könnte Anlass zu einem intensiveren Diskussionsprozess und zu strukturellen Änderungen sein.

Der Wunsch nach unbegrenzter Verfügbarkeit steht in unmittelbarem Zusammenhang mit dem gesellschaftlichen Credo der Selbstbestimmung und Selbstverwirklichung. Daher werden sie als ein gesellschaftlicher Fortschritt angesehen. Durch die Betonung der Selbstbestimmung ist übrigens auch eine überraschende Nähe zwischen ökonomischen und gendertheoretischen Vorstellungen entstanden, die durch den manipulativen Umgang mit der Natur und der darin enthaltenen Selbstermächtigung bedingt ist.

Selbstbestimmung wird unmittelbar mit einem Zuwachs an Freiheiten gleichgesetzt. Allerdings wird in diesem Zusammenhang oft nicht mehr zwischen einem demokratischen und einem narzisstischen Freiheitsbegriff unterschieden. Narzisstische Freiheit stellt eine Form der Selbstverfügung dar, die primär auf den eigenen Vorteil achtet, diesen zu einem Gesetz erhebt und damit auch die Interessen und Grenzen anderer Menschen missachtet. Autokraten handeln nach der Maxime, dass sie sich nicht durch die Achtung anderer Menschen einschränken lassen wollen. Unter dem Anspruch auf persönliche Freiheit wird in offener oder versteckter Form Macht ausgeübt. Demokratische Freiheit ist objektbezogener. Sie basiert auf Strukturen, die Willkür und Missbrauch einschränken. Grenzen werden geachtet. Entscheidungsprozesse sind von Dialog- und Kompromissbereitschaft geprägt.

Der Wunsch nach uneingeschränkter Selbstbestimmung impliziert auch, dass Bindungsprozesse an Bedeutung verlieren und zunehmend als Behinderung angesehen werden. Abhängigkeit erscheint vielen Menschen nur als eine negative, zu vermeidende Erfahrung. Dabei sind Bindungsprozesse eine Voraussetzung für den gesellschaftlichen und familiären Zusammenhalt. Und Bindung ist eine basale menschliche Erfahrung: Abhängigkeit ist in der frühen Kindheit eine existentielle, unvermeidliche Erfahrung die sich in abgeschwächter Form auch in jeder Bindung wiederfindet.

Die Anerkennung von Grenzen muss keinen gesellschaftlichen oder psychischen Rückschritt darstellen. Entwicklung findet im Gegenteil auch als ein dialektischer

Prozess im Umgang mit Grenzen, mit Fragen der Anerkennung der Begrenzung wie auch deren Überwindung statt. Auch Struktur muss kein starrer Begriff sein. Aber es ist für jedes Kind notwendig, in seinem Entwicklungsprozess Grenzen anzuerkennen und dadurch das Übergewicht der narzisstischen Wahr-nehmung in einen objektbezogenen Prozess zu transformieren. Dadurch werden psychische Strukturen entwickelt, auch wenn diese im Verlauf des Entwicklungsprozesses wiederum modifizierbar sind (Metzger 2017).

Mit den Prozessen der Entgrenzung verändert sich auch das Verständnis der Familie. Wer Identität für ein sinnvolles Konstrukt gehalten hat, kann schon bald als hoffnungslos veraltet belächelt werden. Die Ideologie der unbegrenzten Verfügbarkeit findet sich in der Diskussion über sexuelle Identitäten und in der Reproduktionsmedizin wieder. Eingefrorene Eizellen, von der Beziehung isoliertes männliches Sperma, Leihmutterschaft und andere Verfahren führen dazu, dass am Anfang des Lebens die Medizintechnik statt einer intimen und libidinösen Beziehung steht. Reproduktionsmediziner sehen in der Regel nur das technisch Machbare. Die Reproduktionsmedizin hat sich längst von der Hilfe für einzelne Frauen, die sich ihren Kinderwunsch auf keinem anderen Weg erfüllen können, zu einem globalen Markt entwickelt, der von sehr heterogenen Interessen bestimmt wird.

»[Es ist] ein schnell expandierender Kinderwunsch-Tourismus in Gang gekommen: Wer im eigenen Land auf Hindernisse stößt, kann anderswo günstige Voraussetzungen finden. Globalisierung wird zur Chance für diejenigen, die ihren Kinderwunsch auf keinen Fall aufgeben wollen. Der Kinderwunsch ist so zum internationalen Geschäft mit hohen Zuwachsraten, charakteristischen Routen und Zielorten geworden. Weltweit bilden sich Zentren heraus, die auf bestimmte Behandlungswünsche und Kunden spezialisiert sind« (Beck-Gernsheim 2014, 12).

Aus dem Kind ist ein rational geplantes Projekt mit zahlreichen Beteiligten geworden: »Zunächst die Wunscheltern; dann Samenspender, Eispenderinnen, Leihmütter; dann Ärzte, Klinikpersonal, Finanzgeber und Unternehmer« (ebd.).

Die Reproduktionsmedizin gehört zur heutigen Lebenskultur. Damit hat sie sich auch über den gendertheoretischen Wunsch, sich von heterosexuellen Männern möglichst unabhängig zu machen und sich auch in der Fortpflanzung selbst bestimmen zu können, hinaus entwickelt. Die Ökonomisierung und Kommerzialisierung der Reproduktionsmedizin hat dazu geführt, dass ethische Grenzen und gesetzliche Einschränkungen negiert werden, indem sie global umgangen werden sollen. Es müsste den GendertheoretikerInnen zu denken geben, dass sie sich unter dem Vorzeichen der Selbstbestimmung in Fragen der Reproduktionsmedizin im Einklang mit einem kaum gehemmten Wirtschaftsliberalismus befinden, der sich vorwiegend an kommerziellen Interessen orientiert.

Längst sind auch Erwartungen über die Modellierung eines neuen Menschenbildes aufgeblüht. Eine nach eugenischen Prinzipien ausgerichtete Programmierung könnte eine Selektion von Babys anstreben. Der Hinweis auf politische Selektionsprogramme wurde zunächst empört zurückgewiesen, ist aber mittlerweile als ein bedrohliches

Szenarium in die Diskussion aufgenommen (Patsalides 2006, 83; von Braun 2014, 407).

Es wäre hilfreich, die Prozesse der Reproduktionsmedizin einem aufgeklärt-kritischen Diskurs zu öffnen und nicht das bisher vorwiegend polarisierende Denken zwischen unbedingtem Fortschritt und konservativem Festhalten fortzusetzen. Die Ausdehnung der technischen Möglichkeiten zur Empfängnis von Kindern ist für sich genommen keine gesellschaftlich progressive Haltung. Es sollte auch eine kritische Diskussion über die psychischen Prozesse aller Beteiligten möglich sein. Die Psychoanalyse kann ihr aufklärerisches Denken in diese Debatte einbringen, indem sie die Psychodynamik neuer Familienformen und kindlicher Entwicklungsprozesse analysiert und damit einen Raum jenseits ideologischer Festlegungen öffnet.

2. Künstliche Befruchtungen

Alle Formen künstlicher Befruchtung zeichnen sich dadurch aus, dass die ursprüngliche heterosexuelle Form der Zeugung nicht möglich ist oder absichtlich verworfen wird. Deswegen werden emotional unbeteiligte Dritte hinzugezogen. Bei künstlichen Befruchtungen müssen sich hetero- und homosexuelle Paare wie auch alleinstehende Frauen medizinischen Eingriffen aussetzen, die eine psychische Belastung für alle Beteiligten darstellen.

Anstelle der Zeugung in einem Liebesakt, auf den man sich in seiner Phantasie in Erwartung des Babys beziehen kann, tritt die Reproduktionsmedizin. Viele Frauen empfinden die Medizintechnik als eine körperliche, seelische und soziale Verletzung, die narzisstische Kränkungen oder Selbstentwertungen auslösen können. Auch für die Männlichkeit bleibt kaum ein Raum. Männer fühlen sich oft als Samenspender degradiert. Sie sind ihrer natürlichen Zeugungskraft enthoben und werden zu Zuschauern bei der technischen Urszene. Ihre einzige Aufgabe liegt in der Masturbation für die erforderlichen Spermien. Ferner müssen sie zusehen, wie die Frau den extrem hohen Hormondosen, der operativen Entnahme der Eizellen sowie der instrumentellen Einführung des Embryos, des künftigen Kindes, ausgesetzt ist.

Die Zeugung stellt den Beginn der Schwangerschaft und der gemeinsamen Hoffnung und Erwartung des elterlichen Paares dar. Durch eine künstliche Befruchtung entsteht auch hier eine Besonderheit. Im Körper der Mutter ist ein medizinischer Eingriff vorgenommen worden, der zu einer anderen psychischen Verarbeitung als bei einer natürlichen Zeugung führt. Offenbar kann dieser Eingriff bei vielen Frauen zu einer Störung in der Einstellung dem Fötus gegenüber führen. Auch für den Fötus selbst bedeuten diese Eingriffe eine andere Form der Entwicklung. Entwicklungspsychologen, die sich mit diesem frühen Bereich des menschlichen Lebens beschäftigen, gehen mittlerweile davon aus, dass extrakorporal gezeugte Kinder eine Störung entwickeln. Sie sehen die technische Befruchtung als ein pränatales Trauma im ersten Trimenon, das lebenslange Spuren hinterlässt. Kinder der medizinisch assistierten Befruchtung zeigten zwar von außen betrachtet keine Abweichungen, aber auf einer tieferen, präverbalen Ebene hätten sie Probleme, den Körper mit den Emotionen zu verbinden (Auhagen-Stephanos 2017, 248ff.).

Zwar finden sozialwissenschaftliche Untersuchungen zur Elternschaft gleichgeschlechtlicher Paare keine signifikanten Unterschiede im Hinblick auf psychische Störungen oder emotionale Unsicherheiten dieser Kinder (Marx 2014), aber schon nach diesem ersten, kurzen Überblick wird deutlich, dass Eingriffe in die intime und emotional hoch besetzte Szene der Zeugung nicht spurlos bleiben.

Es verwundert nicht, dass viele Eltern, die den Weg der künstlichen Befruchtung gegangen sind, diese Erfahrungen auch in die Beziehung zu ihrem Kind mitnehmen. In klinischen Berichten wird deutlich, dass es manchen Eltern schwerfällt, eine emotionale Beziehung zu ihrem Kind aufzunehmen. Manchmal wollten sie die Vorgeschichte der Zeugung verheimlichen. Dadurch gelang es ihnen aber nicht, einen psychischen Raum zu gestalten, in dem das Kind sich gehalten und sicher fühlen konnte (Grimalt 2016; Patsalides 2006).

Nach diesen ersten Überlegungen wende ich mich nun den mir besonders evident erscheinenden psychodynamischen Prozessen bei zwei Verfahren der künstlichen Befruchtung zu: der sogenannten Samenspende – eigentlich ein unpassender Begriff, handelt es sich doch in der Regel um den gewerbsmäßigen Verkauf des Spermas – und dem Austragen eines Kindes durch eine Leihmutter.

3. »Samenspende« und Leihmutterschaft

Bei der Samenspende wird der Vater auf das Sperma reduziert. Dadurch ist er in der Regel selbst dann, wenn er bekannt ist, psychisch nicht oder nur unzureichend erfahrbar. Das bedeutet allerdings nicht, dass er im Unbewussten des familiären Gefüges keine Rolle spielen würde. Dazu trägt schon, ähnlich wie bei adoptierten Kindern, das Wissen um den unbekannten genetischen Anteil bei. Schon in der Physiognomie des Kindes wird die Fremdheit des Vaters sichtbar. Man kann sich vorstellen, dass gerade in konflikthaften Phasen der Entwicklung, z.B. bei Abgrenzungsprozessen, Phantasien über das Fremde in diesem Kind, über den unbekannten väterlichen Anteil, an Bedeutung gewinnen. Auch die Phantasie über mögliche Halbgeschwister kann von Bedeutung sein. Der Vater bleibt ein Schattenmann, aber er ist doch bewusst oder unbewusst anwesend.[7]

Auch Psychoanalytikerinnen, die die Reproduktionsmedizin grundsätzlich positiv einschätzen, erkennen mittlerweile die Bedeutung des Samenspenders für die Vorstellungswelt der Mütter an. Dabei sind sie durchaus überrascht über die sehr intensiven Phantasien lesbischer Eltern über diesen Dritten, den sie nicht haben wollten und doch brauchten (vgl. Naziri, Feld-Elzon 2012, 691; Heymanns 2016, 91). So berichtete die

---

[7] Die psychische Situation wird von den Betroffenen, den Spenderkindern, übrigens wesentlich differenzierter und kritischer diskutiert als von Protagonisten der Reproduktionsmedizin (zit.n. https://www.spenderkinder.de, 15.08.2015; vgl. auch die Beispiele bei Oelsner, Lehmkuhl 2016).

Mutter eines Kindes, das durch eine Samenspende gezeugt wurde, wie sie geradezu zwanghaft »jeden Mann auf der Straße genauestens« musterte, der bestimmte körperliche Merkmale hatte, die ihrer Tochter ähnelten (Patsalides 2006, 77). Die Phantasien über den Dritten gehen natürlich auch in die Beziehung zum Kind ein. Er kann einerseits idealisiert werden und die Eltern können besondere Fähigkeiten von ihm erwarten, andererseits kann aber die Angst vor der »radikalen Andersartigkeit« auch bedrohliche Züge annehmen (Naziri, Feld-Elzon 2012, 692).

Aus psychoanalytischer Perspektive ist die große Bedeutung des Dritten verständlich, auch wenn vielen Homosexuellen die *Anerkennung* des heterosexuellen Dritten, der doch gerade *ausgeschlossen* werden sollte, schwerfällt. Der Prozess der künstlichen Reproduktion lädt geradezu zu der Aktivierung primärprozesshafter Wünsche und Ängste ein, die aus inneren Bildern stammen. Die Mutter kann zwar, z.B. in Katalogen, die Merkmale der Samenspender studieren, sie kann ihn nach besonderen Eigenschaften auswählen, aber die Lücke bleibt. So wird die Mutter in ihren Phantasien auf ihre eigenen, inneren Objektbeziehungen zurückgreifen und Ähnlichkeiten oder Verbindungen suchen, an die sie innerlich an-knüpfen kann.

Eine Frau schildert ihre Erlebnisse während der künstlichen Befruchtung:

> »Es ist ein merkwürdiges Gefühl, etwas von ihm zu haben. Ich kenne diese Person nicht und werde ihn nie kennen ... Etwas passierte in diesem Moment zwischen mir und dem Spender, als ich da saß und auf Marie [ihre Partnerin] schaute ... Es ist sehr schwer zu erklären, was passierte; es gab wirklich eine Art von Begegnung zwischen uns« (ebd., 694; Anm.u.Übers.d.V.).

Die Frau stellt in ihrer Vorstellung eine Beziehung zu dem Spender her. Ursprünglich hatte sie in einer heterosexuellen Beziehung gelebt und beschreibt die Beziehung zu ihrem eigenen Vater persönlicher als die zu der Mutter (ebd., 692f.). Für einen Moment kehrt sie während der Insemination zu der Vorstellung einer heterosexuellen Beziehung zurück. Sie setzt ihre ursprünglichen heterosexuellen Erfahrungen ein, um die Technik des medizinischen Eingriffs mit eigenen Bildern zu beleben.

Die Phantasien der Mutter können dem Kind projektiv angetragen werden. Das Kind empfängt rätselhafte Botschaften über die realen und phantasierten Dritten und wird sich dadurch ein eigenes, aus Phantasien zusammengesetztes Bild schaffen. Weil der familiäre Kontakt zu dem ausgegrenzten Elternteil fehlt, ist eine sekundärprozesshafte Überarbeitung dieser Wünsche umso schwerer.

Ein 13-jähriges Mädchen kam in eine Kindertherapie, weil sie an einem »Gefühl von Haltlosigkeit und fehlender Rückendeckung«, an einem Mangel an Sicherheit und an dem »Fehlen einer Vertrauensperson, die sie in ihrer tiefen Einsamkeit stützen und halten könnte«, litt (Patsalides 2006, 75). Sie wurde durch eine anonyme Samenspende gezeugt. Die heterosexuellen Eltern wollten dies vor ihrer Tochter geheim halten. Zugleich hatte die Mutter die zunehmend zwanghafte Vorstellung, dass sie in Erfahrung bringen wollte, »wer denn nun in ›Wirklichkeit‹ der Vater, dieser anonyme ›Spender‹« (ebd., 77) sei.

Sie berichtete, wie sie bei der Auswahl des Samenspenders auf ganz konkrete körperliche Eigenschaften geachtet hatte. Sie hatte sich tagelang den »detailliertesten Phantasien« hingegeben, »während sie lange nächtliche Stunden mit Internetkatalogen verbracht hatte«, und es wurde ihr plötzlich deutlich, dass es letztlich Eigenschaften waren, die sie an ihren »eigenen, zutiefst geliebten, jedoch verstorbenen Vater« erinnerten. Sie hatte ihn unbewusst gesucht (ebd., 78). Nach der Geburt hatte sie ihren eigenen Mann zunehmend verachtet und ihn als einen »kastrierten Schwächling« betrachtet (ebd.). Mit der Tochter aber konnte sie ihre Phantasien nicht teilen. Sie musste sie geheim halten, sodass diese in eine innere Leere fiel, weil sie bei den Eltern in einen leeren Spiegel schaute, der ihre eigene Entwicklung erschwerte.[8]

Das kurze klinische Beispiel macht deutlich, dass nicht nur die Phantasien über den samenspendenden Vater von Bedeutung sind. Man muss doch einen wesentlichen Schritt weitergehen. Auch wenn es gelingt, die Vorstellungen über den unbekannten Mann zu akzeptieren und zu integrieren, bleibt im familiären Gefüge immer eine Lücke. Das Kind muss damit leben, dass das hetero- oder homosexuelle Paar den biologischen Vater aus der Elternschaft ausgeschlossen hat. Es muss auch ertragen, dass der fremde Vater nicht aus Liebe gehandelt hat, dass es sich nicht um eine Spende handelt, sondern um eine geschäftsmäßige Beziehung. Der Samen-Vater ist nicht an der Persönlichkeit seines biologischen Kindes interessiert. Es muss ertragen, dass sich sein Wunsch nach einer väterlichen Identifikation an ein unbekanntes Phantasieobjekt richtet. Es bleibt eine Leerstelle und damit ein abstraktes Wissen. Der biologische Vater bleibt ein Leben lang in der unbewussten und häufig auch bewussten Vorstellungswelt des Kindes anwesend, wie emotional schwierig diese Anwesenheit auch bisweilen sein mag.

Bei der Leihmutterschaft ist die Lücke offensichtlich. Neben der sozialen Problematik des kommerziellen Ausnutzens meist unterprivilegierter Frauen ist die medizinische Manipulation noch viel ausgeprägter als bei der Samenspende. Die biologische Mutter ist in der Regel bekannt. Die intrauterine Entwicklung der Beziehung findet aber meist mit einer Frau statt, die an der Entwicklung des Kindes und an seiner Persönlichkeit in der Regel nicht interessiert ist. Die psychische Erforschung der pränatalen Zeit hat in den letzten Jahren eindrucksvolle Ergebnisse über die vielfältige taktile und auditive Beziehungsaufnahme zwischen den Eltern und dem Fötus ergeben. Insbesondere Mutter und Kind haben sich während der Schwangerschaft neun Monate lang über die Bewegungen und die Stimme wahrgenommen und kennengelernt. Auf dieser Basis entwickelt sich nach der Geburt die Beziehung zwischen Mutter, Vater und Kind. Diese Verbindung von der pränatalen Zeit zu der Zeit nach der Geburt aber hat das Baby mit einer Leihmutter nicht. Die Erfahrungen des Fötus, der von einer Leihmutter ausgetragen wurde, bleiben unbekannt. War die Leihmutter ihm gegenüber liebevoll, gleichgültig oder gar feindselig eingestellt? Bei dem Verfahren der Leihmutterschaft wird die basale körperliche Entfremdung zwischen Mutter und Kind

---

[8] Bei heterosexuellen Paaren fühlt sich der Mann durch die Samenspende oft in seiner Potenz bedroht. Bei lesbischen Paaren scheint eher die Abwehr der Bedeutung des Mannes im Vordergrund zu stehen.

bewusst in Kauf genommen. Mit der Geburt entsteht eine erste Fremdheitserfahrung für das Kind. Die Beziehung der Eltern zu ihrem Kind beginnt erst in den Tagen nach der Geburt. Was zuvor passierte, bleibt ebenfalls eine Leerstelle, die offen für Fragen und entsprechende Phantasiebilder ist.

4. Zur Psychodynamik künstlicher Befruchtungen

Je mehr real Fremdes die Eltern in ihrem Kind wissen, »desto stärker ist der Wunsch, es draußen zu halten, damit das Kind zu etwas Eigenem werden kann. Dies hat aber zur Folge, dass die Entstehung ihres Kindes, oftmals auch seine biologische Abstammung, zu einem bewussten, manchmal unbewussten Tabu werden« (Lebersorger 2017, 38f.).

Wie im Falle der Samenspende bleibt auch bei der Leihmutterschaft eine basale Fremdheit bestehen. Am Beginn des Lebens steht eine medizinische Manipulation. Die Kinder entwickeln oft eine Sehnsucht nach dem Vater. Herzog (2010, 218) spricht von einem »repräsentationalen Hunger« bei durch eine Samenspende gezeugten Kindern. Sie fragen zum Beispiel, warum der Vater zum Geburtstag kein Päckchen schickt. Sie fühlen sich auch oft von Trennungssituationen bedroht. Es fällt in klinischen Beispielen auf, dass z.B. eine kinderanalytische Arbeit notwendig wird, wenn ein homosexuelles Elternpaar sich trennt. Offensichtlich stellt schon das Wissen oder die Ahnung um einen Samenspender, also um ein nicht verfügbares Elternteil, eine Erfahrung dar, die weitere Trennungserfahrungen verschärft.

Es ist für die Eltern wie auch für das Kind eine hohe Anforderung, mit der komplexen familiären Konstellation nach einer künstlichen Befruchtung, mit dem Bruch in der Entwicklung umzugehen. Die Manipulation durch die künstliche Befruchtung sollte so weit wie möglich in der Beziehung aufgelöst werden. Dazu müsste mit dem Kind eine Genealogie, ein Stammbaum entwickelt werden. Es müsste eine schlüssige Geschichte über Biologie, den Ausschluss des Dritten und den Umgang mit Grenzen, also eine Art Familienroman werden, wie Freud (1909) das genannt hat. Würde dieser Prozess missachtet oder vermieden werden, dann besteht die Gefahr, dass ein technisch manipulativer Umgang und der darin enthaltene Triumph über die Natur zum Bestandteil des familiären Selbstverständnisses werden.

Aber auch wenn der Familienroman gelingt, bleibt die in der künstlichen Befruchtung enthaltene Fremdheit doch letztlich unaufgelöst, sodass alle Beteiligten diesen Eingriff auch ertragen müssen. Der fehlende Vater oder die fehlende Leihmutter sind vorhanden. Der homosexuelle Partner kann aufgrund bisexueller Identifizierungen gegengeschlechtliche Eigenschaften annehmen, aber es ist eine Illusion, die gegengeschlechtliche Leerstelle »etwa im Geruch oder im Aussehen« ausgleichen zu wollen (Marx 2014). Daher erfordert der Umgang mit der künstlichen Befruchtung eine intensive Auseinandersetzung mit der eigenen sexuellen Identität und die Fähigkeit, den Dritten anzuerkennen, die Phantasien über den Dritten angemessen zuzulassen und zugleich dessen Ausschluss für das Kind erträglich zu machen. Für die Kinder jedenfalls wäre es »unendlich nützlich«, wenn ihre Mütter sich mit der Heterosexualität auseinandersetzen würden (Herzog 2010, 226).

Das Gelingen eines narrativen Umgangs wird sich letztlich an der Frage entscheiden, wie viel Fremdheit die Eltern, auch das homosexuelle Elternpaar, zulassen können. In welcher Form können die homosexuellen Eltern dem Kind einen triangulären Raum öffnen, in dem das jeweils ausgeschlossene Geschlecht, also Männlichkeit oder Weiblichkeit repräsentiert sind? Inwieweit können väterliche Anteile positiv besetzt und vermittelt werden? Überwiegt eine narzisstische Besetzung, die das Kind übermäßig bindet? Oder findet sich gerade in der medizinisch assistierten Zeugung die Allmachtsphantasie, auch ohne das andere Geschlecht Kinder zeugen zu können? Psychodynamisch gesehen konzentriert sich gerade aufgrund der Manipulation die Frage auf das Ausmaß der narzisstischen und objektbezogenen Motiven der Eltern, nach der Konzentration auf das eigene Selbst oder der Akzeptanz von Grenzen.

Die grundlegende Bedeutung der Väterlichkeit wurde in der frühen Dynamik der Mutter-Kind-Beziehung immer als die eines hinzutretenden Dritten gesehen, der erste Trennungsprozesse initiiert und dadurch dazu beiträgt, die Dyade zu einer triangulären Beziehung zu erweitern. Inzestuöse Bindungen werden zugunsten der Akzeptanz der Differenz, der Triangulierung aufgelöst, und damit wird auch eine symbolische, kulturelle Ordnung vertreten. Dieser Prozess impliziert Trennungsprozesse zwischen Mutter und Kind, denn das Kind gehört nicht der Mutter. Manche Frauen – natürlich können das auch leibliche Mütter sein – entwickeln aufgrund der Begrenztheit des eigenen Körpers einen Neid auf Männlichkeit, letztlich auf den Penis. Unbewusst können sie das Kind als einen imaginären Penis wahrnehmen (Patsalides 2006, 101). Das Kind könnte für die Erfüllung des Begehrens der Mutter stehen, sodass sie es nicht in eine väterlich repräsentierte Welt gehen lassen kann (A. Green 1999, 51).

Der Trennungsprozess gelingt, wenn die Mutter ihre Geschlechtlichkeit und deren Begrenzungen anerkennen kann. Insbesondere in der französischen Psychoanalyse wird die Bedeutung des Wunsches nach Vollkommenheit betont. Durch diesen Wunsch wird die Akzeptanz des Mangels behindert, der sich durch die Angehörigkeit zu einem Geschlecht einstellen kann. Wenn der Phallus unbewusst überwertig besetzt wird, kann das zu einem Konflikt mit der Besetzung des eigenen Körpers führen. Frauen müssen anerkennen, dass sie ohne die Hilfe eines Mannes keine Kinder zeugen können. So bleibt für die Entwicklung des Kindes die Frage, inwieweit künstliche Befruchtungen von einer Allmachtsphantasie getragen sind und in welcher Form Väterlichkeit bei lesbischen Paaren mit Kinderwunsch repräsentiert ist.

Männlichkeit wird in einigen Gendertheorien mit einem universalen Herrschaftsanspruch assoziiert. Dabei müssen auch Männer anerkennen, dass sie nicht vollkommen sind. Sie können kein Kind in sich tragen und gebären. Manche Männer entwickeln einen Neid auf die reproduktive Fähigkeit der Frau. Der Neid kann reaktiv in eine phallische Überbewertung des Männlichen und des Penis münden.[9] Darüber

---

[9] Es gibt mittlerweile eine differenzierte psychoanalytische Diskussion, die männliche Identität und die Bedeutung des Phallus in einem komplexen Entwicklungsverlauf darstellt (vgl. z.B. Aigner 2017; Diamond 2017).

hinaus muss sich jeder Vater auch der gesellschaftlichen Ordnung unterwerfen – die väterlich genannt wird, weil sie außerhalb des frühen mütterlichen Kosmos angesiedelt und keineswegs auf Herrschaft zu reduzieren ist. Erst wenn diese Ordnung missachtet wird und die Gesetze narzisstisch selbst bestimmt werden sollen, wird er zu dem despotischen Vater, der oft in der gendertheoretischen Literatur mit dem allgemeinen Vater verwechselt wird.[10]

Frauen und Männer müssen einige Grundtatsachen des Lebens und einige kulturelle Regeln akzeptieren. Dazu gehören das Inzestverbot, die Begrenztheit des geschlechtlichen Körpers und die Einordnung in die generationale Abfolge, die Akzeptanz des eigenen Alterungsprozesses – auch angesichts des Entwicklungsprozesses der Kinder.

Gerade die Notwendigkeit von Trennungsprozessen, die Begrenzung, wird in den »neuen« Sexualitäten insbesondere durch die Ausdehnung bisexueller Vorstellungen infrage gestellt. Die Faszination, die die scheinbar mögliche Überwindung sexueller Grenzen bei vielen Menschen ausgelöst hat, z.B. anhand der illusionären Inszenierung von Conchita Wurst, findet sich auch in der Diskussion über Reproduktionsprozesse wieder. Eine Auseinandersetzung mit der Anerkennung von Begrenzungen steht dagegen noch aus.

5. Die universale Bedeutung der heterosexuellen Urszene

Die komplexe psychische Arbeitsanforderung für die Selbstentwicklung des mithilfe medizinischer Techniken gezeugten Kindes ergibt sich nicht nur aufgrund der Erfahrungen in sozialen Situationen, wenn es z.B. im Kindergarten mit traditionellen Familienkonstellationen konfrontiert wird. In seiner psychischen Vorstellungswelt wird sich das Kind zwangsläufig mit der Bedeutung der Urszene auseinanderzusetzen haben.

In den Gendertheorien wurde in der Auseinandersetzung mit der Heterosexualität immer die Gleichwertigkeit der unterschiedlichen Sexualitäten betont. Auf der Ebene der sozialen Anerkennung sexueller Identitäten ist dieser Anspruch auch gut begründet. Trotzdem ergibt sich aus der entwicklungspsychologischen Perspektive, also aus der Sicht des Kindes, ein zentraler Gedanke, der bisher in der Auseinandersetzung um sexuelle Identitäten wenig beachtet wurde: Jedes Kind stellt schon sehr früh Fragen nach seiner Entstehung, nach seiner Herkunft (Britton 1998).

Das erste Problem, mit dem sich das Kind beschäftigt, sagt Freud (1905, 95), ist das Rätsel: »Woher kommen die Kinder?«. Diese Frage setzt seine »Forschertätigkeit« in Gang. Es forscht auf seine Art nach der Urszene, weil es spürt, dass Vater und

---

[10] Der Vorschlag der Kulturwissenschaftlerin Christina von Braun (2014, 414), auf den Begriff des »Phallus zu verzichten«, weil er immer nur männliche Herrschaft symbolisiert, wirkt geradezu naiv ideologisch. Jedes Mädchen und jeder Junge muss sich während seiner Entwicklung den geschlechtlichen Körper aneignen und ihn symbolisieren und sich dabei auch mit der Gegengeschlechtlichkeit auseinandersetzen.

Mutter in einer Art miteinander verbunden sind, die es noch nicht versteht, die es aber emotional aufnimmt und mit ersten Phantasien auflädt. Es sucht ein imaginäres Szenario, um die biologischen Tatsachen zu symbolisieren (Patsalides 2006, 81). Dabei entsteht eine Ahnung, dass die Verbindung der Eltern mit der Zeugung zu tun hat. Das Kind sucht nach seinem Ursprung und trifft dabei auf die *heterosexuelle* Szene. Mit zunehmender Entwicklung sieht es die Verbindung der Eltern im Zusammenhang von Penis und Vagina und entwickelt Bilder, wie die Kinder entstehen. »Die Bilder von geschlechtlicher Unterschiedlichkeit, d.h. von Männlichkeit und Weiblichkeit, welche in den Köpfen, also der Psyche der Hauptbezugspersonen repräsentiert sind, werden vom Kind als erstes eingelesen« (Bürgin 2017, 127). Für Freud (1917a, 386) war die Suche des Kindes nach seinem Ursprung so elementar, dass er von einer »Urphantasie« sprach, die in jedem Kind und dann eben auch in jedem Erwachsenen aufzufinden ist.

Die Eltern antworten mit ihren eigenen inneren Bildern auf diese Fragen nach der Urszene (Laplanche 2011). Die Zeugung ist in der unbewussten Vorstellung, auch bei Anwendung der Medizintechnik, eine heterosexuelle Szene. Das Wissen um die Urszene ist nicht nur bei heterosexuellen Eltern, sondern auch bei Menschen mit anderen sexuellen Identitäten als eine zentrale Vorstellung vorhanden, weil sich jede sexuelle Identität aus der unbewussten Auseinandersetzung mit der Urszene entwickelt hat.

Herzog schildert die Analyse eines vierjährigen Mädchens, das mit homosexuellen »Müttern« aufwächst. Das Mädchen gestaltet eine familiäre Szene mit zwei Müttern, einem kleinen Mädchen und einer Figur, die sie einen »streitigen« Streuner nennt. Onkel Rob war der Bruder der einen Mutter und lebte weit weg von dem Mädchen.

> »Er war nur einmal zu Besuch gewesen, als Tilda zwei war. Sie hatte eine lebendige Erinnerung an diesen Besuch. Bei dieser Gelegenheit hatte es einen Streit zwischen den Geschwistern gegeben, und wie wir erst viel später erfahren sollten, hatte Milly zu ihrem Bruder gesagt, sie wolle nicht, dass er um ihre Familie herumstreune und alle zwei Jahre … komme, wie er das zu tun pflegte. Damit war der Streuner geboren und Tildas nach langem Spielen deutlich gewordene Vorstellung, dass Babys beim Streiten entstünden, dass sie bei seinem früheren Besuch zwei Jahre vor ihrer Geburt gezeugt worden sein musste und dass jetzt ein neues Baby, Wilda, unterwegs sein könnte. Sie kam auch zu dem Schluss, dass das piksige Gesicht und der fremde Geruch eines Mannes zum notwendigen Beiwerk gehörten« (Herzog 2010, 222).

Das Mädchen spürte das Geheimnis um seine Zeugung, das ihre Mütter aufgrund ihrer fehlenden Anerkennung der Bedeutung der Heterosexualität machten. Es entwickelte angesichts der Homosexualität der Mütter dennoch eine hetero-sexuelle Szene, mit der es sich seinen Ursprung zu erklären versuchte.

Auch Heenen-Wolff (2015, 599) geht davon aus, »dass auch der homosexuelle Erwachsene an eine heterosexuelle Verbindung unbewusst denkt«. Die homosexuellen Eltern würden »unbewusst, auf der Ebene der infantilen Sexualität, über eine heterosexuelle Urszene verfügen. Diese aktualisiert sich umso mehr in der Beziehung zum Kind, als dessen Konzeption mit Hilfe von Samenspender, Leihmutter oder

Adoption auf eine heterosexuelle fruchtbare Urszene zurückverweist« (ebd.). In diesem Sinn vermittelt der homosexuelle Erwachsene seinem Kind auch heterosexuelle Botschaften.

Die Urszene ist in der Vorstellung immer als der Ausgangspunkt der Entstehung des Lebens repräsentiert, auch bei homosexuellen Eltern, auch in der Ablehnung der Heterosexualität und auch in der reproduktionsmedizinischen Manipulation. Eine negative Fixierung auf die Urszene würde auch die Aggressivität mancher gendertheoretischen Autoren und Autorinnen verständlich machen. Reimut Reiche (1997, 950) hat bereits Ende des letzten Jahrhunderts in seinem klassischen Text zur Gendertheorie eine ähnliche Vermutung geäußert, wenn er in Bezug auf die Texte von Judith Butler von der Vorstellung eines »bösen elterlichen Koitus« spricht. Die Eltern von Herzogs kleiner Patientin sagten, »eine Welt ohne störende oder gestörte Männer wäre ihnen lieber« (Herzog 2010, 220).[11]

Aufgrund ihrer entwicklungspsychologischen Relevanz und ihrer Verankerung in der Vorstellung der Zeugung stellt die heterosexuelle Urszene den gemeinsamen Bezugspunkt der Sexualitäten dar. Die grundlegende Bedeutung der heterosexuellen Urszene scheint manchen AutorInnen Unbehagen zu bereiten. Deswegen wird vorgeschlagen, bei reproduktionsmedizinisch vorgenommenen Zeugungen und in neuen Familienformen ein neues Urszenen-Phantasma zu entwickeln. Ein Kind, das zwei gleichgeschlechtliche Eltern hat, könnte zwei Urszenen phantasieren. Die eine Urszene sei die künstliche Befruchtung, die zweite würde die Sexualität des homosexuellen Paares darstellen.

Diese Vorstellung ist allerdings viel zu rational. Die Urszene ist als eine frühe, präverbale Vorstellung gedacht, die erste Ahnungen aufgrund der frühkindlichen Forschung aufnimmt und erst viel später kognitiv verstanden wird. Die künstliche Befruchtung dagegen stellt das Kind vor eine komplexe Situation, die hohe psychische Reife erfordert, weil sich das Kind sowohl mit der Heterosexualität als auch mit dem Anderssein des eigenen Elternpaares auseinandersetzen muss. Dieser Prozess schließt emotionale Akzeptanz und kognitive Einsicht ein. Er lässt sich nicht in zwei gleichwertige Urphantasien überführen.

Die Urszene ist die Grundlage der sexuellen Entwicklung. Sie ist eine heterosexuelle Szene, die im Unbewussten enthalten ist, und von der man sich in der Entwicklung der sexuellen Identität auch abwenden kann. Sie ist offen für individuelle Entwicklungen unterschiedlicher sexueller Identitäten. »Die infantile Sexualität kennt noch keine endgültige Objektwahl und die heterosexuelle Konstellation ist nur *eine*

---

[11] Dazu passen auch negative Reaktionen mancher lesbischer Mütter, wenn sie in der Psychotherapie auf ihr Vaterbild angesprochen werden: So sagte die Mutter in der erwähnten Therapie, »dass alle Männer einem wehtun könnten«. Als Herzog im Elterngespräch nachfragte, »wurde ich, wie in vielen anderen kritischen Momenten unserer gemeinsamen Arbeit, daran erinnert, dass sie Tilda zu mir gebracht hatten, nicht sich selbst. Sie fanden, dass ich ein störender Mann war und nicht war und dass sich damit ihre Wahl als richtig erwiesen hatte, obwohl immer Gefahr bestand, wenn ein Mann im Spiel war« (Herzog 2010, 225). Schließlich brachen die Frauen die Therapie ab.

unter anderen Formen, zu der die kindliche Sexualität gelangen kann, wobei die ›polymorph-perversen‹ Komponenten in jedem Fall erhalten bleiben« (Heenen-Wolff 2015, 600; vgl. auch Böllinger 2015).

Sexuelle Identitäten stehen zunächst im Kontext der Selbstbestimmung. Für die Perspektive der betroffenen Kinder sollten allerdings auch die Bedeutung von Bindungsprozessen und die Akzeptanz von Abhängigkeit gesehen werden.

Die zu Recht kritisierten Aspekte der kulturell normativen Formung von Heterosexualität, die Diskriminierung und Pathologisierung anderer sexueller Identitäten haben keine innere Verbindung zu den Phantasien über die Urszene. Bei diesen Bewertungen handelt es sich um gesellschaftliche und kulturelle Prozesse, die in sozialen Herrschaftsansprüchen begründet sind und die genauso veränderbar sind wie das jahrhundertelang vorherrschende patriarchale Männer- und Vaterbild.

6. Heterosexualität und Gendertheorien

Von vielen GendertheoretikerInnen werden künstliche Befruchtungen als eine Möglichkeit der Selbstbestimmung und Unabhängigkeit angesehen. Daher sind an dieser Stelle einige Bemerkungen zu den Gendertheorien notwendig.

Die Gendertheorien haben in den letzten Jahren sehr zum Abbau von Machtverhältnissen und zur Entwicklung der Gleichwertigkeit in den Geschlechterverhältnissen beigetragen. Zugleich sind Ideologien formuliert worden, die weit über die Frage der Gleichwertigkeit hinausgehen. Aufgrund des Kampfes gegen Normierung und Diskriminierung hat sich in Teilen der Gendertheorien eine unübersehbar aggressive Haltung gegenüber der Heterosexualität entwickelt.

Heterosexualität wird in dieser Sichtweise als eine hierarchische Ordnung wahrgenommen, mit der Macht ausgeübt wird. Seither ziehen sich Begriffe wie »Macht«, »Norm«, »Enge« und »Zwang« wie ein roter Faden durch die Schriften mancher GendertheoretikerInnen. Diese Begriffe werden als ein Synonym für Heterosexualität verwendet und führen unter dem Stichwort der sexuellen Vielfalt zu einem radikalen Angriff. Es gehe darum, »Heterosexualität, Generativität und Kernfamilie zu ›entnaturalisieren‹« (Sielert 2001, 18) und die Menschen von dem »Zwang« zu befreien, »sich überhaupt als Junge oder Mädchen, Mann oder Frau definieren zu müssen« (ebd., 23).

Hatte Freud (1920, 276) noch von einer »Einschränkung« gesprochen, die bei der Wahl der heterosexuellen Identität vorgenommen wird, so sieht Butler (2001, 129) die heterosexuelle Entwicklung erheblich negativer als Ergebnis einer »mühsamen und ungewissen Arbeit«, weil sie »durch Verbote herangezüchtet« wird. Naumann (2015, 209) stellt den »leidvollen Gefühlen des Mangels und des Neids in der Geschlechterdichotomie« die scheinbar unbegrenzten Möglichkeiten »von spielerischem Überqueren der Geschlechtergrenzen« gegenüber. Sexualpädagogen wie Tuider et al. (2012, 39) wollen in pädagogischen Übungen in der Schulklasse 10- bis 15-jährige Schüler u.a. dazu anleiten, einen »Puff für alle« zu planen, und dabei den Jugendlichen ein Verständnis von Sexualität aufdrängen, das wenig mit Liebe oder Intimität zu tun hat (vgl. auch Metzger 2015). L. Green (2014) sieht die Beachtung des biologischen

Vaters in neuen Familienformen als problematisch an. Sie weist lesbische Paare darauf hin, dass die Vater-Frage sie auf die Probe stelle und dazu zwinge, »sich mit heteronormativen Vorstellungen von Familie und internalisierter Homophobie (gegen Lesben und Schwule gerichtete Feindseligkeit) auseinanderzusetzen«.[12]

In der Diskussion über Sexualitäten wird bei Versuchen der Differenzierung schnell und pauschal der Vorwurf der Homophobie erhoben. Kritische Einwände werden oft als ein Versuch der Normierung abgetan, sodass es schwerfällt, zu dem ursprünglichen Verständnis der Gleichwertigkeit von Sexualitäten zurückzukehren.

Freiheit scheint erst jenseits der Grenzen der Heterosexualität zu entstehen. Nun haben aber GendertheoretikerInnen ihrerseits Machtpositionen eingenommen und dabei neue Ordnungsvorstellungen eingeführt. Zum Beispiel werden Studenten und Studentinnen an manchen Lehrstühlen schlechter bewertet, wenn sie keine gendertheoretisch begründeten Rechtschreibregeln verwenden. Oder ein britischer Nobelpreisträger wird einer Verfolgungsjagd ausgesetzt und sozial kastriert, weil er ein witzig gemeintes Spiel mit Geschlechtsrollenklischees versucht hat. Diese Beispiele ließen sich mühelos fortsetzen. Hier werden Machtpositionen benutzt, um partikulare Interessen gendertheoretisch normativ zu formulieren und Andersdenkende zu sanktionieren. Es entstehen dabei häufig ähnlich rigide Normierungen wie diejenigen, die doch eigentlich kritisiert und überwunden werden sollten.

Es macht wenig Sinn, Herrschaftsstrukturen nur heterosexuell zu verankern. Macht und Herrschaft sind nicht einer speziellen sexuellen Identität inhärent, sondern sie sind in jeder zwischenmenschlichen Beziehung enthalten. In jeder hetero- *und* homosexuellen Szene spielt die Frage von Dominanz und Unterwerfung, von Aktivität und Passivität eine prägende Rolle. Aggression lässt sich entwicklungspsychologisch oder normativ nicht auflösen, sondern sie muss libidinös eingebunden und sublimiert werden. Die negative Fixierung auf Heterosexualität verhindert eine selbstreflexive Auseinandersetzung mit verinnerlichten Herrschaftsstrukturen. Gerade auch im narrativen Umgang mit künstlichen Befruchtungen wäre es hilfreich, wenn die eigenen, durch die Vorstellung der Urszene entstandenen heterosexuellen Anteile selbstkritisch reflektiert werden könnten – seien sie positiv oder negativ besetzt, seien sie bewusst oder unbewusst. In der sozialen Realität gibt es eben Unterschiede zwischen den Geschlechtern. Die Spannung, die daraus entsteht, muss nicht zum Missbrauch führen, sie kann auch in gemeinsame lustvolle Erfahrungen münden.

Die Einsicht in die Begrenztheit der eigenen Selbstoptionen ist zwar eine Kränkung, aber sie ist auch ein Gewinn, weil sie die Voraussetzung für Wachstums- und Reifungsprozesse darstellt. Entwicklungsprozesse bleiben insbesondere dann fragil, wenn die Integration des Narzissmus nicht gelingt. Die Bearbeitung narzisstischer Anteile scheitert, wenn Begrenzungen nicht akzeptiert werden können und wenn auf den Versprechungen eines kindlichen Größenselbst beharrt wird.

Begrenzungen haben ihren Sinn, gerade in Zeiten, in denen unbegrenzte Möglichkeiten, eben auch in der technisch produzierten Machbarkeitsillusion, als unkompli-

---

[12] zit. n.: https://www.spenderkinder.de/ist-der-wunsch-nach-kenntnis-der-abstammung-heteronormativ/ (Zugriff: 15.08.2015)

zierter Königsweg dargestellt werden sollen. Aber Begrenzungen rufen immer Widerspruch hervor, insbesondere im Zeitalter des Narzissmus. Schon Freud (1917b, 11) hatte auf die Einsicht hingewiesen, dass das Ich nicht Herr im eigenen Haus ist, dass also Handlungen wesentlich auch von unbewussten Anteilen bestimmt sind und dass diese Einsicht zu einer der großen Kränkungen der Menschheit gehört.

Die ursprüngliche Intention der Gendertheorien, Grenzen zu verändern und dadurch ein neues, offeneres Verhältnis innerhalb der Heterosexualität und zu den Sexualitäten zu gewinnen, würde dazu beitragen, neue Freiheitsgrade zu entwickeln. Der Kampf gegen die Heterosexualität und um die Auflösung ödipaler Ordnungen führt dagegen zu einer neuen Frontstellung, die Machtfragen verschiebt, nicht aber zu dem Abbau von Machtstrukturen beitragen kann.

Literatur

Aigner, J.C. (2017): Männlichkeit – ein neuer dunkler Kontinent in der Psychoanalyse? In: Metzger, H.-G., Dammasch, F. (Hrsg.): Männlichkeit, Sexualität, Aggression – Zur Psychoanalyse männlicher Identität und Vaterschaft. Psychosozial-Verlag: Gießen, 19-34

Auhagen-Stephanos, U. (2017): Reproduktionsmedizin als neuer Einstieg in die Elternschaft. Der pränatale Mutter-Kind-Dialog als Begleiter auf diesem Weg. In: Metzger, H.-G., Dammasch, F. (Hrsg.): Männlichkeit, Sexualität, Aggression – Zur Psychoanalyse männlicher Identität und Vaterschaft. Psychosozial-Verlag: Gießen, 239-260

Beck-Gernsheim, E. (2014): Die neuen Weltbürger. In: FAZ. Online. 05.08.2014, 12

Böllinger, L. (2015): Soziopsychoanalytische Reflexionen zur gesellschaftlichen Konstruktion von Sexualität und neuen Beziehungsformen. In: Psyche 69 (Heft 7), 603-631

Britton, R. (1998): Die fehlende Verbindung. Die Sexualität der Eltern im Ödipuskomplex. In: Britton, R., Feldman, M., O'Shaughnessy, E. (Hrsg.): Der Ödipuskomplex in der Schule Melanie Kleins. Klinische Beiträge. Klett-Cotta: Stuttgart, 95-115

Bürgin, D. (2017): Das Unverantwortlich-Verantwortliche in der Adoleszenz. In: Metzger, H.-G., Dammasch, F. (Hrsg.): Männlichkeit, Sexualität, Aggression – Zur Psychoanalyse männlicher Identität und Vaterschaft. Psychosozial-Verlag: Gießen, 123-150

Butler, J. (2001): Psyche der Macht. Das Subjekt der Unterwerfung. Suhrkamp: Frankfurt/M.

Diamond, M. (2017): Männlichkeit – ein schwer zu fassender Begriff. Uranfängliche Verwundbarkeit, Mangel und die Herausforderungen der männlichen Entwicklung. In: Metzger, H.-G., Dammasch, F. (Hrsg.): Männlichkeit, Sexualität, Aggression – Zur Psychoanalyse männlicher Identität und Vaterschaft. Psychosozial-Verlag: Gießen, 35-90

Freud, S. (1905): Drei Abhandlungen zur Sexualtheorie. In: Gesammelte Werke (G.W.), Bd. V. Fischer: Frankfurt/M., 27-147

Freud, S. (1917a): Vorlesungen zur Einführung in die Psychoanalyse. In: Gesammelte Werke (G.W.), Bd. XI. Fischer: Frankfurt/M.

Freud, S. (1917b): Eine Schwierigkeit der Psychoanalyse. In: Gesammelte Werke (G.W.), Bd. XII. Fischer: Frankfurt/M., 1-13

Freud, S. (1920): Über die Psychogenese eines Falles von weiblicher Homosexualität. In: Gesammelte Werke (G.W.), Bd. XII. Fischer: Frankfurt/M., 271-302

Green, A. (1999): Beim Betrachten von Leonardos Londoner Karton. Nebst einem methodologischen Anhang: Die Strukturen des Subjekts zwischen Endopoiese und Exopoiese. In: Schneider, G. (Hrsg.): Psychoanalyse und Bildende Kunst. edition diskord: Tübingen, 37-75

Green, L. (2014): Lesbische Paare – Welche Unterstützung gibt es für uns. In: Wallraff, D., Thorn, P., Wischmann, T. (Hrsg.): Kinderwunsch – Der Ratgeber des Beratungsnetzwerks Kinderwunsch Deutschland (BkiD). Kohlhammer: Stuttgart, 98-105

Grimalt, A. (2016): The problem is... her father is »stranger«. Vortragsmanuskript Workshop on Psychoanalysis of Children 29. Jahrestagung der Europäischen Psychoanalytischen Förderation, Berlin, 17.–20. März 2016. Online: http://www.epf-fep.eu/Files/media/6000/6650/abstract-booklet-berlin-2016.pdf (Zugriff: 31.05.2017)

Heenen-Wolff, S. (2015): Normativität in der Psychoanalyse – Eine Kritik. In: Psyche 69 (Heft 7), 585-602

Herzog, J. (2010): Analytiker bei der Arbeit. Triadische Realität, gleichgeschlechtliche Eltern und Kinderanalyse: Eine Reaktion auf Ann Smolens »Nur für Jungs! Kein Zutritt für Mütter«. In: Kinderanalyse 18 (Heft 3), 217-228

Heymanns, P. (2016): Elternschaft bei gleichgeschlechtlichen Paaren unter psychoanalytischen Gesichtspunkten. In: Psychoanalyse im Widerspruch 55, 89-101

Laplanche, J. (2011): Neue Grundlagen für die Psychoanalyse. Die Urverführung. Psychosozial-Verlag: Gießen

Lebersorger, K. (2017): Aus vielen mach drei! In: Imago Hominis 24 (Heft 1), 35-43

Marx, R. (2014): Adoption durch gleichgeschlechtliche Eltern. Versuch einer Annäherung an überflüssige und notwendige Problemfokussierungen. Psychoanalyse Aktuell. Online-Zeitung der Deutschen Psychoanalytischen Vereinigung DPV. Online: https://www.psychoanalyse-aktuell.de (Zugriff: 05.11.2015)

Metzger, H.-G. (2013): Fragmentierte Vaterschaften. Über die Liebe und die Aggression der Väter. Brandes & Apsel: Frankfurt/M.

Metzger, H.-G. (2015): Chancen und Konflikte der Vaterschaft – andere Sexualitäten, neue »Eltern« und die Väter. In: Analytische Kinder- und Jugendlichenpsychotherapie XLVI. (Heft 167), 291-313

Metzger, H.-G. (2017): Aggression und Autorität in der Vaterschaft. In: Metzger, H.-G., Dammasch, F. (2017): Männlichkeit, Sexualität, Aggression – Zur Psychoanalyse männlicher Identität und Vaterschaft. Psychosozial-Verlag: Gießen, 111-122

Naumann, T.M. (2015): Kindliche Entwicklung, Familie und Pädagogik in der heterosexuellen Matrix. In: Aigner, J.C., Poschechnik, G. (Hrsg.): Kinder brauchen Männer. Psychoanalytische, sozialpädagogische und erziehungswissenschaftliche Perspektiven. Psychosozial-Verlag: Gießen, 201-225

Naziri, D., Feld-Elzon, E. (2012): Becoming a mother by »AID« within a lesbian couple: The issue of the third. In: The Psychoanalytic Quarterly 81 (Heft 3), 683-711

Oelsner, W., Lehmkuhl, G. (2016) (Hrsg.): Spenderkinder. Künstliche Befruchtung, Samenspende, Leihmutterschaft und die Folgen. Fischer und Gann: Munderfing

Patsalides, B. (2006): Kann ein Samen Vater sein? Künstliche Befruchtung als In-Frage-Stellung von Lacans Vatermetapher. In: arbeitshefte kinderpsychoanalyse 37 (Heft 2), 75-107

Prassel, I. (2016): Einseitig überwertig erlebter Kinderwunsch – Ausdruck nicht kommunizierter Trauer in der Partnerschaft. In: DPV-Informationen 60, 57-61

Reiche, R. (1997): Gender ohne Sex. Geschichte, Funktion und Funktionswandel des Begriffs »Gender«. In: Psyche 51 (Heft 9-10), 926-957

Sielert, H. (2001): Gender Mainstreaming im Kontext einer Sexualpädagogik der Vielfalt. In: BZgA Forum (Heft 4), 18-24

Tuider, E., Müller, M., Timmermanns, S., Bruns-Bachmann, P., Koppermann, S. (2012): Sexualpädagogik der Vielfalt. Beltz Juventa: Weinheim

von Braun, C. (2014): Blutslinien – Wahlverwandtschaften. Genealogien aus psychoanalytischer und kulturhistorischer Sicht. In: Psyche 68 (Heft 5), 393-418

Dr. phil. Hans-Geert Metzger
Finkenhofstrasse 38, D-60322 Frankfurt am Main
hg.metzger@dpv-mail.de

Marian Kratz

Literaturrückschau

Sprachverwirrung zwischen Sex und Gender. Eine Literaturrückschau zur Frage nach einer psychoanalytisch-pädagogischen Genderdebatte

Summary

New forms of family and reproductive medicine – A psychoanalytic access
Psychoanalysis as a theory of conflict consistently stimulates gender debates from its inside. Just as long these debates form, pluralize and touch the core of psychoanalysis. This relationship is also encoded in the psychoanalytic education. If and how this tradition and dialectic can or will be reproduced in future gender debates of psychoanalytic education is going to be analyzed by a precise review of literature.

Keywords: sex, gender, desire, sexuality

Zusammenfassung

Als Konflikttheorie regt die Psychoanalyse seit je her und aus ihrem Innersten heraus Geschlechterdebatten an. Genausolang wird sie von Geschlechterdebatten bis in ihr Innerstes hinein berührt, geformt und pluralisiert. Diese Verbindung ist auch in die Psychoanalytische Pädagogik eingeschrieben. Ob und wie sich diese Tradition und Dialektik auch in einer psychoanalytisch-pädagogischen Genderdebatte abbilden lässt, oder künftig abbilden ließe, wird anhand einer pointierenden Literaturrückschau diskutiert.

Schlüsselwörter: Sex, Gender, Begehren, Geschlecht, Sexualität

Im Zentrum der Literaturrückschau steht die Frage nach einer psychoanalytisch-pädagogischen Genderdebatte. Mit ihr ist die Annahme verbunden, dass es gelingen kann, oder bereits gelungen ist, die Psychoanalytische Pädagogik, die sich genuin psychoanalytisch durch innere Diversifizierungen hervorbringt und durch ein breites Spektrum an Positionen im Geschlechterdiskurs gekennzeichnet ist, mit den vergleichsweise jungen Gendertheorien[13] in Form einer Debatte zu verbinden. Dass eine solche Verbindung durch gemeinsame Themen auf der einen Seite und scheinbar

---

[13] Dass diese Verbindung eine herausforderungsvolle sein dürfte, lässt sich auch daran erkennen, dass die Gendertheorien zur Bearbeitung ihrer Fragen eigene Gegenstände formulieren, eigene Zugänge zu diesen finden und über Neologismen auch eine eigene Sprachgemeinschaft begründen (zur Übersicht vgl. Becker, Kortendiek, Budrich 2010).

gegensätzliche Programmatiken auf der anderen Seite zumindest ambivalent sein dürfte, hat Barbara Rendtorff 2008 mit ihrer Frage nach einem »(möglichen) Beitrag der Psychoanalyse zur Geschlechterforschung« bereits eindrucksvoll herausgearbeitet:

> »Die Nähe und Ähnlichkeit zwischen Feminismus/Geschlechterforschung und Psychoanalyse liegt ... zum einen darin, dass Sexualität und Geschlecht, Geschlechtsidentität und gesellschaftliche Geschlechterverhältnisse für beide den zentralen Fokus darstellen, und dass beide darauf vertrauen, dass das Bewusstmachen der mit diesen verbundenen Strukturen, Begrenzungen und Verleugnungen gewissermaßen aus sich selbst heraus Veränderungen evozieren könnte. Das macht sie zu *Verbündeten*. Aber der Skandal der Psychoanalyse war ja von Anfang an ihr Angriff auf die Idee einer rationalen Selbststeuerungsfähigkeit des Menschen und seine Kontrolle über sich selbst und die Welt ... Die Frauenbewegung – als Impulsgeberin der Geschlechterforschung – wollte aber genau das: teilhaben an diesem Gestaltungsprojekt und selber an Gestaltungsmacht dazugewinnen. Das macht die Psychoanalyse zu ihrer natürlichen *Gegnerin*« (Rendtorff 2008, 135; Hervorh.i.O.).

Ob und wenn ja, wie sich diese Ambivalenz in der Psychoanalytischen Pädagogik manifestiert, soll im Rahmen der Literaturrückschau einer Prüfung unterzogen werden. Dabei wird herausgearbeitet, dass mit dem Projekt einer psychoanalytisch-pädagogischen Genderdebatte das Potential zur »Sprachverwirrung« (Lorenzer 1995, 126) verbunden scheint. Denn mit dem Projekt fallen unterschiedliche Programmatiken, Lesarten, konträre Freudrezeptionen sowie die noch weitgehend ausstehenden Übersetzungsleistungen zwischen den Forschungstraditionen und Sprachgemeinschaften zusammen.

In einem zweiten Schritt wird der Fokus der Literaturrückschau traditionell auf das Jahrbuch für Psychoanalytische Pädagogik gerichtet, um auch dieses nach einer psychoanalytisch-pädagogischen Genderdebatte zu befragen. Über die Feststellung, dass der Begriff Gender in keinem Beitragstitel des inzwischen 28-jährigen Publikationsorgans auftaucht und auch im Text nur einmal gefunden werden kann (Becker-Schmidt 1992), muss die Rückschau hier durch die Frage umorientiert werden, ob sich im Jahrbuch für Psychoanalytische Pädagogik Strategien und Darstellungsformen finden lassen, die einer noch zu führenden psychoanalytisch-pädagogischen Genderdebatte dienlich sein könnten. Über diese Frage lassen sich sodann zwei Beiträge (Helsper 1992; Flaake 1992) aus dem vierten Jahrbuch von 1992 destillieren, welche die traditionelle und dialektische Verbindung zwischen Psychoanalyse und Geschlecht verarbeiten, dabei soziologische und konstruktivistische Geschlechterkonzepte aufgreifen und mit pädagogischer Praxis verbinden.

Die Literaturrückschau abschließen wird die Frage, ob die Darstellungsform der psychoanalytischen Fallvignette geeignet ist, um der ambivalenten Beziehung zwischen Psychoanalyse und Geschlechterforschung gerecht zu werden.

1. Psychoanalytische Geschlechterdiskurse; einige Hervorhebungen

Die Verbindung zwischen Psychoanalyse und Geschlecht hat Freud bereits mit seinen ersten Fallgeschichten in die Urszene der psychoanalytischen Entwicklungsgeschichte eingeschrieben. Daran hat u.a. Vera King im Jahrbuch für Psychoanalytische Pädagogik 2004 erinnert, als sie den Fall Dora aus Freuds »Bruchstück einer Hysterie-Analyse« (1905) als »Bruchstück einer Adoleszenz-Analyse« de- und rekonstruierte (King 2004). In der Übertragungs-Gegenübertragungsbeziehung zwischen Freud und Dora inszenieren sich, so King:

> »Doras Phantasien, Wünsche und Ängste über die Geschlechter- (und Generationen-) Beziehungen, über ihren eigenen Ursprung und die sexuelle Urszene, die zugleich mit Bildern ihres Geschlechts verknüpft sind« (ebd., 54).

Dabei gibt sich, leicht zu übersehen, im Fall Dora auch schon die trianguläre Zwischenposition der freudschen Psychoanalyse zu erkennen, die von Beginn an zwischen Biologie, Psychologie und Soziologie eingenommen wurde und die seit je her biologistische und konstruktivistische Freudrezeptionen begründete (vgl. weiterführend Koellreuter 2000; Kratz 2016).

Fast genauso alt wie diese frühen Einschreibungen sind die Kontroversen und Theorierevisionen psychoanalytischer Geschlechterkonzepte, die gegenwärtig stark verdichtet vor allem über die Begriffe Penisneid, Phalluszentrismus und Androzentrismus repräsentiert sind. Diese waren in der Blütezeit der Psychoanalyse in den 1920er Jahren aber viel komplexer und vielschichtiger motiviert (Sayers et al. 1994). Im Narrativ der Psychoanalyse finden sich Fragen nach Vollständigkeit und Mangel, Differenz, Eigenständigkeit und Ableitung, Identifikation und Desidentifikation, die sich auch, aber nicht nur um den Vorwurf kultureller Unwissenheit und biologischer Überschätzung formierten (Messerer, Sengschmied 1995, 165ff.). Im Kern blieben die Geschlechterdebatten auch in ihrer Blütezeit in die triadische Orientierung an Körper, Psyche und Kultur eingebunden und leiteten aus ihr eine spezifische (An-)Spannung ab. Denn Geschlechterfragen gehen durch diese Orientierung sprichwörtlich immer unter die Haut.

Begleitet wurde diese (An-)Spannung, und das scheint gegenwärtig nicht anders zu sein, von politischen Kämpfen und dem Gefühl, sich im Austausch von Rede und Gegenrede rund um die Geschlechterfragen »nicht verstanden« und »verstanden« zugleich zu fühlen, indem man sich »falsch verstanden« fühlte (Lorenzer 1995, 126).[14] Das hängt sicherlich mit dem Gegenstand Geschlecht zusammen, dessen Bearbeitung Abwehr aktiviert und zudem viele unterschiedliche Disziplinen, theoretische Bezugssysteme und Abstraktionsniveaus auf sich vereint. Vielleicht wirkt hier aber auch der Konflikt zwischen den von Rendtorff (2008) beschriebenen unterschiedlichen Programmatiken zwischen Frauenbewegung und Psychoanalyse hinein. Ge-

---

[14] Alfred Lorenzer hat dieses Verstehen mit dem Begriff der »Sprachverwirrung« übersetzt (1995, 126).

genwärtig lässt sich dies besonders gut an der um das Benachteiligungsparadigma von Jungen angefachten Nature-Nurture-Kontroverse ablesen (Hopf 2014; Quindeau, Dammasch 2014; Matzner, Tischner 2008; Rose, Schmauch 2005).

Wurden die Geschlechterfragen in ihrer Blütezeit also lebendig diskutiert, so gingen sie – über die Pluralisierungen der Geschlechterkonzepte und die Diversifizierung der Psychoanalyse – in der psychoanalytischen Diskussion mit der Zeit allmählich verloren. Eine analytisch-mütterliche Haltung setzte sich in der therapeutischen Praxis durch, die Analytikerinnen und Analytiker wurden im Sinne der unendlichen Analyse zunehmend geschlechtslos. Dadurch trat auch die kritische Frage nach der Verbindung zwischen dem konzeptualisierenden und theoretisierenden Subjekt, seinem Geschlecht und seinem Geschlechterverständnis in den Hintergrund.[15] Auch die einst zentrale Frage nach den symbolischen Vater- und Männlichkeitskonzepten wurden bis in die 1970er Jahre aus dem psychoanalytischen Diskurs ausgeklammert (Aigner 2002).

Sie finden erst über die Arbeiten Ernst Abelins zu Trennungserfahrungen in der Kindheit (1971) allmählich wieder einen Resonanzraum innerhalb der psychoanalytischen Community und beginnen in theoretischen Konzepten zur praktizierten und symbolischen Vaterschaft zu keimen (vgl. zur Übersicht Dammasch, Metzger 2006; Aigner, Rohrmann 2012; Aigner, Poscheschnik 2011). Das »ödipale Schreckgespenst« (Lang 2011, 45) ist hier bei der Frage nach der psychosozialen und psychostrukturellen Entwicklung zum präödipalen Objekt und Wegbereiter einer männlichreifen Geschlechtsidentität avanciert.

Fragen nach kultureller und körperlicher Weiblichkeit wurden in den 1970er und 1980er Jahren hingegen eher ausgelagert[16], indem sie in das disziplin-übergreifende Großprojekt einer umfassenden Gesellschafts- und Wissenschaftskritik eingebunden wurden. Die Auseinandersetzung mit Weiblichkeit formierte sich hier in einer Psychoanalysekritik und »ließ die Feministinnen sich enttäuscht von ihr abwenden« (Rendtorff 2008, 135). In den 1990er Jahren verlagerte sich die Auseinandersetzung mit Weiblichkeit über den Poststrukturalismus und die grundlegende Frage nach der kulturellen Repräsentation von Geschlechterdifferenz schließlich ganz auf die Ebene von Diskurs, Code und Semantik (Butler 1990; 1995). Im sogenannten Linguistic Turn der Frauen- und Geschlechterforschung wurde über die

> »analytische Unterscheidung eines materiellen Substrats – sex – von dessen kulturellen Ausdrücken – gender – die Frage nach einer möglichen Leiblichkeit und Affektivität

---

[15] Sie werden erst Ende der 1980er, Anfang der 1990er Jahre von Christa Rohde-Dachser (1993) wieder aufgenommen.

[16] Damit sollen hier die psychoanalytisch-feministischen Arbeiten wie etwa jene von Chodorow (1994), Mitscherlich (1987) oder etwa Benjamin (1991; 1996) nicht überdeckt werden. Eine umfassende Literaturumschau zur Auseinandersetzung mit Weiblichkeit in der Psychoanalyse der 1990er Jahre haben Karin Messerer und Irmtraud Sengschmied mit ihrem Beitrag »Weibs-Bilder« 1995 im siebten Jahrbuch für Psychoanalytische Pädagogik vorgelegt.

jenseits ihrer Repräsentationen eskamotiert bzw. an die Biologie delegiert« (Winter 2014, 44).

Der trianguläre Orientierungsraum der Psychoanalyse schien in diesem Bereich der Genderforschung zunächst verlassen, sodass sich Teile der psychoanalytischen Community von dieser Form der Geschlechterforschung nicht mehr adressiert fühlten. Die psychoanalytische Geschlechterforschung begann sich ein weiteres Mal zu pluralisieren, und so verteilt sich die psychoanalytische Community rund um Geschlechter- respektive Genderfragen gegenwärtig auf ein breites Spektrum an Positionen, das von biologistischen bis hin zu konstruktivistischen reicht.

Interessanterweise scheint sich dieses Spektrum an den Differenzlinien Männlich-Weiblich sowie Heterosexualität-Heteronormativität aufzuteilen. Das lässt sich auch an einem Nebeneinander von unterschiedlichem Vokabular und Wording ableiten. Während sich im ersten Fall (Frauen- und Geschlechterforschung und Heteronormati- vitätskritik) gegenwärtig beobachten lässt, wie Anschlussmöglichkeiten an das neolo- gistische Wording der Genderstudien[17] gesucht werden (Quindeau 2014; Heymanns 2016; Kleinau, Rendtorff 2012; Bilden, Dausien 2006; Naumann 2010), firmieren im Vokabular psychoanalytischer Jungen- und VäterforscherInnen, scheinbar unverein- bar, binäre Begriffspaare wie Mütterlich-Väterlich, XY- und XX-Chromosom, Östro- gen und Testosteron, Gen und Zelle (Hüther 2009; Hopf 2014; Dammasch 2009; Quindeau, Dammasch 2014).

Vor dem Hintergrund dieser unterschiedlichen Orientierungspunkte und Positio- nen, wird sich eine (noch ausstehende) psychoanalytisch-pädagogische Genderdebatte daran messen lassen müssen, ob sie das breite Spektrum an einen Gegenstand binden und einen Dialog zwischen Genderforschung und Psychoanalytischer Pädagogik befruchten kann. Zudem werden sich die einzelnen PositionsvertreterInnen daran messen lassen müssen, ob es ihnen gelingt, ihre unterschiedlichen Abstraktionsni- veaus mit einer lebendigen Praxis zu verbinden.

Im Jahrbuch für Psychoanalytische Pädagogik lassen sich im Rahmen der Litera- turrückschau zwei Beiträge identifizieren, die beispielhaft darstellen, wie solche Dia- loge künftig aussehen könnten. In den Beiträgen werden diskurstheoretische Ge- schlechterkonzepte aufgegriffen, in psychoanalytische Theoriesysteme übersetzt und mit einer psychoanalytisch-pädagogischen Praxis verbunden.

2. Zugänge und Strategien einer psychoanalytischen Geschlechterde- batte im Jahrbuch für Psychoanalytischen Pädagogik

Betrachtet werden zwei Beiträge des vierten Jahrbuchs für Psychoanalytische Päda- gogik aus dem Jahr 1992, in denen der Themenschwerpunkt *Psycho-analytische As-*

---

[17] Wie beispielsweise: Code, Semantik, Performativität, Doing Gender, Gender Identity, Gender Expression.

pekte der weiblichen Adoleszenz[18] verhandelt wurde. Durch eine Rezeption und Analyse der Beiträge lässt sich nachzeichnen, über welche Zugänge und Strategien unterschiedliche Disziplinen, theoretische Bezugssysteme und Abstraktionsniveaus für Problemstellungen psychoanalytisch-pädagogischer Praxis fruchtbar gemacht werden können.

Wenn sich im Jahrbuch also keine Genderdebatte finden lässt, dann immerhin Möglichkeitsformen, um eine zu führen. Der erste Beitrag von Werner Helsper (1992, 104-136), bietet sich zudem dafür an, um über die Darstellungsform psychoanalytischer Fallvignetten im Kontext einer psychoanalytisch-pädagogischen Genderdebatte nachzudenken. Der zweite Beitrag von Katrin Flaake (1992, 137-148), spannt den Bogen von einem pädagogischen Problemaufriss über soziologische und psychoanalytische Weiblichkeitstheorien bis hin zur pädagogischen Handlungsempfehlung.

»Individualisierung, Individuation, Idealität: Rekonstruktion einer Fallstruktur ›fiktionaler Individuierung‹ in Mädchenbiographien« (Werner Helsper)

Zur Eröffnung seines Beitrags kündigt Werner Helsper (1992, 104) Einblicke in eine Forschungsarbeit an, die keine rein psychoanalytische ist, sondern versucht, »den Bogen von einer soziologischen Zeitdiagnose zu psychoanalytischen Überlegungen zu spannen«. Damit positioniert sich Helsper an einer interdisziplinären Schnittstelle, von der aus er nach den Bedingungen weiblicher Sozialisation und Individuierung in der Adoleszenz fragt:

> »Ist es generell so – wie etwa die Thesen von Gilligan, Choderow und Benjamin nahelegen – daß Mädchen in der Adoleszenz angesichts der verstärkten Individualisierungsanforderungen in eine Zerreißprobe geraten, weil die typische weibliche Individuierung eher über Nähe und Einbindung verläuft, während jetzt in starkem Maße Autonomie, Selbstständigkeit und Selbstbehauptung von ihnen eingefordert werden? Oder ist diese idealtypische Skizze weiblicher Adoleszenz unter Individuierungsanforderungen zu eindimensional und bedarf einer Korrektur und Ausdifferenzierung durch andere Verlaufsformen weiblicher Adoleszenz« (Helsper 1992, 104)?

Im Text findet sich sodann ein beachtlicher interdisziplinärer Dreischritt, der in der Soziologie startet und in der Analyse von drei Narrativen von jungen Frauen endet. Zum Auftakt rezipiert Helsper das Individuierungstheorem von Ulrich Beck (1986). In Becks Entwurf, dass das Individuum durch die Zerreibung »tradierter und stabilisierender Zusammenhänge der Industriegesellschaft« (Helsper 1992, 105) gefordert sei, sich selbst zu vergesellschaften, interessiert Helsper zunächst die darin enthaltene, doppeldeutige und in sich widersprüchliche Subjekt-konstruktion.

---

[18] Im Jahrbuch für Psychoanalytische Pädagogik taucht das Thema Geschlecht überhaupt nur über die Auseinandersetzung mit Weiblichkeit auf.

»Einmal werden Destabilisierung und Entstrukturierung betont, die im Zusammenspiel mit neuen systemischen und marktförmigen Kontrollformen, der institutionsabhängigen Kontrollstruktur von Individuallagen dazu führen, daß die einzelnen die Potentialität der Freisetzung nicht realisieren könnten, sondern krisenhaft entindividualisiert werden ... In der zweiten Subjektkonzeption taucht – genau gegenläufig – das Modell des autonomen, produktiven Subjekts auf: das Ich als selbstverantwortliches Handlungszentrum im Gestrüpp der Individualisierungsprozesse« (ebd., 106).

Diese Doppeldeutigkeit befragt Helsper über eine psychoanalytisch sozialisationstheoretische Perspektive und findet in ihr eine Konstruktion des Ich, die empirisch nicht abbildbar ist. So identifiziert Helsper an der Stelle, an der Beck ein empirisches Ich platzieren will, ein Ideal-Ich der Souveränität und Autonomie und problematisiert, dass dieses Ideal-Ich nicht nur in der Theoriebildung reproduziert werde, sondern auch in der Lebenspraxis für das Subjekt zu einem zentralen Orientierungspunkt avanciert sei. Und so konstatiert Helsper weiter, dass das Ideal-Ich als

»Anspruch von Selbstständigkeit, Eigenverantwortlichkeit, Selbstbewußtsein und souverän-rationaler Handlungsfähigkeit inzwischen – in den sozialen Institutionen und in der Öffentlichkeit – zu einem Standards und Anforderungen setzenden sozialen Selbst-Diskurs geronnen ist« (Helsper 1992, 108).

Festhalten lässt sich an dieser Stelle, dass Helsper aus einer psychoanalytischen Befragung einer soziologischen Zeitdiagnose eine psychoanalytisch-pädagogisch relevante Konsequenz ableitet. Dafür muss er das Abstraktionsniveau mehrfach brechen und Übersetzungsleistungen vollziehen (Was beschreibt das Eine im Theoriegerüst des Anderen?). Diese Strategie verfolgt Helsper nun weiter. Über die Identifikation und Problematisierung des sozialen Selbst-Diskurses um Autonomie und Selbstbestimmung leitet Helsper (1992, 108) seinen zweiten Schritt ein. Er postuliert nun aus psychoanalytisch-adoleszenztheoretischer Perspektive die strukturelle Anfälligkeit für adoleszente Jugendliche

»das eigene Selbst im Deutungshorizont dieses sozialen Selbst-Diskurses zu verorten, dem Ideal souveräner Selbst-Autonomie genügen zu wollen und die lebensgeschichtlich niedergelegten Selbstspannungen in Richtung einer ›Illusion von Autonomie‹ zu wenden« (ebd.).

Diese strukturelle Anfälligkeit in der Adoleszenz spezifiziert Helsper sodann über den Einbezug psychoanalytisch-feministischer Theorien (v.a. Jessica Benjamin) in der Formulierung eines Strukturproblems weiblicher Sozialisation und Individuierung, das er in der binären Geschlechterstruktur verankert sieht. Denn die Frau, so Helsper (1992, 110), ist durch die »historische Polarisierung der Geschlechts-charaktere ... vom modernen Mythos des autonomen Individuums ausgenommen«. Ausgehend von dieser psychoanalytisch-feministischen Kritik verlässt Helsper nun, zur Einleitung seines dritten Schritts, die Ebene des Diskursiven und wendet sich den kollektiv gebundenen und doch individuell einzigartigen Konflikten von jungen Frauen in der

Adoleszenz zu. Hier verbindet Helsper seine theoretische Ausgangslage über einen Fallbezug mit empirischem Material. Seine geschlechtsspezifische Individuierungs- und Adoleszenztheorie wird am Fall lebendig. Es werden krisengerüttelte Kindheits- und Jugendnarrative nachgezeichnet und aus ihnen der Drang nach Abgrenzung und außerfamilialer Identitätsbildung herausgearbeitet. Sie gehen weit über die »idealtypi- sche Skizze weiblicher Adoleszenz und Individuierungsanforderungen« (Helsper 1992, 104) hinaus, wodurch der Bogen zum Anfang des Beitrags zurückgespannt wird. Am Ende ist man durch Helsper für das Strukturproblem sensibilisiert, als junge Frau einem (männlich konnotierten) Ich-Ideal folgen zu sollen, ohne dabei das Grundgefühl körperlicher und identifikatorischer Weiblichkeit zu beschädigen. Über die Analyse der drei Biographien formuliert Helsper in seinem Beitrag abschließend eine Form der »fiktiven Individuierung« (Helsper 1992, 132), bei der eine nicht voll- zogene familiale Individuation und eine Orientierung am Selbst-Diskurs um Autono- mie und Selbstbestimmung in einer jugendkulturellen Ausdrucksform münden kann.

> »In der hier untersuchten Form der ›fiktiven Individuierung‹ verkoppelt sich eine real nicht vollzogene familiale Individuation, in der inkonsistente Familienstrukturen mit Vernachlässigung, Kontrolle und Ausstoßung einhergehen, mit einem phantasmatisch überhöhten autonom-souveränen ›imaginären Selbst‹, das als Verkehrung der traumati- sierten Familiengeschichte und im Anschluß an die sozialen Selbstdiskurse von Auto- nomie und Besonderung ausgebildet und in jugendkulturelle Milieus übersetzt wird. Die mangelnde Individuierung und die fehlenden ökonomischen, sozialen und familia- len Ressourcen aber führen – im Zusammenspiel mit dem verkehrten ›Autonomie- Mythos‹ – zu einem verstärkten Zugriff äußerer Kontrollen und Standardisierungen, zur Gefahr eines weitgehenden Autonomieverlustes« (ebd., 132; Hervorh.i.O.).

Diese stark verdichtete Analyse des Beitrags kann, neben dem inhaltlichen Wert, für die Komplexität und Anstrengung einer interdisziplinären Auseinandersetzung sensi- bilisieren. Gleichzeitig zeigt sie, über die Identifikation der Übersetzungsleistungen, einen Möglichkeitsraum auf, in dem auch poststrukturalistische Gendertheorien mit Psychoanalytischer Pädagogik verbunden werden könnten. Da Helsper drei kurze Fallanalysen in seinem Beitrag verarbeitet, bietet der Beitrag zudem die Möglichkeit, ihn rückwirkend auch gendertheoretisch weiter zu lesen (diesem Potential wird im letzten Kapitel dieses Beitrags nachgegangen).

»Weibliche Adoleszenz und Einschreibungen in den Körper. *Zur Bedeutung kultureller Definitionen von körperlicher Weiblichkeit für die Entwicklungsmög- lichkeiten von Mädchen«* (Karin Flaake)

Karin Flaake (1992) publizierte zum gleichen Themenschwerpunkt des 4. Bandes des Jahrbuchs einen Beitrag mit einem für die Literaturrückschau verheißungsvollen Titel. Er wurde deshalb ebenfalls einer, an der Argumentationsstrategie orientierten, Analy- se unterzogen.
   In ihrem Beitrag positioniert sich Flaake über den Begriff der Einschreibung zu- nächst an der Schnittstelle von Leib und Körper und arbeitet aus dieser Position her-

aus, dass die Einschreibung kultureller Weiblichkeit im Kern über den Blick der Männer organisiert wird. In Flaakes Beitrag wird Einschreibung demnach als männliche Beschreibung verhandelt.

»Das selbstbewusste, eigene Kompetenzen erlebende Mädchen verliert mit dem Beginn der Adoleszenz ihr Selbst und verbringt die Jugendphase damit, dem Wunschbild ihres sozialen Umfeldes entsprechen zu wollen. Erst als Erwachsene, wenn Liebessehnsucht und Aufopferungsphantasien enttäuscht sind, findet die Frau zum aktiven Selbst zurück« (Hagemann-White 1992; zit.n. Flaake 1992, 137f.).

Dabei wird der Beitrag für die Rückschau besonders interessant, weil Flaake in ihrer Argumentation von einem pädagogischen Problemaufriss ausgeht[19] und über eine psychoanalytisch-feministische und philosophisch-feministische Perspektive zu einem pädagogischen Handlungsauftrag für die Praxis gelangt.

In das Zentrum ihrer Überlegungen rückt Flaake (1992, 138) die Frage nach einem Verlust an Selbstbewusstsein in der weiblichen Adoleszenz, den sie mit der »Bedeutung der körperlichen Veränderung für Mädchen in der Adoleszenz« zusammendenkt. Hierzu führt sie aus, dass die Entwicklungsschritte psychoanalytischer Theorien keinen Raum für eine lustvolle und selbstbewusste Besetzung des eigenen, weiblichen Körpers und der Sexualität vorsehen, sondern vielmehr den Wunsch, von einem Mann begehrt und darüber bestätigt zu werden, forcieren. Dieser konzeptionelle Mangel verbinde sich, so Flaake, mit der Leerstelle eines als wertvoll angesehen weiblichen Geschlechtsorgans, was sich letztlich am Leib der Frau festmache und gleichsam den Körper der Frau hervorbringe:

»Dieser Mangel läßt nicht zu, daß Weiblichkeit ihren Kern haben kann in einem von männlichen Wertschätzungen unabhängigen positiven Verhältnis zum eigenen Körper« (Flaake 1992, 140).

Deshalb fordert Flaake auf psychoanalytisch-konzeptioneller Ebene zunächst eine theoretische Erweiterung, welche die »gesellschaftliche Definition und Bestimmung weiblicher Körperlichkeit« (ebd.) in ihrer androzentristischen Organisation einfassen kann. Und so lässt sich hier festhalten, dass in Flaakes Beitrag die dialektische Beziehung zwischen Psychoanalyse und Geschlechterdebatten abgebildet wird. Die Auseinandersetzung mit dem Einen führt zur Verformung des Anderen (vgl. Kap. II in diesem Beitrag).

Das Fundament für diese Formung und die Forderung der Re-Formulierung findet Flaake in der frühen Kindheit und den kulturell tradierten Ressentiments von Müttern, die

---

[19] Flaake (1992, 137) leitet ihren Beitrag mit dem fehlenden Vertrauen in sachbezogene Leistungen insbesondere bei Schülerinnen ein.

»verhindern, daß das Mädchen in seiner weiblichen Körperlichkeit und seiner Lust von ihr bestätigt wird und über eine solche Bestätigung ein inneres Bild seiner Genitalien erwerben kann« (Flaake 1992, 141).

Diese Ressentiments führt Flaake anschließend über die kulturelle Besetzung der Menstruation und ihre Bedeutung für Mädchen in der Adoleszenz weiter aus. Das kulturelle Tabu, die Menstruation als körperliche Reifung in der Adoleszenz mit Stolz zu zeigen anstatt sie voll Scham zu verbergen, setze die Dekonstruktion des weiblichen Selbstbewusstseins weiter fort. Für wesentlich hält Flaake:

»daß es sich bei den beschriebenen Prozessen um mehr handelt als um Versuche der Einordnung in gesellschaftliche Geschlechtsrollenerwartungen, sondern daß hier Prozesse der Einschreibung von Entwertung in den Körper dargestellt werden, die tiefer verankert sind als es einer bloßen Anpassung an gesellschaftliche Anforderungen und Entwertungen entspricht« (Flaake 1992, 143).

Lässt sich Flaakes Beitrag bis hier auch mit dem Wording der Core-Identity (Stoller 1986; s.h. weiterführend Reiche 1997) lesen und inhaltlich in eine im Körperbild verankerte destabilisierte Geschlechtsidentität übersetzen, so ist es auch möglich, ihre dann folgenden Überlegungen zu weiblicher Schönheit und Attraktivität mit dem Begriff des Doing Gender (vgl. ebd.) zu überschreiben. Hier setzt sich Flaake mit Schönheitsidealen auseinander, an denen junge Frauen in höherem Maße als Männer gemessen werden.

Um nachspüren zu können, wie sich diese Konfrontation im Erleben junger Frauen niederschlägt, bezieht sich Flaake auf eine Studie von Frigga Haug (1988), in der Studentinnen über Erinnerungsarbeit mit der fremdbestimmten sexuellen Aufladung ihres Körpers in Kontakt kamen. Diese Studentinnen beschreiben

»wie einzelne Körperteile mit Sexualität verknüpft wurden, in welchen Praxen wir welchen Umgang mit unserem Körper einübten und wie all dies in die gesellschaftlichen Strukturen, in das soziale Geschlechterverhältnis eingebunden ist« (Haug 1988, 10f.; zit.n. Flaake 1992, 143).

Den Motor, so kann man Flaake lesen, für die weibliche Genderinszenierung liegt in der unauflöslichen Distanz zwischen dem eigenen weiblichen Körperbild und dem von Männern gesetzten Ideal weiblicher Schönheit und Attraktivität. Die Wahrnehmung des eigenen Körpers ist durch das Ideal immer mit Mangel ver-bunden. Mit diesem Verständnis des Körpererlebens und der weiblichen Genderinszenierung formuliert Flaake abschließend die Forderung, Räume und Gelegenheiten für Mädchen zu schaffen, in denen sie, unabhängig vom männlichen Blick, unter und mit Frauen eigene Vorstellungen ihrer Körperlichkeit, ihrer Sexualität und Lust entwickeln können. Solche Orte, so Flaake (ebd.) abschließend, können überall dort entstehen, wo Frauen mit Jugendlichen arbeiten.

Der Beitrag von Katrin Flaake (1992) bildet beispielhaft ab, wie aktuelle Problemaufrisse der Pädagogik diskurstheoretisch und psychoanalytisch verstanden werden und in einer feministischen Programmatik aufgehen können. So lässt sich abschließend konstatieren, dass es im Jahrbuch zwar noch keine Genderdebatte, dafür aber eine Geschlechterdebatte gibt[20], die im Stande ist, Zugänge und Strategien für eine noch zu führende Genderdebatte preiszugeben. Dabei scheint die Fallvignette, wie sie bei Helsper (1992) zu finden ist, mit einem besonderen Strukturmerkmal ausgestattet zu sein. Es wird im nächsten Kapitel beleuchtet.

3. Prinzipielle Unabschließbarkeit: ein Strukturmerkmal von Fallvignette, geschlechtlicher Differenz und Gender

Wie ist die Struktur einer psychoanalytischen Fallvignette zu verstehen, die einer psychoanalytisch-pädagogischen Genderdebatte dienlich sein kann? Die psychoanalytische Fallvignette verweist über Worte, Sätze und Zeichen auf ursprünglich in der Empirie verankerte, lebendige und leibgebundene Subjekte und deren Austausch. Da sich beides in der »Vergegenwärtigung des Erinnerns intrapsychisch verknüpfen und mit der affektiven und kognitiven Struktur« (Dammasch 2000, 99) der Autorin oder des Autors neu verbindet, finden die beschriebenen Subjekte und der Austausch zwischen ihnen den Einzug in die Fallvignette zwangsläufig in einer untrennbaren Verbindung mit der Subjektivität der Autorin oder des Autors.[21] Sie werden subjektiv gebrochen, es bleibt immer ein unvermittelter Rest. Die Fallvignette fasst dadurch niemals in Worte, was ist, sondern nur, was das Bezeichnete für die Autorin, den Autor, ein bestimmtes Theoriegerüst[22], eine psychoanalytische Schule oder eine Bewegung o.ä. darstellt (vgl. weiterführend Rendtorffs Auseinandersetzung mit Lacans Signifikant-Theorie: Rendtorff 2008; Kleinau, Rendtorff, 2012). Wenn die Vignette dabei mit einer spezifischen Qualität versehen ist, »nämlich nachvollziehbar zu sein in der Weise, dass die Struktur des Falls auch aus anderen theoretischen Zugängen heraus rekonstruierbar wird als der des Autors oder Therapeuten« (King 2004, 56), dann kann sich ein prinzipiell unabschließbarer hermeneutischer Zirkel öffnen und sich eine ebenso unabschließbare Genderdebatte an ihr entzünden. Und vielleicht wird eine unabschließbare Debatte dem Gegenstand Geschlecht als »unlösbare Provokation« (Rendtorff 2010, 148) der Differenz auch am ehesten gerecht.

Das Herausgeberwerk von Ilka Quindeau und Frank Dammasch (2014) »Männlichkeiten. Wie weibliche und männliche Psychoanalytiker Jungen und Männer behandeln« kann für diesen Weg einen Vorgeschmack liefern. In dem Werk stellen Analytikerinnen und Analytiker, die sich im breiten Spektrum an Positionen im Geschlechterdiskurs sehr gut verteilen, gegenseitig Fallvignetten vor und diskutieren die

---

[20] Siehe beispielsweise auch Becker-Schmidt (1992).

[21] Die äußeren gesellschaftlichen Bedingungen und geschlechtlichen Strukturen schreiben sich in die Vignette ebenso ein wie die in den Autorinnen und Autoren unkontrollierbar verinnerlichten.

[22] Und selbst den Theorien, insbesondere den psychoanalytischen, haftet ja immer auch ein subjektives Element an (Hopf 2014, 279; Sayers 1994).

Frage, was für Geschlechterverständnisse und -verhältnisse sich in dem Fallverständnis reproduzieren. Damit erinnert das Werk insgesamt auch an die Arbeit von Christa Rohde-Dachser von 1993, in der sie nach Mutter- und Vaterbildern in psychoanalytischen Fallvignetten und einigen damit verbundenen latenten Regeln im Diskurs der Psychoanalyse fragte. Ob sich etwas Ähnliches in das Narrativ der Psychoanalytischen Pädagogik einschreiben kann, muss allerdings noch bewiesen werden. Denn blickt man in die psychoanalytisch-pädagogische Literatur, so stößt man zwar überall auf Kasuistisches (Datler 2004), es findet sich aber kaum etwas Kasuistisches zu Genderfragen.

Literatur

Abelin, E. (1971): Role of father in the seperation and individuation process. In: McDevitt, J.B., Settlage, D.F. (Hrsg.): Separation-Individuation. Essays in Honour of Margaret Mahler. Unter Mitarbeit von E. Abelin. International universities press: New York

Aigner, J.C. (2002): Der ferne Vater. Zur Psychoanalyse von Vatererfahrung, männlicher Entwicklung und negativem Ödipuskomplex. Psychosozial-Verlag: Gießen

Aigner, J. C., Poscheschnik, G. (2011) (Hrsg.): Kinder brauchen Männer. In: Psychosozial 34 (Heft 4), 57-68

Aigner, J.C., Rohrmann, T. (2012): Elementar – Männer in der pädagogischen Arbeit. Barbara Budrich: Berlin

Beck, U. (1986): Risikogesellschaft. Auf dem Weg in eine andere Moderne. Suhrkamp: Frankfurt/M.

Becker, R., Kortendiek, B., Budrich, B. (2010): Handbuch Frauen- und Geschlechterforschung. Theorie, Methoden, Empirie. VS Verlag für Sozialwissenschaften: Wiesbaden

Becker-Schmidt, R. (1992): Defizite in psychoanalytischen Konzepten weiblicher Entwicklung. In: Büttner, C., Datler, W., Trescher, H.-G. (Hrsg.): Jahrbuch für psychoanalytische Pädagogik 4. Matthias-Grünewald-Verlag: Mainz, 149-163

Benjamin, J. (1991): Die Fesseln der Liebe. Psychoanalyse, Feminismus und das Problem der Macht. Stroemfeld/Roter Stern: Basel u.a.

Benjamin, J. (1996): Phantasie und Geschlecht. Psychoanalytische Studien über Idealisierung, Anerkennung und Differenz. Fischer-Taschenbuch-Verlag: Frankfurt/M.

Binneberg, K. (1997): Pädagogische Fallstudien. P. Lang: Frankfurt/M.

Bilden, H., Dausien, B. (2006): Sozialisation und Geschlecht. Theoretische und methodologische Aspekte. Barbara Budrich: Opladen

Butler, J. (1990): Gender trouble. Feminism and the subversion of identity. Routledge: New York

Butler, J. (1995): Körper von Gewicht. Die diskursiven Grenzen des Geschlechts. Berlin-Verlag: Berlin

Chodorow, N. (1994): Das Erbe der Mütter. Psychoanalyse und Soziologie der Geschlechter. Frauenoffensive: München

Datler, W. (2014): Wie Novellen zu lesen...: Historisches und Methodologisches zur Bedeutung von Falldarstellungen in der Psychoanalytischen Pädagogik. In: Datler, W., Müller, B., Finger-Trescher, U. (Hrsg.): Sie sind wie Novellen zu lesen ... Zur Bedeutung von Falldarstellungen in der Psychoanalytischen Pädagogik. Jahrbuch für psychoanalytische Pädagogik 14. Psychosozial-Verlag: Gießen, 9-41

Dammasch, F. (2000): Die innere Erlebniswelt von Kindern alleinerziehender Mütter. Eine Studie über Vaterlosigkeit anhand einer psychoanalytischen Interpretation zweier Erstinterviews. Brandes & Apsel: Frankfurt/M.

Dammasch, F. (2009): Männliche Identität. Psychoanalytische Erkundungen. Unter Mitarbeit von H.G Metzger und Josef Christian Aigner. Brandes & Apsel: Frankfurt/M.

Dammasch, F., Metzger, H.G. (2006): Die Bedeutung des Vaters. Psychoanalytische Perspektiven. Brandes & Apsel: Frankfurt/M.

Flaake, K. (1992): Weibliche Adoleszenz und Einschreibungen in den Körper. Zur Bedeutung kultureller Definitionen von körperlicher Weiblichkeit für die Entwicklungsmöglichkeiten von Mädchen. In: Büttner, C., Datler, W., Trescher, H.-G. (Hrsg.): Jahrbuch für psychoanalytische Pädagogik 4. Matthias-Grünewald-Verlag: Mainz, 137-148

Freud, S. (1905): Bruchstück einer Hysterie-Analyse. Sigmund Freud Studienausgabe, Bd. VI. Fischer: Frankfurt/M., 83-186

Helsper, W. (1992): Individualisierung, Individuation, Idealität: Rekonstruktion einer Fallstruktur »fiktionaler Individuierung« in Mädchenbiographien. In: Büttner, C., Datler, W., Trescher, H.-G. (Hrsg.): Jahrbuch für psychoanalytische Pädagogik 4. Matthias-Grünewald-Verlag: Mainz, 104-136

Heymanns, P. (2016): Psychoanalytische Gesichtspunkte der Entwicklung von Kindern gleichgeschlechtlicher Paare. In: Bründl, P., Endres, M., Hause, S. (Hrsg.): Elternschaft: klinische und entwicklungspsychologische Perspektiven. Jahrbuch der Kinder- und Jugendlichen-Psychoanalyse 5. Brandes & Apsel: Frankfurt/M., 112-127

Hopf, H. (2014): Die Psychoanalyse des Jungen. Klett-Cotta: Stuttgart

Horney, K. (1977): Die Psychologie der Frau. Kindler: München

Hüther, G. (2008): Das schwache Geschlecht und sein Gehirn. In: Dammasch, F. (Hrsg.): Jungen in der Krise. Das schwache Geschlecht? Psychoanalytische Überlegungen. Brandes & Apsel: Frankfurt/M., 29-39

King, V. (2004): Generationen und Geschlechterbeziehungen in Freuds ›Fall Dora‹. Ein Lehrstück für die Arbeit mit Adoleszenten. In: Datler, W., Müller, B., Finger-Trescher, U. (Hrsg.): Sie sind wie Novellen zu lesen ... Zur Bedeutung von Falldarstellungen in der Psychoanalytischen Pädagogik. Jahrbuch für psychoanalytische Pädagogik 14. Psychosozial-Verlag: Gießen, 54-75

Kleinau, E., Rendtorff, B. (2012): Eigen und anders – Beiträge aus der Geschlechterforschung und der psychoanalytischen Pädagogik. Barbara Budrich: Opladen

Koellreuter, A. (2000): Das Tabu des Begehrens. Zur Verflüchtigung des Sexuellen in Theorie und Praxis der feministischen Psychoanalyse. Psychosozial-Verlag: Gießen

Kratz, M. (2016): Das psychosoziale Erleben des Jungen in der Familie. Differenzerfahrungen und die körpernahe Formung des Selbst. Brandes & Apsel: Frankfurt/M.

Lang, H. (2011): Die strukturale Triade und die Entstehung früher Störungen. Klett-Cotta: Stuttgart

Lorenzer, A. (1995): Sprachzerstörung und Rekonstruktion. Vorarbeiten zu einer Metatheorie der Psychoanalyse. Suhrkamp: Frankfurt/M.

Matzner, M., Tischner, W. (2008): Handbuch Jungen-Pädagogik. Beltz: Weinheim

Messerer, K., Sengschmied, I. (1995): »Weibs-Bilder«. Psychoanalytische Diskussionsbeiträge zur weiblichen psychosexuellen Entwicklung in der Literatur der frühen 90er Jahre. In: Datler, W, Finger-Trescher, U., Büttner, C. (Hrsg.): Jahrbuch für Psychoanalytische Pädagogik 7. Matthias-Grünewald-Verlag: Mainz, 159-188

Mitscherlich, M. (1987): Die friedfertige Frau. Psychoanalytische Untersuchungen zur Aggression der Geschlechter. Büchergilde Gutenberg: Frankfurt/M.

Naumann, T.M. (2010): Beziehung und Bildung in der kindlichen Entwicklung. Psychoanalytische Pädagogik als kritische Elementarpädagogik. Psychosozial-Verlag: Gießen, 90-100

Quindeau, I. (2014): Sexualität. Analyse der Psyche und Psychotherapie 8. Psychosozial-Verlag: Gießen

Quindeau, I., Dammasch, F. (2014): Männlichkeiten. Wie weibliche und männliche Psychoanalytiker Jungen und Männer behandeln. Klett-Cotta: Stuttgart

Reiche, R. (1997): Gender ohne Sex. Geschichte, Funktion und Funktionswandel des Begriffs Gender. In: Psyche 51, 926-957

Rendtorff, B. (2008): Über den (möglichen) Beitrag der Psychoanalyse zur Geschlechterforschung. In: Casale, R., Rendtorff, B. (Hrsg.): Was kommt nach der Genderforschung? Zur Zukunft einer feministischen Theoriebildung. Transkript: Bielefeld, 121-138

Rendtorff, B. (2010): Geschlecht als Provokation und Herausforderung für die Pädagogik – und der Beitrag der Psychoanalyse. In: Bittner, G., Dörr, M., Fröhlich, V., Göppel, R. (Hrsg.): Allgemeine Pädagogik und psychoanalytische Pädagogik im Dialog. Barbara Budrich: Opladen, 143-157

Rohde-Dachser, C. (1993): »Mutter« und »Vater« in psychoanalytischen Fallvignetten. Über einige latente Regeln im Diskurs der Psychoanalyse. In: Psyche. 47 (Heft 7), 613-646

Rose, L., Schmauch, U. (2005): Jungen, die neuen Verlierer? Auf den Spuren eines öffentlichen Stimmungswechsels. Ulrike Helmer Verlag: Königstein/T.

Sayers, J., Mertens, W., Rohde-Dachser, C. u.a. (1994): Mütterlichkeit in der Psychoanalyse. Helene Deutsch, Karen Horney, Anna Freud, Melanie Klein. Kohlhammer: Stuttgart

Stoller, R. (1968): Sex and gender. On the development of masculinity and feminity, Bd. 1: Science House: New York

Winter, S. (2014): Das Unbewusste sitzt im Fleisch. Einige psychoanalytisch-sozialpsychologische Überlegungen zum affective turn in der Geschlechter-forschung. In: Freiburger Zeitschrift für Geschlechterstudien. 2 (Heft 20), 43-58

Dr. Marian Kratz
Institut für Sonderpädagogik der Goethe-Universität
Theodor-W.-Adorno-Platz 6, D-60323 Frankfurt am Main
m.kratz@em.uni-frankfurt.de
Tel.: 0049 – 69 – 798 / 63631

Rezensionen

David Zimmermann, Matthias Meyer & Jan Hoyer (Hrsg.): Ausgrenzung und Teilhabe. Perspektiven einer kritischen Sonderpädagogik auf emotionale und soziale Entwicklung. Klinkhardt: Bad Heilbrunn, 2016, 219 Seiten

Die Festschrift »Ausgrenzung und Teilhabe« zu Ehren der Hochschullehrerin Prof. Dr. Birgit Herz greift mit dem Thema des Sammelbandes nicht nur ein hochaktuelles Thema auf, sondern verbindet breit angelegt die beiden Schwerpunkte des Bandes, die sozialen und gesellschaftlichen Aspekte mit den pädagogischen Konsequenzen für die Teilhabe von Menschen mit emotional-sozialen Beeinträchtigungen. Der Ausblick ist den Forschungsdesideraten gewidmet, die in der »Perspektive einer kritischen Sonderpädagogik« auf schulische wie außerschulischer Bereiche gerichtet ist.

»Pädagogisches Handeln [ist] ein gesellschaftliches und zugleich ein personales Beziehungsverhältnis« (S. 19). Mit dieser aussagekräftigen Perspektive gerät das handelnde Subjekt, der oder die Pädagogin, in *Margret Dörrs* Beitrag »Scham und Schamgefühle – am Beispiel der Leitung von pädagogischen Gruppen« direkt in den Mittelpunkt des Geschehens. Scham wird als »die letzte Unverfügbarkeit unseres Selbst erinnert«, hat »konstitutive Bedeutung … für das subjektive Selbstbewusstsein [und] zeigt an …, dass Selbstgrenzen gewahrt werden wollen« (S. 20) – was aber, wenn diese mehr oder weniger bewusst missachtet werden? Beschämt zu werden ist eine sehr schmerzliche Erfahrung, die der Beschämende oftmals unreflektiert und unachtsam vollzieht, der Beschämte hingegen bleibt mit seiner Erfahrung alleine. Psychoanalytisch betrachtet werden Scham und Schamgefühl zum einen als die Hüterin des Selbst-Kerns verstanden und zum anderen mit dem »inneren Konflikt mit dem Ich-Ideal« (S. 21) in Verbindung gebracht. »Der innerste Wesenskern unserer Person steht im schlimmsten Fall zur Debatte« (ebd.) und wird, wenn dieser wissentlich oder unwissentlich verletzt wird, vom Beschämten oft als ein selbstverschuldetes Scheitern empfunden und wird, um sich selbst zu schützen, so lange wie möglich verdrängt. Wird Scham durch achtsame Pädagoginnen und Pädagogen wahrgenommen, so kann sie/er mit »seinen eigenen Gefühlen des Versagens, der Minderwertigkeit und Inkompetenz« (S. 26) konfrontiert werden. Erst durch die professionelle Auseinandersetzung des schambesetzen Entwurfs ihres Gegenübers, im Annehmen und Durcharbeiten können Projektionen, Spaltungen, Versagensängste verstehbar und Schamgefühle eher angesprochen und integrierbar gemacht werden. Verfügt eine professionell ausgebildete Gruppenleitung »selbst über verlässliche Selbst- und Objektrepräsentanzen« (S. 30) können Schamgefühle ausgehalten und bearbeitet werden.

Marcus Hußmann berichtet in seinem Artikel von der Entwicklung im Bereich der Hilfen zur Erziehung, sozialräumliche Alternativen und die »Konsequenzen dieser verwaltungsorientierten Handlungslogik«. *Günther Opp* und *Ariane Otto* greifen in ihrem Beitrag die mit der Scham im Kontext stehende Würde auf. Sie fordern von Professionellen, unterschwellige Mobbingsituationen in der Peergruppe durch öffentliche Thematisierung aufzufangen und zu bearbeiten. »Indem sie die Gruppe auffordern, Verantwortung zu zeigen, demonstrieren sie ihren Respekt vor den Kindern« (S. 71).

Im zweiten Teil des Bandes wendet sich *Helmut Reiser* »psychodynamischen[n] Aspekte[n] von Leistungsstörungen im Schulfach Mathematik« zu, *Ulrike Becker* und *Annedore Prengel* nehmen »Pädagogische Beziehungen mit emotional-sozial beeinträchtigen Kindern und Jugendlichen – Ein Beitrag zur Inklusion bei Angst und Aggression« in den Blick und *Katja Mackowiak* unterstreicht »Die Bedeutung von Angst und Ängstlichkeit für die Entwicklung von Kindern und Jugendlichen«.

Reiser »geht von dem Symptom des völligen Versagens [aus und greift dabei] die Verbindung von Piaget und Psychoanalyse zur Erklärung des Erwerbs der Objektkonstanz« (S. 79) auf. Die Entwicklung der Objektkonstanz ist ab dem Alter von 6 Monaten nach dem heutigen Stand der Forschung denkbar und stellt nach Piaget »eine kopernikanische Wende« (S. 81) für den Säugling dar. Er oder sie nimmt sich nun als Objekt wahr und somit kann eine Differenzierung erfolgen. Bei Kindern, die in einem deprivierten Umfeld aufwachsen, kann es zu Lernbehinderung, Verhaltens- und oder Leistungsstörung kommen. Je nachdem, unter welcher Perspektive das Kind und seine Leistung betrachtet wird. So formuliert Reiser, dass nach seinem »Ermessen ... die selbstregulativen psycho- und soziodynamischen Prozesse der Umweltanpassung und Selbstentwicklung des Kindes mit ... sonderpädagogischen Etikettierungen nicht das Geringste zu tun« haben (S. 80). Vielmehr ist »es oft bewundernswert, was Kinder aus dieser Situationen noch alles machen ..., um ein Stück Autonomie und Zugehörigkeit zu erobern und zu bewahren« (S. 82). Dies stellt er eindrucksvoll in sechs Fallvignetten dar, die er als »altmodische[s] Arbeitsmittel« bezeichnet und somit ihren Wert nicht ganz erkennt. Erfreulich ist dabei, dass er das Positive hervorhebt und nicht beim Pathologischen verbleibt.

Becker und *Prengel* widmen ihre Aufmerksamkeit jenen Kindern und Jugendlichen, die durch ihr Verhalten in Schule und außerschulischer Betreuung als aggressiv und belastend erlebt werden. Nach Theorie und Fallbericht wenden sich die Autorinnen ausführlich dem Projekt »Übergang« zu. So ist es nur konsequent, dass »Aggression aus Angst vor Aggression« (S. 94) verstanden wird und an die Objektbeziehungspsychologie angeknüpft wird, in der »aggressives Verhalten unter anderem als Resultat eines Abwehrvorgangs [erklärt wird], der der psychischen Entlastung der Lernenden dient« (ebd.). Im bereits 2012 durchgeführten Projekt werden fünf Lernzugänge vorgestellt: So werden Beratungen für Lehrende und Eltern angeboten, »Hilfen zur sozialen Integration in den Klassenverband, temporäre Arbeit in (kleinen) Lerngruppen (›Übergangsklassen‹) sowie Kooperation zwischen Schule und Jugendhilfe« (S. 99). All dies bietet einen verlässlichen Rahmen und dient der Strukturierung der Betroffenen und kann einen gelingenden Inklusionsprozess ermöglichen.

Bei *Mackowiak* stehen die kindliche Angst und deren Folgen für die kindliche Entwicklung im Mittelpunkt. Die Autorin geht schwerpunktmäßig auf frühere Studien der Arbeitsgruppe ein. Dabei wird ermittelt, dass Ängstlichkeit, die klinisch keine relevante Angststörung darstellt, »nicht automatisch zu schlechteren Leistungen in verschiedenen Entwicklungsbereichen« (S. 128) führt. Hingegen spielt diese bei der Emotionsregulation eine herausragende Rolle bei der Lern- und Leistungsentwicklung. Das Erlernen von Regulationsstrategien muss aber zum individuellen Charakter des Kindes oder Jugendlichen passen, um seine Wirksamkeit zu entfalten. Werden angstauslösende oder -besetzte Situationen bewältigt, dient dies der Überwindung von Angst. Insofern wird die »Fähigkeit zur

Emotionsregulation ... als zentrale Kompetenz und wesentlicher Resilienzfaktor gewertet« (ebd.).

Nachdem die Leserinnen und Leser sich mit den inneren Entwicklungsräumen und -möglichkeiten auseinandergesetzt haben, können die weiteren Beiträge nach eigenem Begehren gelesen werden.

Rundum eine gelungene Festschrift, die nicht nur dem Fachpublikum, sondern auch dem interessierten Laien wichtige Hinweise auf pädagogische Herausforderungen und Erkenntnisse, auch aufgrund von zahlreichen anschaulichen Falldarstellungen, bietet.

Tillmann F. Kreuzer

Andreas Hamburger, Wolfgang Mertens (Hrsg.): Supervision – Konzepte und Anwendungen. Band 1. Supervision in der Praxis – ein Überblick. Kohlhammer: Stuttgart, 2017, 232 Seiten

Die Supervision als berufs- und ausbildungsbegleitendes Verfahren ist eine unterstützende, beratende und betreuende Maßnahme in vornehmlich sozialen, pädagogischen, therapeutischen und medizinischen Berufen respektive Handlungsfeldern. Die Erwartungen an die Supervision differieren je nach Berufs- beziehungsweise Handlungsfeld in ihrer inhaltlichen Ausrichtung und praktischen Umsetzung. Folgende drei Ziele sind essentielle Kernmerkmale jeglicher Supervision: Begleitete Auseinandersetzung mit der eigenen Person oder Gruppe; selbstreflektierende Betrachtung des persönlichen beruflichen Handelns; individuelle oder gruppenbezogene Analyse innerer Mechanismen. Seit der »Geburt« der Supervision als eigenständiges Theorie- und Praxisfeld haben sich verschiedene supervisorische Konzepte und Verfahren entwickelt. Inhaltlich wie konzeptionell spiegeln die unterschiedlichen Ansätze die jeweiligen fachspezifischen Auffassungen über Genese von individuellen wie gruppenbezogenen Störungen, beeinträchtigenden oder pathologischen Entwicklungen und auch Weltanschauungen wider. Sie strukturieren so die besonderen Verfahrensweisen und inhaltlichen Arbeitsschwerpunkte entsprechend der Maßgabe der jeweiligen Fachperspektive vor. Zur Praxis vieler Anbieter supervisorischer Dienstleistungen gehören ebenso interdisziplinäre Vermischungen unterschiedlicher supervisorischer Verfahren und Konzepte, um synergetische Effekte beziehungsweise effizientere Arbeitsergebnisse zu erzielen. Und auch andere, den helfenden und heilenden Berufen fernstehende Unternehmenszweige beanspruchen nicht erst seit kurzer Zeit supervisorische Angebote. Die Arbeitsstruktur und Durchführung mag in diesem Fall auf den ersten Blick keine Unterschiede zu den herkömmlichen Verfahren aufweisen, die Motive folgen dabei aber ausnahmslos besonderen, unternehmensspezifischen Zielerwartungen. Supervision als Konzept und Verfahren wird also in ihrer inhaltlichen Konzeptionierung und praktischen Anwendung nicht nur gemäß den Vorgaben ihrer jeweiligen Fachdisziplin gestaltet. Es spielen auch gesellschaftspolitische, wirtschaftliche oder kulturelle Einflüsse und Interessen eine nicht zu unterschätzende Rolle.

Die 2017 im Kohlhammer Verlag neu eingeführte Buchreihe »Supervision im Dialog« stellt die vielseitigen Einsatzbereiche sowie Handlungsfelder von Supervision voraussichtlich in 10 bis 12 Bänden in den Fokus. Das zweibändige Übersichtswerk »Supervision – Konzepte und Anwendungen« wird unter der Herausgeberschaft von Hamburger und Mertens als erstes Einführungswerk veröffentlicht. Beide Bände sind jeweils thematisch in drei Teile gegliedert und enden mit obligatorischen *Stichwort- und Personenverzeichnis-*

sen. Alle Beiträge sind in fünf respektive sechs Unterkapitel gegliedert und ordnen diese vereinheitlichend vor. Einleitend werden der jeweilige *historische Abriss und wichtige Konzepte* skizziert, anschließend die *zentralen Themen* erläutert und durch unterschiedlich aufbereitete *Beispiele* – in Form eines *ethischen Diskurses*, einer *illustrierenden Fallvignette* oder der Skizzierung einer *Methodik* – veranschaulicht. Noch zu erschließende Leerstellen in der Forschungslage werden sodann in einem abschließenden *Ausblick* beziehungsweise unter der Rubrik *Themen für die weitere Forschung* erläutert. Das obligatorische *Literaturverzeichnis* wird durch von den Autoren *empfohlene Literatur* ergänzt.

In Band 1 stellen die Herausgeber die »Supervision in der Praxis« in den Mittelpunkt. Das erste Themengebiet erläutert die derzeit grundlegenden *Konzepte und Schulen.* Beginnend mit der historischen Geburt der Supervision als ein die psychoanalytische Ausbildung und Praxis begleitendes sowie unterstützendes Verfahren erläutern Hamburger und Mertens die *Psychoanalytische Supervisionsgruppe.* Sie nehmen dabei das Lernen aus psychoanalytischer Perspektive sowie schulspezifische Konzepte in den Fokus. Die *Systemischen Supervisionskonzepte* werden von Schiffner dargestellt. Sie bezieht sich dabei auf Systemische Familientherapien, die Fallsupervision und besondere Methodik innerhalb dieses Spezialgebiets. Eine Verzahnung von *Supervision und Verhaltenstherapie* wird von Sipos und Schweiger herausgearbeitet. Sie skizzieren dabei das Problemlösemodell und das Fertigkeitendefizitmodell. Der Stellenwert von Supervision bei der Qualitätssicherung von Psychotherapie sowie Schwierigkeiten in der Umsetzung von manualisierten Methoden werden erläutert, ergänzt durch eine kurze Auseinandersetzung mit dem Beitrag, den sie bei individuellen Schwierigkeiten in der Therapie leisten kann. Den Wandel der *Supervision – von der personenzentrierten Beziehungskunst zum sozialwissenschaftlich begründeten Format* zeichnet die und arbeitet den inhärenten Zusammenhang von Supervision und individueller Biographie sowie die Besonderheiten der Fallsupervision heraus. Heintel und Ukowitz illustrieren nicht nur *Supervision als gesellschaftliches Phänomen,* sie diskutieren auch die Fragestellung, ob ein gesellschaftliches Aufklärungsdefizit als »Grundlage« von Supervision gelten kann.

Der Abschnitt *II Anwendungsfelder* wird von Knaier eröffnet. Sie beschreibt die *Supervision in der sozialen Arbeit* und geht dabei auf Besonderheiten dieses Arbeitsfeldes, den Systemischen Ansatz und weiterführend auf die sogenannte integrative Supervision ein. Weiterhin beleuchtet die Autorin die Supervision in der Ausbildung, ihre Bedeutung für eine kontinuierliche Qualitätssicherung, um abschließend problembewusst die Spannungsfelder Supervision und ökonomischer Druck, Nähe/Distanz und Macht in der Supervision sowie Interkulturelle Supervision zu erörtern. Den Ansatz der *Teamsupervision* beschreibt Weigand und erläutert die gruppendynamische sowie psychoanalytische Supervision, um abschließend die systemtheoretisch beeinflusste Teamsupervision zu skizzieren. Über ein methodisch hoch spezialisiertes Verfahren, der *Intervision,* berichtet Salomonsson. Er leistet vorab eine notwendige Abgrenzung zur Supervision, um weiterführend das Konzept der Arbeitsgruppe und abschließend das Kernelement, die Methode des »Gedanken-miteinander-Verwebens«, zu beschreiben. Die *Supervision in der Klinik* untersuchen Lohmer und Wernz. Gegenstand ihrer Betrachtungen sind die interne und externe Supervision sowie Supervision als integrierter Bestandteil der stationären Behandlung. Besonderes Augenmerk zollen sie den Themenkomplexen Beziehung zwischen Leiter und Supervisor sowie Patientendynamik und Fehler des Teams. Hamburger thematisiert die *Supervision in der Jugendhilfe* und beschreibt einführend Institutionelle Rahmenbedingungen und Kooperation sowie Institutionsstruktur und Qualitätssicherung. Weiterführend skizziert er die für dieses Tätigkeitsfeld notwendigen und mitunter auch kontrovers diskutierten Themen:

Kinderschutz; Trauma und Sexualität. Der Autor schließt seinen Beitrag mit einem Vergleich zwischen Team- vs. Fallsupervision sowie Betrachtungen zu Gruppendynamiken und Gruppenklima. Eine psychoanalytisch begründete Perspektive nimmt West-Leuer in ihrer Darlegung zur *Supervision in der Schule* ein. Diesen besonderen und in sich nicht spannungsarmen Komplex behandelt sie anhand der Themen: Schule als intrapsychisches Objekt; Zwischen emanzipativem Auftrag und tabuisierten Machtstrebungen; Autoritätskonflikte; Machtkämpfe, Sündenböcke und Enactments in der Supervision. Bergmanns Beitrag zu *Balintgruppen: Supervisionsgruppen in der Medizin* schließt den zweiten Abschnitt ab. Einführend erläutert er die besondere Bedeutung Balints in der Medizin, grenzt Balintgruppe und Supervision in ihren charakteristischen Merkmalen voneinander ab, um Struktur und Inhalt dieses besonderen Verfahrens zu erläutern.

Abschnitt *III Ausbildung zum Supervisor* beinhaltet zwei Beiträge: Geißler-Piltz und Fortmeier erläutern konstruktiv-kritisch die aktuell geltenden *Standards der Deutschen Gesellschaft für Supervision e.V. (DGSv) zur Qualifizierung von Supervisor/innen und Coaches*. Über die Ausbildung in Organisationssupervision referiert Lohmer und geht dabei näher auf folgende Aspekte ein: Das Unbewusste, Regression und Angstabwehr, Rolle der Struktur, Arbeitsweise psychodynamisch orientierter Supervision und Beratung.

Band 2: Supervision in der Ausbildung. Kohlhammer: Stuttgart, 2017, 208 Seiten

Der Abschluss des ersten Bandes schlägt eine inhaltliche Brücke zum zweiten Band »Supervision in der Ausbildung«, der programmatisch durch den Abschnitt *I Supervision in der Ausbildung* eingeleitet wird. Beginnend erörtert Mertens kritisch *Die Rolle der Supervision in der Ausbildung von analytischen Psychotherapeuten*. Den besonderen Stellenwert der *Supervision in der Ausbildung zum Kognitiven Verhaltenstherapeuten* betont Sulz. Dabei berücksichtigt er zwei zentrale Themen: Zugrunde liegende Konzepte und Professionalisierung der Supervisorentätigkeit. Mit einer kurzen Diskussion zur Frage: »Wie kann eine Professionalisierung der SupervisorInnentätigkeit erfolgen?« schließt der Autor seinen Beitrag ab. Zur Darstellung der *Supervision in der Ausbildung zum Analytischen Kinder- und Jugendtherapeuten* orientiert sich Stadler an Leitmotiven Bions und Ogdens, skizziert sodann die Konzepte der »Supervisionstriade« und »Zweitsicht« sowie des »Dreaming up the patient«. Das mit der psychoanalytisch begründeten Supervison eng verwandte Verfahren der *Balintgruppen für Medizinstudenten* beschreiben Pramataroff-Hamburger und Hamburger.

In Teil *II* fassen die Autoren aktuelle Fragen und Ergebnisse zur *Forschung zur Supervision* zusammen. Über die aktuelle Forschungslage und blinde Flecken in der Ausbildungssupervision berichten Steinmetzer, Nagell und Fissabre anhand der Ergebnisse zur Forschung zur Ausbildungssupervision. Buchholz nähert sich der sensiblen Frage: *Wie Therapeuten sich bei der Arbeit beobachten – ein prozessforschungsbasiertes Modell der Supervision* an. Er erläutert vorab Aufgaben und Entwicklung in der Supervision, um weiterführend horizontale Aufgaben und vertikale Entwicklung sowie abschließend den besonderen Stellenwert im Rahmen von Übergangshilfen zu erklären. Lohl diskutiert die *Supervision im Blick der Sozialforschung*. Hierzu nähert sie sich den Themenkomplexen der Supervision im Verhältnis zur Gesellschaft und der Supervision im Kontext (west-)deutscher gesellschaftlicher Entwicklung an und endet mit einer Konklusion zu daraus resultierenden gesellschaftspolitischen Wechselwirkungen. Siller untersucht sozialwissenschaftlich fundierte rekonstruktive Verfahren. Die *Inanspruchnahme von Supervision – ein rekonstruktiver Forschungszugang* gibt hierbei den Rahmen ihrer Forschungsfrage vor. Hamburger und Mertens prüfen qualitative Aspekte der Supervision und legen ihre Ergebnisse im Beitrag: *Wirksamkeit von Supervision – ein Forschungsbericht* dar. Ziel ihrer Forschung sind die Klärungen der Fragen, ob und wie Supervision wirkt und welche Wirkfaktoren identifiziert werden können. Erhardt, Bergmann, Kalisch, Senf und Hamburger analysieren im den Teil II abschließenden Beitrag *das PQS-D-Sup – ein Instrument zur Charakterisierung des Supervisionsstils.* Nach einer prägnant zusammengefassten Vorstellung vollziehen die Autoren eine kritische Bestandsaufnahme des vorgestellten Instruments.

Der zweite Band schließt mit Teil *III* ab. Die im Titel spitz formulierte Frage *Ausbildung zum Ausbildungssupervisor – Pflicht oder Kür?* rahmt die thematische Orientierung der folgenden Kapitel ein. Im ersten Beitrag setzt sich Szecsödy mit der *Supervision* als *ein komplexes Mittel der psychoanalytischen Ausbildung* auseinander. Der Fokus der Betrachtung liegt auf der Ambiguität der Supervision und wird durch die Frage ergänzt, wie Lernen in einer Supervision möglich wird. Im vorletzten Kapitel setzt sich Freyberger mit der Frage auseinander: *Sollte die Supervision in der psychotherapeutischen Ausbildung zertifiziert werden?* Er arbeitet problembewusst bereits bestehende Qualifikationsmerkmale aus, um dann vertiefend auf potenziell entstehende Spannungsfelder in der Supervisorenausbildung einzugehen. Im letzten Beitrag berichten die Autoren Hamburger, Bakhit, Rauch-Strasburger, Schneider-Heine über *die peer-to-peer Fortbildung zum psychoanalytischen Supervisor an der Akademie für Psychoanalyse und Psychotherapie München.*

In 29 übersichtlich ausgestalteten Beiträgen werden die vielseitigen Disziplinen und Handlungsfelder supervisorischer Praxis, Forschung und Aus- beziehungsweise Fortbildung inhaltlich prägnant zusammengefasst dargestellt und sehr gut nachvollziehbar veranschaulicht. Es wird ein umfassender Ein- und Überblick über die unterschiedlichen disziplinären Ansätze und Einsatzbereiche der Supervision entfaltet und durch die Berücksichtigung spezialisierter supervisorischer Verfahren erweitert. Die vielseitigen kritischen Bestandsaufnahmen aus Sicht der jeweiligen Disziplinen ermöglichen es dem Leser, sich mit den zum Teil konträr gegenüberstehenden Perspektiven auseinanderzusetzen. Alle Autoren verknüpfen den jeweilig dargestellten Forschungs- und Wissensbestand mit ihrer unmittelbaren Praxiserfahrung. Dabei scheuen sie nicht vor kritischer Auseinandersetzung mit den aktuellen Entwicklungen in ihren Fachgebieten zurück und tragen so zu einer gelegentlich kontrovers, aber stets konstruktiv geführten Diskussion im Dialog innerhalb »der Supervision« bei. Sie skizzieren jeweils grundlegende Veränderungen im Einsatz sowie in der Bedeutung und Zielsetzung von Supervision in ihren zentralen Merkmalen. Einzelne Autoren identifizieren darüber hinaus gesellschaftliche, kulturelle und wirtschaftspolitische Einflüsse, die die formale wie inhaltliche Konzeptionierung sowie die praktische Gestaltung von Supervision beeinflussen. Die bei der Ausübung von Supervision auftretenden Ambiguitäten, welche durch diametral entgegengesetzte Zielvorstellungen seitens gesellschaftlichen respektive (wirtschafts-)politischen Interessen gegenüber professionellen Ansprüchen entstehen können, werden pointiert herausgearbeitet und die innewohnenden Konfliktpotenziale kritisch erörtert. So bieten die Übersichtsbände nicht nur dem sachkundigen Leser eine umfassende Umschau, sondern auch dem Laien, obgleich einige Ausführungen für diese Gruppe mitunter zu knapp geraten sein könnten. Dennoch erfüllen beide Bücher ihren Zweck als grundlegendes Übersichtswerk ausnahmslos und bereiten beiden AdressatInnen einen ebenso informativen wie anregenden Einstieg in die Lektüre der nachfolgenden Bände der geplanten Reihe.

Florian Jacobs

Die AutorInnen des Bandes

Josef Christian Aigner, Prof. (em) Dr. phil., habil., Psychoanalytiker und Paartherapeut. Er war bis 2017 Professor für Psychosoziale Arbeit – Psychoanalytische Pädagogik am Institut für Erziehungswissenschaft der Fakultät für Bildungswissenschaften der Universität Innsbruck. Arbeitsschwerpunkte: Psychoanalytische Kulturtheorie und Sozialisationsforschung, Psychoanalytische Vaterforschung, Vater-Sohn-Beziehung, Männliche Sexualität.

Mechthild Bereswill, Prof. Dr., Professorin für Soziologie sozialer Differenzierung und Soziokultur am Institut für Sozialwesen der Universität Kassel. Arbeitsschwerpunkte: Soziologie und Sozialpsychologie der Geschlechterverhältnisse, soziale Probleme und soziale Kontrolle, soziale Ungleichheit, qualitative Methodologien.

Günther Bittner, Dr. phil., Diplom-Psychologe und Psychologischer Psychotherapeut, Professor (em.) für Pädagogik Universität Würzburg.

Frank Dammasch, Dr. phil.; Dipl.-Soziologe; Dipl.-Pädagogik, Professor für psychosoziale Störungen von Kindern und Jugendlichen an der Frankfurt University of Applied Sciences; analytischer Kinder- und Jugendlichen Psychotherapeut.

Marian Kratz, Dr. phil. Dipl. Soz.-Arb., Wissenschaftlicher Mitarbeiter am Fachbereich Erziehungswissenschaften der Goethe-Universität Frankfurt (Institut für Sonderpädagogik) und Lehrbeauftragter am Fachbereich Soziale Arbeit und Gesundheit der Frankfurt University of Applied Sciences. Forschungs- und Lehrschwerpunkte: psychoanalytischer und sozialpsychologische Geschlechter- und Kulturforschung, Flucht, Migration und Inklusion.

Hans-Geert Metzger, Dr. phil., Dipl-Psychologe; Psychoanalytiker (DPV) in eigener Praxis.

Ilka Quindeau, Prof., Dr. phil., habil., Dipl. Psych., Dipl. Soz., Psychoanalytikerin und Lehranalytikerin (DPV/IPV). Sie arbeitet als Professorin für Klinische Psychologie an der Frankfurt University of Applied Sciences und in eigener Praxis. Arbeitsschwerpunkte: Trauma-, Sexualitäts- und Genderforschung.

Barbara Rendtorff, Prof. Dr., Professorin für Schulpädagogik und Geschlechterforschung an der Universität Paderborn. Studium der Soziologie, Pädagogik und Geschichte, Erstes und Zweites Staatsexamen, Promotion in Soziologie, Habilitation in Erziehungswissenschaft. Arbeitsschwerpunkte: Theorie der Geschlechterverhältnisse; Tradierungswege von Geschlechterbildern im Prozess des Aufwachsens von Kindern und Jugendlichen; Geschlechteraspekte in pädagogischen Institutionen und der Zusammenhang von Andersheit, Fremdheit und Geschlechterdifferenz.

Marc Thielen, Dr. phil., Univ.-Prof., leitet den Arbeitsbereich Bildungsinstitutionen/-verläufe und Migration am Fachbereich Erziehungs- und Bildungswissenschaften der Universität Bremen. Arbeitsschwerpunkte: Geschlecht und Männlichkeit in Bildungsinstitutionen der Migrationsgesellschaft.

Die Mitglieder der Redaktion

Bernd Ahrbeck, Dr. phil. habil., Univ.-Prof., International Pychoanalytic University (IPU-Berlin), Arbeitsgebiet: Psychoanalytische Pädagogik. Bis 2016 Humboldt-Universität zu Berlin, Leiter der Abteilung Verhaltensgestörtenpädagogik. Erziehungswissenschaftler, Diplom-Psychologe, Psychoanalytiker (DGP, DGPT). Aktuelle Arbeitsschwerpunkte: Schulische Inklusion, empirische Bildungsforschung, Verhaltensstörungen und Erziehungskonzepte im kulturellen Wandel.

Wilfried Datler, Dr. phil., Univ.-Prof., leitet den Arbeitsbereich Psychoanalytische Pädagogik am Institut für Bildungswissenschaft der Universität Wien, Lehranalytiker im Österreichischen Verein für Individualpsychologie, Leiter verschiedener Universitätslehrgänge, stv. Vorsitzender der Arbeitsgemeinschaft für Psychoanalytische Pädagogik (APP) Wien sowie Präsident der »International Association of Individual Psychology (IAIP)«. Arbeitsschwerpunkte u.a.: Fragen im Grenz- und Überschneidungsbereich von Psychoanalyse, Pädagogik und Psychotherapie.

Margret Dörr, Prof. Dr. phil., Dipl.-Soz., Dipl. Soz.-Päd., Professorin an der Katholischen Hochschule Mainz, Fachbereich Soziale Arbeit. Ehem. Vorsitzende der Kommission »Psychoanalytische Pädagogik« der Deutschen Gesellschaft für Erziehungswissenschaft (DGfE). Arbeitsschwerpunkte: Theorien Sozialer Arbeit, Biografie- und Sozialisationstheorie, Klinische Sozialarbeit, Psychoanalytische Sozialpädagogik, Traumapädagogik, Psychopathologie und abweichendes Verhalten.

Urte Finger-Trescher, Prof. Dr. phil. habil, Psychotherapist (ECP), Gruppenanalytikerin, Kinder- und Jugendlichenpsychotherapeutin, Familientherapeutin, Honorar-Professorin am Institut für Bildungswissenschaft der Universität Wien, Leiterin der Beratungsstelle für Eltern, Kinder und Jugendliche der Stadt Offenbach bis 2016. Arbeitsschwerpunkte: Psychoanalytische Pädagogik, Gruppenanalyse, Psychosoziale Beratung, Erziehungsberatung im Kontext von Jugendhilfe, Trauma und Traumaverarbeitung bei Kindern und Jugendlichen. Veröffentlichungen: Wirkfaktoren der Einzel- und Gruppenanalyse, Misshandlung, Vernachlässigung und sexuelle Gewalt in Erziehungsverhältnissen, Kindeswohl und Kindeswohlgefährdung.

Rolf Göppel, Dr. phil. habil., Dipl.-Päd., Professor für Allgemeine Pädagogik an der Pädagogischen Hochschule Heidelberg, ehem. Vorsitzender der Kommission »Psychoanalytische Pädagogik« der Deutschen Gesellschaft für Erziehungswissenschaft (DGfE). Arbeitsschwerpunkte: Psychoanalytische Pädagogik, Kindheits- und Jugendforschung, Risiko- und Resilienzforschung, biographisch orientierte Pädagogik, Pädagogik und Zeitgeist.

Johannes Gstach, Mag., Dr. phil., Privatdozent, Assistenzprofessor im Arbeitsbereich Psychoanalytische Pädagogik des Instituts für Bildungswissenschaft der Universität Wien. Arbeitsschwerpunkte: Geschichte der Psychoanalytischen Pädagogik, Erziehungsberatung sowie Geschichte der Heilpädagogik und des Fürsorgewesens.

Dieter Katzenbach, Prof. Dr. phil., Dipl.-Päd. und Sonderschullehrer. Praktische Tätigkeiten in Einrichtungen der Behindertenhilfe und als Förderschullehrer, von 1994 bis 2000 Assistent an der Universität Hamburg, Professor am Institut für Sonderpädagogik der Goethe-Universität Frankfurt am Main, Leitung des Arbeitsbereichs Inklusive Bildung und Erziehung bei kognitiven Beeinträchtigungen. Schwerpunkte der Lehr- und Forschungstätigkeit: Inklusion in Bildung und Gemeinwesen, Zusammenhänge zwischen emotionaler und kognitiver Entwicklung und ihrer Störungen sowie Theorie und Praxis Psychoanalytischer Pädagogik, insbesondere bei Menschen mit kognitiven Beeinträchtigungen.

Michael Wininger, Dr. phil., wissenschaftlicher Mitarbeiter im Arbeitsbereich Psychoanalytische Pädagogik des Instituts für Bildungswissenschaft der Universität Wien, Psychoanalytiker in freier Praxis (i.A.u.S. – WPV), zurzeit Mitglied im Vorstand der Kommission »Psychoanalytische Pädagogik« der Deutschen Gesellschaft für Erziehungswissenschaft (DGfE).

David Zimmermann, Dr. phil., Prof. für Pädagogik bei psycho-sozialen Beeinträchtigungen an der Humboldt-Universität zu Berlin. Lehr- und Forschungsschwerpunkte: Traumatisierung und Traumapädagogik, Psychoanalytische Pädagogik, Fallverstehen. Mitbegründer des Instituts für Traumapädagogik Berlin.

Lieferbare Bände des Jahrbuchs für Psychoanalytische Pädagogik
Psychosozial-Verlag – Gießen

Band 8 (1997)

Themenschwerpunkt: Arbeit in heilpädagogischen Settings. *Elfriede Kraft und Achim Perner:* Vom Objekt der Betreuung zum Subjekt des Wunsches. Über psychoanalytische Sozialarbeit mit einer achtzehnjährigen Frau. – *Susanne Kupper-Heilmann und Christoph Kleemann:* Heilpädagogische Arbeit mit Pferden. – *Bernadette Neuhaus:* Das Psychodramaspiel mit Kindern an einer Schule für Erziehungshilfe. – *Ulrike Schaab:* Psychoanalytische Pädagogik als Möglichkeit einer dialogischen Heilpädagogik in der Arbeit mit geistig behinderten Menschen. – *Kornelia Steinhardt:* Supervision als Ort der Reflexion des beruflichen Selbstverständnisses von Heilpädagogen.
Psychoanalytische Reflexionen über Ethnie, Kultur und Identitätsentwicklung: Eine Diskussion. *Hans Füchtner:* Für »Ethnische Identität« – gegen Freud. Kritische Anmerkungen zu Erdheims Thesen über Familie, Kultur und Ethnizität. – *Mario Erdheim:* Erwiderung auf Hans Füchtners Kritik. – *Hans Füchtner:* Nachbemerkung.
Literaturumschau: *Bernhard Natschläger:* Erziehungsberatung als Gegenstand psychoanalytisch-pädagogischer Veröffentlichungen. Ein Literaturbericht. – *Bernhard Natschläger:* Über weitere jüngere Veröffentlichungen zu speziellen Praxisfeldern und Fragestellungen Psychoanalytischer Pädagogik. – **Rezensionen.**

Band 9 (1998)

Themenschwerpunkt: Jugendhilfe und Psychoanalytische Pädagogik. *Burkard Müller, Urte Finger-Trescher und Heinz Krebs:* Jugendhilfe und Psychoanalytische Pädagogik. Zur Einführung in den Themenschwerpunkt. – *Heinz Krebs und Burkhard Müller:* Der psychoanalytisch-pädagogische Begriff des Settings und seine Rahmenbedingungen im Kontext der Jugendhilfe. – *Hans-Werner Eggemann-Dann:* Was zählt, kann man (er)zählen. Die Bedeutung der institutionellen Erziehungsberatung für die Kinder- und Jugendhilfe. – *Renate Dohmen-Burk:* An der Schwelle zum Berufsleben: Aus der Arbeit einer Beratungsstelle für Jugendliche und junge Erwachsene ohne Ausbildung. – *Beate Szypkowski:* Vor Ort und hautnah – Sozialpädagogische Familienhilfe. – *Burkard Müller:* Authentizität als sozialpädagogische Aufgabe – erläutert am Beispiel Schuldnerberatung.
Beiträge aus nicht-deutschsprachigen Ländern: *Francis Imbert:* »Bolid-Kinder« und die Arbeit des Pädagogen. – *Mireille Cifali:* Das pädagogische Verhältnis: Zwischen Verstrickung und Distanzierung. – *Leendert Frans Groenendijk:* Psychoanalytisch orientierte Sexualaufklärung vor dem Zweiten Weltkrieg.
Literaturumschau: *Regina Studener, Wilfried Datler:* Lese- und Rechtschreibschwierigkeiten als eine spezifische Form von Lernschwierigkeiten – ein Thema Psychoanalytischer Pädagogik? *Bernhard Natschläger:* Über weitere aktuelle Publikationen zu verschiedenen Fragestellungen Psychoanalytischer Pädagogik. – **Rezensionen.**
Band 10 (1999)

Themenschwerpunkt: Die frühe Kindheit. Psychoanalytisch-pädagogische Überlegungen zu den Entwicklungsprozessen der ersten Lebensjahre. *Wilfried Datler, Christian Büttner, Urte Finger-Trescher*: Psychoanalyse, Pädagogik und die ersten Lebensjahre. Zur Einführung in den Themenschwerpunkt. – *Rolf Göppel:* Die Bedeutung der frühen Erfahrungen oder: Wie entscheidend ist die frühe Kindheit für das spätere Leben. – *Gerd E. Schäfer:* Bildung beginnt mit der Geburt. – *Martin Dornes:* Spiegelung – Identität – Anerkennung: Überlegungen zu kommunikativen und strukturbildenden Prozessen der frühkindlichen Entwicklung. – *Karin Messerer:* Ein psychoanalytisch-pädagogischer Blick in die Praxis der Mobilen Frühförderung: Ausschnitte aus der Geschichte von Natalie und ihrer Familie. – *Isca Salzberger-Wittenberg:* Kurztherapeutische Arbeit mit Eltern von Kleinkindern. – *Gertraud Diem-Wille:* »Niemand hat mir jemals etwas gesagt... .« Die Falldarstellung einer Eltern-Kleinkind-Therapie aus der Tavistock Clinic. – *Ludwig Janus:* Zur Thematisierung vorgeburtlicher und geburtlicher Erfahrungen in pädagogischen Zusammenhängen – Ideen und Vorstellungen. Psychoanalytische Aspekte von Lernen und Lernbehinderung: *Dieter Katzenbach:* Kognition, Angstregulation und die Entwicklung der Abwehrmechanismen. Ein Beitrag zum Verständnis behinderter Lernfähigkeit.

Literaturumschau: *Ulrike Kinast-Scheiner:* Geschwisterbeziehungen: Ein Bericht über tiefenpsychologische und psychoanalytisch-pädagogische Veröffentlichungen. – *Ulrike Kinast-Scheiner:* Über aktuelle Publikationen zu verschiedenen Fragestellungen Psychoanalytischer Pädagogik. – **Rezensionen.**

Band 11 (2000)

Themenschwerpunkt: Gestalten der Familie – Beziehungen im Wandel. *Christian Büttner, Heinz Krebs, Luise Winterhager-Schmid:* Einführung in den Themenschwerpunkt. – *Andreas Lange, Kurt Lüscher:* Vom Leitbild zu den Leistungen. Eine soziologische Zwischenbilanz des aktuellen Wandels von der Familie. – *Michael B. Buchholz:* Wie kann Familienberatung und Familientherapie auf die sich ändernden Familienprobleme antworten? – *Urte Finger-Trescher:* Psychosoziale Beratung von Familien im institutionellen Kontext. Aktuelle Fragen und konzeptionelle Überlegungen. – *Udo Rauchfleisch:* Familien mit gleichgeschlechtlichen Paaren. Probleme und Chancen. – *Frank Dammasch:* Das Kind, seine alleinerziehende Mutter und der virtuelle Vater. – *Fakhri Khalik:* Leben in zwei Heimatländern. Erfahrungen aus der psychotherapeutischen Arbeit mit Mitgliedern aus Migrantenfamilien. – *Carsten Rummel:* Die Freiheit, das Chaos der Liebe und die Notwendigkeit einer neuen Generationenethik.

Literaturumschau: *Ulrike Kinast-Scheiner:* Psychoanalytische Beiträge zum Prozeß des Alterns. – *Katharina Ereky, Judit Richartz:* Über aktuelle Publikationen zu verschiedenen Fragestellungen Psychoanalytischer Pädagogik. – **Rezensionen.**

Band 12 (2001)

Themenschwerpunkt: Das selbständige Kind. *Annelinde Eggert-Schmid Noerr:* Das modernisierte Kind. Einleitung in den Themenschwerpunkt. – *Luise Winterhager-Schmid:* Die Beschleunigung der Kindheit. – *Rolf Göppel:* Frühe Selbständigkeit für Kinder – Zugeständnis oder Zumutung. – *Wilfried Datler, Katharina Ereky, Karin Strobel:* Alleine unter Fremden. Zur Bedeutung des Trennungserlebens von Kleinkindern in Kinderkrippen. – *Martina Hoanzl:* Vom Land, in dem es keine Eltern gibt: Geschwisterliche Themen und deren mögliche Bedeutung im Prozess des Heranwachsens. – *Burkhard Müller:* Wie der »aktive Schüler« entsteht. Oder: »For learning for love to the love of learning«. Ein Vergleich von Ansätzen Fritz Redls, Rudolf Eksteins und Ulrich Oevermanns. – *Gerd E. Schäfer:* Selbst-Bildung als Verkörperung präreflexiver Erkenntnistheorie. **Literaturumschau:** *Katharina Ereky:* Präödipale Triangulierung: Zur psychoanalytischen Diskussion um die Frage des Entstehens der frühen familiären Dreiecksbeziehungen. – *Natascha Almeder und Barbara Desch:* Über aktuelle Publikationen zu verschiedenen Fragestellungen Psychoanalytischer Pädagogik. – **Rezensionen.**

Band 13 (2002)

Themenschwerpunkt: Professionalisierung in sozialen und pädagogischen Feldern. Impulse der Psychoanalytischen Pädagogik. *Burkhard Müller, Heinz Krebs, Urte Finger-Trescher:* Professionalisierung in sozialen und pädagogischen Feldern. Impulse der Psychoanalytischen Pädagogik. – *Burkhard Müller:* Beziehungsarbeit und Organisation. Erinnerung an eine Theorie der Professionalisierung sozialer Arbeit. – *Heinz Krebs:* Emotionales Lernen in der Schule – Aspekte der Professionalisierung von Lehrerinnen und Lehrern. – *Helmuth Figdor:* Psychoanalytisch-pädagogische Erziehungsberatung. Theoretische Grundlagen. – *Heiner Hirblinger:* Ein »Organ für das Unbewußte« auch für Lehrer? Der Beitrag der psychoanalytischen Pädagogik zur Frage der Professionalisierung in der Lehrerbildung. – *Franz-Josef Krumenacker:* Professionalisierung im pädagogischtherapeutischen Milieu. – Annelinde Eggert-Schmid Noerr: Über Humor und Witz in der Pädagogik. **Literaturumschau:** *Wilfried Datler, Margit Datler, Irmtraud Sengschmied, Michael Wininger:* Psychoanalytisch-pädagogische Konzepte der Aus- und Weiterbildung. Eine Literaturübersicht. – *Natascha Almeder, Barbara Desch:* Über aktuelle Publikationen zu verschiedenen Fragestellungen Psychoanalytischer Pädagogik. – **Rezensionen.**

Band 14 (2004)

Themenschwerpunkt: Sie sind wie Novellen zu lesen ... Zur Bedeutung von Falldarstellungen in der Psychoanalytischen Pädagogik. *Wilfried Datler:* Wie Novellen zu lesen ...: Historisches und Methodologisches zur Bedeutung von Falldarstellungen in der Psychoanalytischen Pädagogik. – *Günther Bittner:* Was kann man »aus Geschichten ler-

nen«? – *Vera King:* Generationen- und Geschlechterbeziehungen in Freuds Fall »Dora«. Ein Lehrstück für die Arbeit mit Adoleszenten. – *Brigitte Boothe:* Die Fallgeschichte als Traumnovelle: Eine weibliche Erzählung vom Erziehen. – *Inge Schubert:* Die Offene Klassenrunde – ein gruppenanalytisches Setting in der Schule. – *Urte Finger-Trescher, Wilfried Datler:* Gruppenanalyse in der Schule? Einige Anmerkungen zum Beitrag von Inge Schubert. – *Jürgen Körner, Burkhard Müller:* Chancen der Virtualisierung – Entwurf einer Typologie psychoanalytisch-pädagogischer Arbeit.
Literaturumschau: *Katharina Gartner:* Warum der kleine Ernst eine Holzspule schleudert. Oder: Die psychoanalytische Theorie der Bearbeitung von Erlebnisinhalten im Spiel. – *Andrea Tober, Michael Wininger:* Jüngere Publikationen zu speziellen Praxisbereichen und Fragestellungen der Psychoanalytischen Pädagogik. – **Rezensionen.**

Band 15 (2006)

Themenschwerpunkt: Kinder zwischen drei und sechs. Bildungsprozesse und Psychoanalytische Pädagogik im Vorschulalter. *Kornelia Steinhardt:* Kinder zwischen drei und sechs – eine »neue« Herausforderung für die Psychoanalytische Pädagogik? – *Rolf Göppel:* »Kinder denken anders als Erwachsene ... .« Die Frage nach dem »magischen Weltbild des Kindes« angesichts der These von der »Kindheit als Konstrukt« und angesichts der neuen Bildungsansprüche an den Kindergarten. – *Gertrude Bogyi:* Magisches Denken und die Verarbeitung von traumatischen Ereignissen. – *Gerd E. Schäfer:* Die Bildungsdiskussion in der Pädagogik der frühen Kindheit. – *Martin R. Textor:* Die Vergesellschaftung der Kleinkindheit: Kindertageseinrichtungen im Spannungsfeld kontroverser Erwartungen. – *Helmuth Figdor:* Psychoanalytische Pädagogik und Kindergarten: Die Arbeit mit der ganzen Gruppe. – *Iram Siraj-Blatchford, Kathy Sylva, Brenda Taggart, Edward Melhuish, Pam Sammsons & Karen Elliot:* Was kennzeichnet qualitativ gute Vorschulbildung? Ergebnisse von Einzelfallstudien in britischen Vorschuleinrichtungen. – *Cath Arnold:* Die pädagogische Haltung von Betreuungspersonen und Eltern im Umgang mit Vorschulkindern. – *Colette Tait:* Emotionales Wohlbefinden und Resilienz des Kindes: die Bedeutung von »Chuffedness«. – *Daniela Kobelt Neuhaus:* Kindertageseinrichtungen der Zukunft: Aufgaben und Chancen. Ein Essay aus der Perspektive von Fort- und Weiterbildung. – *Hans Füchtner:* Ich-AG Dreikäsehoch. Über das Versagen der Psychoanalytischen Pädagogik in Zeiten der Globalisierung.
Literaturumschau: *Kathrin Fleischmann, Elisabeth Vock:* Aktuelle Publikationen zu speziellen Praxisbereichen und Fragestellungen der Psychoanalytischen Pädagogik. – **Rezensionen.**

Band 16 (2008)

Themenschwerpunkt: Annäherungen an das Fremde. Ethnographisches Forschen und Arbeiten im psychoanalytisch-pädagogischen Kontext. *Martina Hoanzl:* Befremdliches, Erstaunliches und Rätselhaftes. Schulische Lernprozesse bei »Problemkindern«. – *Burkhard Müller:* Sexualkunde in der Jugendarbeit. Ein Beitrag zu einer ethnopsychoanalytisch inspirierten Ethnographie. – *Margret Dörr:* »Jo ei, ich bin halt in Russland geboren, Kaukasus«. Biographische Deutungsmuster eines jugendlichen Spätaussiedlers und ihre Passung zu sozialpädagogischen Handlungsmustern eines Jugendmigrationsdienstes. – *Christian Büttner:* Differenzen aushalten lernen. Grundsätzliches und Kasuistisches zur Entwicklung von interkultureller Sensibilität. – *Elisabeth Rohr:* Ethnopsychoanalytische Erfahrungen in Guatemala. Über das Lehren und Lernen von interkultureller Kommunikation und die Bedeutung der Ethnopsychoanalyse für die Pädagogik. – *Silke Seemann, Heidi Möller:* Die Psychohistorie von Lloyd deMause als Schlüssel zur Organisationskultur. – *Catherine Schmidt-Löw-Beer:* Verschiedene Welten, verschiedene Wahrnehmungen. Das »unpersönliche Selbst«, der Überlebensmodus der Verleugnung und die Annäherung an die psychischen Strukturen von Jugendlichen in Ost und West. – *Irmgard Eisenbach-Stangl, Wolfgang Stangl:* Das äußere und innere Ausland. Manifeste und latente Botschaften in rechtsradikalen Texten.
Literaturumschau: *Holger Preiß:* Psychoanalyse und geistige Behinderung. Entwicklungen und pädagogische Impulse. – **Rezensionen.**

Band 17 (2009)

Themenschwerpunkt: Der pädagogische Fall und das Unbewusste. Psychoanalytische Pädagogik in kasuistischen Berichten. *Wilfried Datler, Johannes Gstach, Kornelia Steinhardt, Bernd Ahrbeck:* Was ist unter Psychoanalytischer Pädagogik zu verstehen? Zur Einleitung in den Themenschwerpunkt. – *Bernd Niedergesäß:* Die Regulationsstörungen der Zwillinge Jelena und Stephan. Der Umgang mit Regulationsstörungen in einem psychoanalytisch-pädagogischen Setting einer Babygruppe. – *Judit Barth-Richtarz:* Diagnostik im Kontext psychoanalytisch-pädagogischer Erziehungsberatung. – *Helmuth Figdor:* Im Namen des Kindes. Zur Kritik herkömmlicher Sachverständigen-Praxis aus psychoanalytisch-pädagogischer Sicht. – *Bernd Traxl:* Psychoanalytisch-pädagogische Anmerkungen zur Bedeutung affektiv-interaktioneller Prozesse in der heilpädagogischen Praxis. Aus der Arbeit mit dem zwölfjährigen Martin. – *Urte Finger-Trescher:* Leitung einer (sozial-) pädagogischen Einrichtung. Das Prinzip der »offenen Tür«. – *Günther Bittner:* Psychoanalyse an der Universität? – oder: Aschenputtel versus »dogmatische Form« (S. Freud).
Zur Geschichte und Entwicklung der Psychoanalytischen Pädagogik: *Roland Kaufhold:* Abschied von Ernst Federn, Pionier der Psychoanalytischen Pädagogik. – *Johannes Gstach:* Ein Leben zwischen den Welten. Zum Tod von Rudolf Ekstein. – *Helga Schaukal-Kappus:* Eine Karte von Moritz Schlick an Rudolf Ekstein. Zur Eröffnung der Rudolf-Ekstein-Sammlung am Institut für Bildungswissenschaft der Universität Wien. – *Sabrina Schrammel, Michael Wininger:* Psychoanalytische Pädagogik in der deutschsprachigen

Erziehungswissenschaft. Ausgewählte Ergebnisse einer empirischen Studie zur Situation der Psychoanalytischen Pädagogik als Gegenstand von Lehre und Forschung im Hochschulbereich. **Literaturumschau:** *Nina Hover-Reisner, Antonia Funder:* Krippenbetreuung im Fokus der Psychoanalytischen Pädagogik. Psychoanalytisch-pädagogische Beiträge zum Thema »Außerfamiliäre Betreuung von Kleinkindern«. – **Rezensionen.**

Band 18 (2010)

Themenschwerpunkt: Psychoanalyse und Systemtheorie in Jugendhilfe und Pädagogik. *Peter Kastner:* Geschichte(n) verstehen oder systemisch denken. Veränderte Wahrnehmungen in der Sozialpädagogik. – *Annelinde Eggert-Schmid Noerr:* Zwangsvermütterlichung. Vom Nutzen des psychoanalytischen Blicks auf den Fall einer gescheiterten Sozialpädagogischen Familienhilfe. – *Thomas Hermsen, Martin Schmid:* Luhmanns Systemtheorie, Psychoanalyse und Familienhilfe. Ein Systematisierungs- und Abgrenzungsversuch. – *Margret Dörr:* Analogien und Differenzen zwischen psychoanalytischer Pädagogik und konstruktivistisch-systemtheoretischer Pädagogik. – *Bernd Ahrbeck, Marc Willmann:* »Verhaltensstörungen« als Konstruktion des Beobachters? Kritische Anmerkungen zu systemisch-konstruktivistischen Perspektiven in der »Pädagogik bei Verhaltensstörungen«. – *Heinz Krebs:* Psychoanalytisch-pädagogische und systemische Perspektiven in der institutionellen Erziehungsberatung. Differenzen und Übereinstimmungen. – *Mathias Schwabe:* Mit »psychoanalytischen« und »systemischen« »Stämmen« und »Geschichten« unterwegs in der Jugendhilfe. **Literaturumschau:** *Kathrin Trunkenpolz, Antonia Funder, Nina Hover-Reisner:* »If one wants to ›see‹ the unconscious, one can find it in the setting of Infant Observation ...« Beiträge zum Einsatz des Beobachtens nach dem Tavistock-Konzept im Kontext von Forschung. – **Rezensionen.**

Band 19 (2011)

Reifungsprozesse und Entwicklungsaufgaben im Lebenszyklus. *Günther Bittner:* Das Rätsel der Sphinx. Oder: psychosoziale vs. naturalistische Paradigmen der Lebensspanne. – *Margit Datler, Wilfried Datler, Maria Fürstaller, Antonia Funder:* Hinter verschlossenen Türen. Über Eingewöhnungsprozesse von Kleinkindern in Kindertagesstätten und die Weiterbildung pädagogischer Teams. – *Annelinde Eggert-Schmid Noerr:* Mensch, ärgere dich nicht, spiele! Psychoanalytische und psychoanalytisch pädagogische Perspektiven auf das kindliche Spiel. – *Burkhard Müller:* Jugend und Adoleszenz in psychoanalytisch-pädagogischer Perspektive. – *Renate Prazak, Kornelia Steinhardt:* Adoleszenz und Mathematikunterricht. Die Bedeutung des Erlebens von Scham und Stolz für Jugendliche im schulischen Kontext. – *Rolf Göppel:* Das frühe Erwachsenenalter – auf der Suche nach dem »guten Leben«. – *Urte Finger-Trescher:* Eltern. Anmerkungen zu einer denkwürdigen Lebensform. – *Margret Dörr:* »Erwachsene«. Eine psychoanalytisch-pädagogische Per-

spektive. – *Wilfried Datler, Kathrin Trunkenpolz:* Trauerarbeit als Bildungsaufgabe im hohen Alter? Anmerkungen über Alter und Abwehr, Bildung und Forschung.
Literaturumschau: *Julia Stieber, Aleksandra Peric:* Jeder Mensch erlebt Migration anders, nämlich auf eine einmalig individuelle Weise (Möhring). Psychoanalytisch orientierte Beiträge zum Thema des Erlebens von Migration. – **Rezensionen.**

Band 20 (2012)

Themenschwerpunkt: Psychoanalytisch-pädagogisches Können. Vermitteln – Aneignen – Anwenden. *Christian Büttner, Wilfried Datler, Urte Finger-Trescher:* Das Jahrbuch für Psychoanalytische Pädagogik wird 20. Oder: Das Jahrbuch als Ort des Nachdenkens über psychoanalytisch-pädagogisches Können. – *Urte Finger-Trescher:* Psychoanalytisch-pädagogisches Können und die Funktion gruppenanalytischer Selbsterfahrung.– *Michael Wininger:* »Reflection on action« im Dienst pädagogischer Professionalisierung. Psychoanalytisch-pädagogische Überlegungen zur Vermittlung sonderpädagogischer Kompetenzen an Hochschulen. – *Manfred Gerspach:* Das heimliche Curriculum der Psychoanalytischen Pädagogik. – *Heinz Krebs, Annelinde Eggert-Schmid Noerr:* Professionalisierung von Pädagogik und Sozialer Arbeit im Frankfurter Arbeitskreis für Psychoanalytische Pädagogik. – *Helmuth Figdor:* Wie werden aus Pädagogen »Psychoanalytische Pädagogen«?
Freie Beiträge: *Urte Finger-Trescher:* Die Frankfurter Schule der Psychoanalytischen Pädagogik. Laudatio für Prof. Dr. Aloys Leber zum 90. Geburtstag. – *Catherine Schmidt-Löw-Beer, Wilfried Datler:* Das Konzept der projektiven Identifizierung lehren. Ein interaktives didaktisches Modell.
Literaturumschau: *Barbara Neudecker:* Das Jahrbuch für Psychoanalytische Pädagogik im Schnelldurchlauf. Eine Rückschau auf die ersten 19 Bände. – **Rezensionen.**

Band 21 (2013)

Themenschwerpunkt: Strukturwandel der Seele. Modernisierungsprozesse und pädagogische Antworten. *Rolf Göppel, Bernd Ahrbeck, Margret Dörr, Johannes Gstach:* Modernisierung der Gesellschaft – Modernisierung der Erziehung – Modernisierung der Seele? Einführung in das Schwerpunktthema des Jahrbuchs 21. – *Josef Christian Aigner:* »Umgehen statt Auseinandersetzen?« Sozialer Wandel, Ödipalisierung und Autorität. – *Bernd Ahrbeck:* Der Verlust der Differenz. – *Thomas Ziehe:* Die Modernisierung der Hintergrundüberzeugungen Jugendlicher und die Konsequenzen für das schulische Lernen. – *Rolf Göppel:* Vom »polymorph-perversen Triebwesen« zum »polypotent-neuralen Lernwesen«. Die Modernisierung des Bildes der Kindheit unter dem Einfluss der modernen Hirnforschung. – *Günther Bittner:* Gibt es »das Unbewusste« noch? – *Karl-Josef Pazzini:* Übertragung. Freuds Ahnung einer notwendig veränderten Sicht aufs individuelle Subjekt. – *Peter Kastner:* Reflexion über den Wandel – mehr Zeit bleibt nicht. – *Christian Niemeyer:* Über Invarianten in Erziehungstheorie und -praxis und die ewige Wiederkehr des »Kinderfehler«-Paradigmas. Ein Problemaufriss. – *Hannes Kastner:* Die Geschichtlichkeit von Erziehung. Ein Problem für die Theorie der Pädagogik!? **Literaturumschau:** *Cornelia Obereder:* Der reale oder der symbolische Vater. Von der Dyade zur Triade und deren Bedeutung für die frühkindliche Entwicklung. – **Rezensionen.**

Band 22 (2014)

Themenschwerpunkt: Kindeswohl und Kindeswohlgefährdung. *Wolfgang Feuerhelm:* Rechtliche Aspekte des Kinderschutzes. – *David Zimmermann:* Sequenzielle Traumatisierung bei Kindeswohlgefährdungen. Traumapädagogische und psychoanalytisch-pädagogische Perspektiven. – *Marianne Leuzinger-Bohleber, Lorena Hartmann, Verena Neubert, Tamara Fischmann:* Kindeswohlgefährdung – professionelle Grenzerfahrungen? Beobachtungen zur »aufsuchenden Psychoanalyse« in Frühpräventionsprojekten für »children-at-risk«. – *Urte Finger-Trescher:* Das Wohl des Kindes in der Erziehungsberatung. – *Magdalena Stemmer-Lück:* Komplexe Dynamik verstehen. Kindeswohl und Kindeswohlgefährdung in der Jugendhilfe im ASD. – *Judit Barth-Richtarz:* »Sag' das dem Gericht!« Psychoanalytisch-pädagogische Perspektiven auf das Kindeswohl im Kontext von Trennung und Scheidung. – *Margret Dörr:* Stationäre Einrichtungen als Orte zur (Wieder-)Herstellung des Wohlergehens von Kindern und Jugendlichen? Eine psychoanalytisch-pädagogische Perspektive. – *Margrit Brückner, Annelinde Eggert-Schmid Noerr:* Häusliche Gewalt und Kindeswohlgefährdung. – *Hans Weiß, Bernd Ahrbeck:* Der Beitrag der Frühförderung zum Kindeswohl. Perspektiven ihrer Weiterentwicklung im Kontext der Frühen Hilfen. – *Ursula Pforr:* Drohende oder vermutete Kindeswohlgefährdung? Elternschaften von Menschen mit einer geistigen Behinderung. **Literaturumschau:** *Barbara Neudecker:* »Wie merkwürdig es ist, eine Vergangenheit in sich zu tragen, auf der man nicht weiterbauen kann.« Neuere Publikationen zur Geschichte der Psychoanalytischen Pädagogik. – **Rezensionen.**

Band 23 (2015)

Themenschwerpunkt: Trauma und schwere Störung. Pädagogische Praxis mit psychiatrisch diagnostizierten Kindern und Erwachsenen. *Margret Dörr, Johannes Gstach:* Editorial. – *Judit Barth-Richtarz, Barbara Neudecker:* Autistisch, hyperaktiv, traumatisiert: Welchen Nutzen haben Diagnosen für den pädagogischen Umgang mit Kindern? *Renate Doppel:* Die Angst der Helfer vor der Psychose. Über die psychotische Angst und ihre Auswirkungen auf die Zusammenarbeit von Professionisten. – *Tjark Kunstreich:* Herr A. oder Die Ohnmacht (aus)halten. Aus der langjährigen Begleitung eines schizophren diagnostizierten Migranten in einer gemeindepsychiatrischen Einrichtung. – *Svenja Heck:* Vom Anspruch der Inklusion und dem Wunsch nach Abgrenzung. Menschen mit geistiger Behinderung und Verhaltensauffälligkeiten. – *Barbara Neudecker:* Manna! Oder doch nur wieder Krümel vom Tisch der Reichen? Zum Verhältnis von Traumapädagogik und (Psychoanalytischer) Pädagogik. – *David Zimmermann:* »Ich dachte, ich hab einen Säugling auf dem Schoß« – Pädagogische Arbeit mit beziehungstraumatisierten Kindern. Forschungserträge und ihr Beitrag für die psychoanalytische Pädagogik. – *Tillmann Kreuzer:* Wenn Geschwister um die Wette laufen. Geschwisterkonkurrenz, Neid und Eifersucht.

Freie Beiträge: *Marc Willmann:* »Was hinter dem Verhalten steht« Pädagogische Beziehungsgestaltung und ihre Reflexion im Unterricht mit »schwierigen« Kindern. – *Reinhart Wolff:* Psychoanalytisch denken und professionell helfen. Burkard Müllers Beiträge zur Psychoanalytischen Pädagogik und zu einer kritischen Professionstheorie Sozialer Arbeit. – **Rezensionen.**

Band 24 (2016)

Themenschwerpunkt: Innere und äußere Grenzen. Psychische Strukturbildung als pädagogische Aufgabe. *Annelinde Eggert-Schmid Noerr:* Nachruf auf Heinz Krebs. – *Günther Bittner:* Drama um ein Kaugummi. Über äußere, verinnerlichte und wirklich innere Grenzen. – *Mathias Schwabe:* Auf dem »Bösen« kann man nicht lange genug »herumkauen«! Gedanken zum Text von Günther Bittner. – *Michael Winkler:* Verhärtete Subjektivität. Über die Grenzen pädagogisch gemeinter Grenzsetzung. – *Peter Möhring:* Sozialisation und Gewalt. Von der Übertretung zum Verbrechen. – *Annelinde Eggert-Schmid Noerr, Heinz Krebs:* Psychoanalytische Pädagogik – Handwerk oder Kunst? Praxisbezogene Überlegungen am Beispiel des Umgangs mit Dissozialität. – *Evelyn Heinemann:* Psychoanalytische Aspekte der Gewalt bei Jugendlichen mit Migrationshintergrund. – *Sabrina Hoops, Hanna Permien:* Freiheitsentziehende Maßnahmen in der Jugendhilfe. Hilfe für Jugendliche in Grenzsituationen? – *Brigitte Vogl:* Intensivtherapeutische Gruppe für Mädchen mit einer Traumafolgestörung. – *Peter Kastner:* Grenzfälle – einige grundlegende Anmerkungen zur Erziehung.

Freier Beitrag: *Manfred Gerspach:* Aloys Leber als akademischer Lehrer und Neubegründer der Psychoanalytischen Pädagogik – zu Leben und Werk. – **Rezensionen.**

Band 25 (2017)

Themenschwerpunkt: Zwischen Kategorisieren und Verstehen. Diagnostik in der psychoanalytischen Pädagogik. *I. Diagnostik in der Pädagogik und Jugendhilfe. Grundlegende Überlegungen.* – *Dieter Katzenbach, Annelinde Eggert-Schmid Noerr, Urte Finger-Trescher:* Szenisches Verstehen und Diagnostik in der Psychoanalytischen Pädagogik. Eine Positionsbestimmung. – *Stephan Cinkl* Den Subalternen eine Stimme geben – Sozialpädagogische Diagnosen für Kinder, Jugendliche und Familien. – *Helmuth Figdor:* Dürfen Pädagogen testen? Zum Verhältnis von »Klinisch-psychologischer Diagnostik« und »Psychoanalytisch-pädagogischer Diagnostik«. Aus Anlass des neuen österreichischen Psychologengesetzes. *II. Diagnostik im Kleinkindalter.* – *Judit Barth-Richtarz, Renate Doppel:* Über die Gestaltung und den Sinn (psychoanalytisch-) pädagogischer Diagnostik im Rahmen von Hilfen für entwicklungsgefährdete Kleinkinder und ihre Eltern. – *Inken Seifert-Karb:* Verhaltens-Diagnostik unter drei – Ohne Beziehung geht es nicht! *III. Diag-*

nostik bei Kindern und Jugendlichen. – *David Zimmermann:* Pädagogische Diagnostik in der Arbeit mit Kindern und Jugendlichen in schwer belastenden Lebenssituationen. – *Christoph Kleemann*: Die Wahrnehmung von Verhalten der SchülerInnen und ihre Reflexion als Szenisches Verstehen. ***IV. Diagnostik im Erwachsenenalter.*** – *Urte Finger-Trescher*: Szenisches Verstehen in der psychosozialen Beratung. – *Margret Dörr:* Überlegungen zum diagnostischen Fallverstehen in der psychoanalytisch-sozialpädagogischen Praxis mit als psychisch krank geltenden Menschen.

Literaturumschau: *Barbara Neudecker, Alexandra Horak*: Unverstandenes entschlüsseln. Eine Literaturumschau über psychoanalytisch-pädagogische Veröffentlichungen zu diagnostischem Verstehen. – **Rezensionen.**

Bernd Ahrbeck, Margret Dörr, Rolf Göppel,
Heinz Krebs, Michael Wininger (Hg.)

Innere und äußere Grenzen

Psychische Strukturbildung als pädagogische Aufgabe.
Jahrbuch für Psychoanalytische Pädagogik 24

2016 · 215 Seiten · Broschur
ISBN 978-3-8379-2576-0

letzt und missachtet werden. Ihre Überschreitung kann einerseits befreiend und entwicklungsfördernd sein, andererseits aber auch mit fatalen Folgen einhergehen. Um den anhaltenden Kampf gegen sinnvoll gegebene äußere Grenzen zu verhindern, müssen Kinder und Jugendliche psychische Strukturen als verlässliche innere Grenzen entwickeln.

Die Autorinnen und Autoren befassen sich interdisziplinär mit dem spannungsreichen Wechselverhältnis von Grenzsetzung und -überschreitung, mit ihrer Begründung, Verhandlung und Durchsetzung. Dabei berücksichtigen sie den jeweiligen historischen, gesellschaftlichen und kulturellen Rahmen, in dem Erziehung und Sozialisation stattfinden, indem sie unter anderem speziell auf Grenzsituationen wie Migration, Freiheitsentzug, Gewalt und Trauma eingehen.

Die immer wieder erforderliche Auseinandersetzung mit Grenzen spielt im pädagogischen Feld seit jeher eine zentrale Rolle. In der Erziehung bestimmte Grenzen zu setzen und einzufordern, ist ebenso selbstverständlich wie die Tatsache, dass sie im Alltag unterlaufen, ver

Mit Beiträgen von Günther Bittner, Annelinde Eggert-Schmid Noerr, Manfred Gerspach, Evelyn Heinemann, Sabrina Hoops, Peter Kastner, Heinz Krebs, Peter Möhring, Hanna Permien, Mathias Schwabe und Brigitte Vogl

Walltorstr. 10 · 35390 Gießen · Tel. 0641-969978-18 · Fax 0641-969978-19
bestellung@psychosozial-verlag.de · www.psychosozial-verlag.de

Psychosozial-Verlag

Annelinde Eggert-Schmid Noerr, Urte Finger-Trescher,
Johannes Gstach, Dieter Katzenbach (Hg.)

Zwischen Kategorisieren und Verstehen
Diagnostik in der psychoanalytischen Pädagogik.
Jahrbuch für Psychoanalytische Pädagogik 25

2018 · 234 Seiten · Broschur
ISBN 978-3-8379-2710-8

vorliegenden Bandes behandeln das spannungsvolle Verhältnis zwischen Kategorisieren und Fallverstehen mit Blick auf verschiedene pädagogische Handlungsfelder.

Die AutorInnen hinterfragen Tradition und Begriff der Diagnose kritisch und erörtern verschiedene diagnostische Vorgehensweisen anhand von Fallbeispielen in Bezug auf unterschiedliche pädagogische Praxisfelder. Die psychoanalytisch-pädagogische Diagnostik stellen sie als dialogisches Vorgehen vor, das neben der aktuellen Interaktion die Biografie und die Lebenswelt der KlientInnen in den Blick nimmt. Dabei stellen sie heraus, dass diese Art von Diagnostik die Einbeziehung einer methodisch-kontrollierten Selbstreflexion der Fachkräfte erfordert.

Diagnosen sind in pädagogischen Kontexten seit jeher umstritten: Einerseits dienen sie als Grundlage fachlich begründeter Entscheidungen, andererseits werden sie als Kategorisierungen, die dem Einzelfall nicht gerecht werden, problematisiert. Die BeiträgerInnen des

Mit Beiträgen von Judit Barth-Richtarz, Stephan Cinkl, Margret Dörr, Renate Doppel, Annelinde Eggert-Schmid Noerr, Helmuth Figdor, Urte Finger-Trescher, Alexandra Horak, Dieter Katzenbach, Christoph Kleemann, Barbara Neudecker, Inken Seifert-Karb und David Zimmermann

Walltorstr. 10 · 35390 Gießen · Tel. 0641-969978-18 · Fax 0641-969978-19
bestellung@psychosozial-verlag.de · www.psychosozial-verlag.de